BREVE HISTORIA DE LA IGLESIA CATÓLICA EN CUBA

Colonia y República: 1511-1958

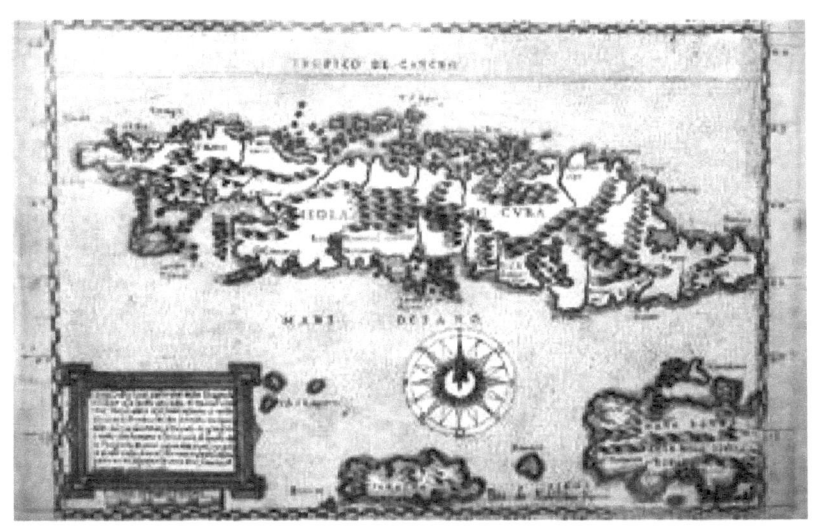

Mapa de Cuba y La Española

COLECCIÓN FÉLIX VARELA # 60

EDICIONES UNIVERSAL, Miami, Florida, 2019

Manuel Pablo Maza Miquel, S.J.

BREVE HISTORIA DE LA IGLESIA CATÓLICA EN CUBA

Colonia y República: 1511-1958

Copyright © 2019 by Manuel Pablo Maza Miquel, S.J.

Primera edición en Cuba, 2019
Centro Loyola: Calle Estrella, 468, Centro-Habana
y la Imprenta de Vida Cristiana, La Habana, Cuba

Primera edición de Ediciones Universal: julio, 2019
Segunda edición de Ediciones Universal: agosto, 2019

Nota: En la primera edición se cometió un error en el diseño de las portadas, por un acento innecesario en el título del libro. Ediciones Universal pide disculpas y explica que se ha arreglado en esta segunda edición. Gracias por su comprensión.

EDICIONES UNIVERSAL
P.O. Box 450353 (Shenandoah Station)
Miami, FL 33245-0353. USA
(Desde 1965)

E-mail: ediciones@ediciones.com
http://www.ediciones.com

Library of Congress Catalog Card No.:2019943717
I.S.B.N.: 1-59388-306-4
EAN # 978-1-59388-306-5

Composición de textos: Centro Loyola, La Habana, Cuba
Adaptación de textos: María Cristina Zarraluqui
Diseño de la cubierta: Centro Loyola, La Habana, Cuba
Diseño final de la cubierta: Luis García Fresquet

El mapa en la portada data del 1566 obra de Fernando Bertelli.

Todos los derechos
son reservados. Ninguna parte de
este libro puede ser reproducida o transmitida
en ninguna forma o por ningún medio electrónico o mecánico,
incluyendo fotocopiadoras, grabadoras o sistemas computarizados,
sin el permiso por escrito del autor, excepto en el caso de
breves citas incorporadas en artículos críticos o en
revistas. Para obtener información diríjase a
Ediciones Universal.

Al recordado Profesor Dr. José Manuel Hernández (1925-2017).[1]
«El honor más preciado servir».

De un tumulto de males cercado
el patriota inmutable y seguro,
o medita en el tiempo futuro,
o contempla en el tiempo que fue.
José María Heredia, «Himno del Desterrado», 1925

«Lo pasado es la raíz de lo presente: ha de saberse lo que fue,
porque lo que fue está en lo que es».
José Martí.

«Se entiende que se pueda ser católico sincero,
y ciudadano celoso y leal de una república...»
José Martí, (Gran Enciclopedia Martiana, 1977, Tomo VII, 116).

«Nos queda el ayer. No se puede mirar al mañana sin mirar al ayer.
No se puede mirar el futuro sin reflexionar sobre el pasado»
Papa Francisco.[2]

El mapa en la portada data del 1566 obra de Fernando Bertelli.

---

[1] De la Agrupación Católica Universitaria, Decano de la Escuela de Lenguas y Lingüística y Profesor de historia en Georgetown University, Washington, D.C., Estados Unidos

[2] *Mensaje a los participantes en la Asamblea de jóvenes de la Conferencia Episcopal de las Antillas (AECYA)*, celebrada en la archidiócesis de Saint-Pierre y Fort-de-France, en Martinica, del 10 al 23 de julio de 2018

© Manuel Pablo Maza Miquel, S.J., 2019
1ª edición: marzo 2019

Imagen de Cubierta:
Diseño y composición: Fernando Raúl Acosta Sainz
fernando.acosta@sjcuba.org

Índice

Presentación 11
Introducción 15
Cronología 17
1. Desde la conquista hasta el Primer Sínodo Diocesano (1680) y la llegada del Obispo Compostela en 1687 23
    1.1 El patronato 24
    1.2 La Iglesia ante el indio (1492-1555) 30
    1.3 Una de las islas descuidadas 37
    1.4 En el amenazado Caribe 41
    1.5 Paradero de la flota 44
    1.6 Clero numeroso no tan piadoso 46
    1.7 Evangelización de los esclavos africanos 50

2. Desde el Primer Sínodo Diocesano (1680) hasta la muerte del Obispo Espada en 1832 y las medidas anticlericales de los liberales (1830 y 1840) 55
    2.1 El marco internacional 55
    2.2 El boom azucarero y el auge desmesurado de la trata: una situación inédita para la Iglesia católica cubana 57
    2.3 El siglo de oro de la Iglesia cubana (1685-1832) 62
    2.4 Siete obispos: Compostela, Nosti y Valdés, Lazo de la Vega, Morell de Santa Cruz, Hechavarría, Trespalacios y Espada 63
    2.5 El marco político e ideológico del Pbro. Félix Varela 81
    2.6 El Pbro. Félix Varela en las Cortes del Trienio Liberal 87

3. Desde la muerte de Espada (1832) a los inicios de la República-Protectorado (1902) 107
    3.1 La lucha entre las dos Españas: la liberal y la conservadora 107
    3.2 El contexto cubano 108
    3.3 Cuatro agentes pastorales fuera de serie y dos instituciones de impacto social 119

3.4 La Iglesia durante las guerras de independencia 126
3.4.1 La Iglesia católica durante la Guerra de los Diez Años 127
3.4.2 La Iglesia cubana entre dos guerras, 1878 a 1895 138
3.4.3 León XIII, la Curía Romana ante la guerra de
independencia del 1895 146
3.4.4 La Iglesia católica española y la independencia de Cuba. 147
3.4.5 El Arzobispo de Santiago de Cuba Francisco Sáenz de
Urturi y Crespo y la guerra del 1895 152
3.4.6 El obispo de La Habana, Manuel Santander y Frutos y
la guerra del 1895 155
3.4.7 Las preocupaciones de José Martí y Máximo Gómez
en marzo de 1895 y las denuncias de publicaciones españolas
y los dos obispos de Cuba durante la Guerra, 1895-1898.
Una mirada retrospectiva 166
3.4.8 El Delegado Apostólico, Placide Chapelle analiza la
Iglesia de Cuba en 1899 167
3.4.9 Dos críticos de la identificación del catolicismo con
los intereses de España 170

4. La iglesia católica cubana durante la República, 1902-1958. 177

4.1 Descubriendo que Dios no era español a pesar de cuatro
siglos de patronato 177
4.2 El «patronato» del Tío Sam 181
4.3 Los conflictos raciales marcaron la República. También
a la educación católica. 181
4.4 La educación 183
4.5 La promoción del clero cubano 197
4.6 La religiosidad popular 208
4.7 Iglesia y política 209
4.8 Ante la indiferencia 215
4.9. La era de Fulgencio Batista (1952-1958) 225

Conclusiones 245

Bibliografía 255

Presentación[3]

He aceptado la publicación de mi trabajo «Iglesia Cubana: Cinco Siglos de Desafíos y Respuestas» como una gentileza de mi amigo el Dr. Rafael Bello Peguero, Pbro., y porque abrigo la esperanza de contribuir así, desde la dimensión histórica, a una mejor comprensión de la realidad cubana.

El presente estudio apareció originalmente en la revista *Estudios Sociales* (Vol 27, No. 99, enero-marzo de 1995, páginas 65-112), y ese mismo año de 1995 se volvió a publicar con ligeras correcciones y adiciones. El lector juzgará por sí mismo la utilidad de mi empeño por destacar las líneas mayores de la vida de la Iglesia católica en Cuba y hasta qué punto lo logro.

Ahora ya no se ven, pero en las raíces de las reflexiones que aparecen a continuación, se encuentran muchas conversaciones con mi director de tesis en la Universidad de Georgetown (Washington, D.C.), el Profesor Dr. José Manuel Hernández († 2017) y una reunión en Miami con el mismo Profesor y los Padres Reynerio Lebroc († 2018) y Felipe Estévez, hoy obispo de San Agustín, Florida (7 enero, 2004 --). Estas ideas cobraron la estructura actual gracias a un curso que dicté en el SEPI (Southeast Pastoral Institute) en Miami, Florida, desde el 27 de junio al 1ro de julio de 1994, gracias al apoyo generoso del P. Mario Vizcaíno, de las Escuelas Pías y del equipo del SEPI. Los participantes y los colegas conferencistas, el Prof. José Manuel Hernández, el Dr. José Ignacio Lasaga († 2004), el Padre Felipe Estévez y Ondina Menocal me hicieron oportunas críticas, y me señalaron algunos errores. Estos trabajos se han visto favorecidos desde 1987 por el apoyo del Recinto Santo Tomás de Aquino de la Pontificia Universidad Católica Ma-

---

[3] En mayo de 1995, al publicar la segunda versión de este trabajo, escribí esta presentación que reproduzco a continuación. Solo he añadido algunos datos históricos

dre y Maestra (hoy, Campus Santo Domingo) que aquí agradezco. Por supuesto que el contenido de esta publicación es de mi entera y exclusiva responsabilidad.

Todo lo que he escrito aquí se debe al atrevimiento, hijo de la admiración hacia todos los cubanos y muy especialmente a los de la Isla. Este afán por participar en el diálogo actual y considerar un deber el publicar mis investigaciones, se lo debo a los católicos cubanos. Los que viven fuera de Cuba nos obligaron a pensar con el valioso proceso de las Comunidades de Reflexión Eclesial Cubana en la Diáspora (CRECED, 1993). Los de la Isla nos mandaron un abrazo desde el Encuentro Nacional Eclesial Cubano (ENEC, 17-23 febrero, 1986), y por boca de nuestros Obispos, hace casi dos años [escribía en 1995] nos aleccionaban: «...rechazar el diálogo es perder el derecho a expresar la propia opinión y aceptar el diálogo es una posibilidad de contribuir a la comprensión entre todos los cubanos para construir un futuro digno y pacífico».

«El amor todo lo espera», Mensaje de la Conferencia de Obispos Católicos de Cuba (8 de septiembre de 1993) No. 69.

El que yo realice este esfuerzo desde Santo Domingo, República Dominicana se lo debo a los dominicanos, quienes me quieren más cuanto más quiero a Cuba. Ellos me han enseñado: que los buenos ciudadanos de cada una de estas islas laten con un mismo corazón, que ni el mar separa; que no se quiere menos a la propia Antilla, cuando el alma se ensancha para amarlas todas, y que nuestros dos pueblos caben enteros remando en la misma yola[4]. ¿Qué otra cosa sino aprendimos aquella noche borrascosa de abril, hace ya más de un siglo, en que remaban afanosos, en la misma frágil barquilla, Máximo Gómez y José Martí buscando angustiosos sin verla, la costa del peligro y de la patria?

---

[4] Yola, término dominicano para una pequeña y frágil embarcación de dos palos. En yola y movidos por un sueño, los dominicanos cruzan el Canal de La Mona a Puerto Rico, con más miedo a su gobierno y su pobreza, que a los tiburones y los guardacostas americanos.

Ampliando y profundizando este trabajo ahora en el 2019, el lector encontrará a cada paso las excelentes publicaciones de estos últimos 30 años, en las que se basa este estudio. La mayor parte del acierto y servicio que pueda prestar esta síntesis atrevida de cinco siglos se debe en gran medida al esfuerzo y dedicación de otros cuyos aportes reconozco como humilde deudor.

Agradezco a la Pontificia Universidad Católica Madre y Maestra este año sabático (2018-2019) que me ha permitido ampliar y profundizar este estudio del 1995. Gracias a la Comunidad Jesuita de Miami, al Belen Jesuit Preparatory School, al Instituto Jesuita «Pedro Arrupe», a la Biblioteca Guiteras en el Colegio de Belén de Miami, y el Centro Loyola de La Habana que han apoyado este esfuerzo.

P. Manuel P. Maza Miquel, S.J.
Profesor Asociado de la
Pontificia Universidad Católica Madre y Maestra.
Mayo de 1995 y 1° de enero del 2019.

> «*En verdad las raíces culturales de la nación cubana sustentan una distinguible referencia a la fe católica, que ha subsistido y crece hoy, luego de largos y dolientes años de testimonio perseverante...*»
>
> Mons. Siro González, Obispo de Pinar del Río
> ante el **Síndo de Obispos sobre la vida religiosa,**
> Roma, octubre de 1994

Introducción

Este estudio pretende resaltar las líneas mayores de la vida de la Iglesia católica en la Isla de Cuba desde los días de la conquista hasta diciembre del 1958. El título de la primera versión fue: «Iglesia cubana: cinco siglos de desafíos y respuestas».

He usado como punto de partida lo publicado en 1995, pero ahora en 2019, he revisado todo y lo he enriquecido con nuevas investigaciones. El presente trabajo ha superado en tamaño por lo menos, cuatro veces la versión original. Este recorrido, forzosamente esquemático, puede bridarnos una mejor compresión de lo que ha sido la Iglesia católica cubana en su pasado colonial y republicano.[5]

El lector fácilmente advertirá, que el ensayo realza desproporcionadamente al sector eclesiástico. La jerarquía, el clero y las congregaciones y órdenes religiosas dejaron muchas huellas históricas, pues estaban obligadas a registrar múltiples aspectos de su actividad durante la colonia, siendo mucho más difícil recuperar los testimonios del laicado para esa época. Esto ocurre sobre todo antes del 1900. Durante la república estaremos en condiciones de ofrecer una visión más completa sobre el laicado.

---

[5] Escribí la primera versión este ensayo en 1995. Espero, algún día, en un segundo volumen, ofrecer una breve interpretación de la Iglesia católica y el proceso revolucionario cubano.

Cronología

1508 julio 28, el papa Julio II, mediante la Bula *Universalis Ecclesiae Regiminis,* concede el Patronato Regio al Rey Católico Fernando (1479-1516) sobre todas las tierras descubiertas. Isabel la Católica había fallecido el 26 de noviembre de 1504.

1511 Diego Velázquez llega a Cuba e inicia la conquista de la Isla.

1514 Conversión cerca del río Arimao en Cuba, del cura encomendero Bartolomé de las Casas (1484-1566), más tarde será dominico.

1522 Adriano VI traslada la sede episcopal de Cuba a Santiago de Cuba.

1537 junio 2, bula *Sublimis Deus* de Paulo III declara que los indios son seres racionales, no se les puede esclavizar. En 1555, Ramiro Guerra estimó que en Cuba quedaban unos 5,000 indios.

1561 De este lado del Atlántico, La Habana ya es el puerto clave del sistema de flotas.

1612 Hallazgo de la imagen de la Virgen de la Caridad en las aguas de la bahía de Nipe. Muy pronto es venerada junto a las minas de El Cobre.

1628 El pirata holandés Piet Heyn (Piet Hein) capturó la totalidad de la flota de la Nueva España frente a la actual Matanzas.

1680 junio, Primer Sínodo Diocesano convocado por Juan García de Palacios, obispo de Cuba.

1685-1704 Diego Evelino de Compostela, obispo de Cuba.

1728 Por gestiones de Jerónimo Nosti y Valdés (1705-1729), queda aprobada la fundación de la Universidad en La Habana. Será dirigida por los Padres Dominicos.

1762 Toma de La Habana por los ingleses. El obispo, Pedro Agustín Morell de Santa Cruz (1753-1768) se niega a cooperar con ellos. Es desterrado a San Agustín de La Florida y luego recibido con entusiasmo por la población habanera.

1787 septiembre 10, Pío VI crea la diócesis de La Habana, con jurisdicción sobre los territorios de La Florida y Luisiana.

1800-1832 Juan Díaz de Espada y Landa obispo de La Habana.

1821 El Pbro. Félix Varela va a las Cortes del Trienio liberal. No volverá a pisar jamás suelo cubano.

1825 Francisco Dionisio Vives recibe facultades omnímodas para gobernar a Cuba.

1841 No quedan religiosos en Cuba para esta fecha, luego de aplicarse a Cuba el decreto sobre desamortizaciones de los bienes eclesiásticos del gobierno liberal de Mendizábal.

1844 «El año del cuero», represión de la llamada conspiración de La Escalera, fusilamiento de Gabriel de la Concepción Valdés, Plácido.

1851 Concordato entre la Santa Sede y España, podrán regresar a Cuba cuatro órdenes religiosas: los paúles, los franciscanos, los escolapios y los jesuitas. Ya en 1854 funciona el Colegio de Belén y en 1858 la Escuela Normal de los escolapios en Guanabacoa.

1868-1878 Guerra de los Diez Años. Varias atrocidades de los voluntarios contra la población cubana: 27 de noviembre, 1871, fusilamiento de los estudiantes. Ocupada la Santa Sede en la defensa de los Estados Pontificios hasta 1870, poco se interesó en la guerra en Cuba, igualmente los gobiernos españoles. Unos 30 diocesanos cubanos son castigados de una forma u otra por el gobierno español. El P. Francisco Esquembre y Guzmán fue fusilado el 30 de abril de 1870 por bendecir la bandera cubana. El alzamiento fracasó: divisiones internas; falta de recursos, la zona occidental, con importantes intereses azucareros, no se unió al alzamiento.

1886 Abolición de la esclavitud en Cuba.

1895-1898 Guerra de Independencia. El alzamiento supuso un intenso trabajo de coordinación por parte de José Martí, Máximo Gómez y José Antonio Maceo. El Manifiesto de Montecristi aclara la finalidad y calidad de la guerra necesaria. La invasión alcanza el Occidente. Valeriano Weyler decreta la reconcentración causando una gran mortandad. Durante la guerra, la Santa Sede apoya a la corona española, ficha importante en su intento por recuperar Roma. El Nuncio de su Santidad bendijo las tropas españolas que iban a pelear a Cuba. El episcopado español coopera con el esfuerzo bélico de su gobierno financiando batallones de voluntarios. La prensa española presentó la guerra en Cuba como una guerra contra los enemigos de España: la masonería y los negros. En Cuba, el obispo Santander emplea la religión para condenar a Máximo Gómez. Los líderes insurrectos que no han podido participar en los desfiles de la victoria, asisten a una misa en el santuario de El Cobre, 8 de septiembre, 1898. Un cubano de trayectoria patriótica es nombrado obispo en Santiago de Cuba. En La Habana, un italiano procedente de la legación de la Santa Sede en Washington. El clero habanero está dividido respecto a su obispo.

1901 Debate sobre si el nombre de Dios debe de incluirse en la Constitución. Quedará incluido. La educación pública será laica.

1902 Cuba nace a la vida republicana amarrada a la amenazante Enmienda Platt.

1903 Son creadas las diócesis de Pinar del Río y Cienfuegos.

1912 La pequeña guerrita de mayo, una sublevación de cubanos negros, indignados con el trato discriminatorio que se les dispensa, es aplastada. Se estiman en 3,000 sus muertos. Ese mismo año se crean las diócesis de Camagüey y Matanzas.

1914 Cuba cuenta con 54 colegios católicos en los cuales trabajaban 12 congregaciones masculinas y 24 femeninas.

1916 El 10 de mayo, el papa Benedicto XV declaró oficialmente a Nuestra Señora de la Caridad, patrona de Cuba.

1918 Aprobada en Cuba una ley que autoriza el divorcio.

1928 El 11 de febrero, nació en el Colegio de La Salle del Vedado la Federación de la Juventud Católica Cubana. Intensa actividad del Hno. Victorino en la fundación y consolidación de la Acción Católica.

1931 Fundada la Agrupación Católica Universitaria.

1933 El dictador Gerardo Machado es depuesto. Fracasa el esfuerzo por crear una Cuba diferente. Desde enero de 1934, Fulgencio Batista controla el poder con apoyo del ejército y de los EE.UU. Gobernará a través de títeres hasta el 1940. Fue electo en las elecciones de 1940.

1940 Los colegios católicos son 112. Asamblea Constituyente. De nuevo se discute si se debe incluir el nombre de Dios en la Constitución.

1947 Con motivo de un Congreso Eucarístico, Pío XII felicita a los cubanos y les previene de los peligros de la vida «alegre y confiada».

1952 El 10 de marzo, mediante un golpe de estado Fulgencio Batista se adueña del poder. La Acción Católica rechaza el golpe.

1952 Con motivo de los 50 años de la vida republicana, es traída a La Habana la imagen de Ntra. Sra. de la Caridad del Cobre. Entusiasta participación de los fieles católicos, aprovechada por el gobierno.

1953 Un grupo de cubanos encabezados por Fidel Castro fracasa al atacar el Cuartel Moncada, intentando derrotar el gobierno golpista de Batista. Mons. Pérez Serantes logra salvarle la vida en medio de la brutal represión oficial.

1956 El 2 de diciembre, un contingente de rebeldes arriba en el Granma. Se internan en la Sierra Maestra. Durante muchos días, se da por muerto a Fidel Castro y compañeros.

1957 La edición dominical del New York Times del domingo 24 de febrero publica una entrevista del periodista Herbert Mathews. Los días 26 y 27 las informaciones van acompañadas de fotos.

El 13 de marzo, militantes del Directorio Revolucionario Estudiantil atacan el palacio presidencial y la emisora Radio Reloj. Entre los caídos, el líder José Antonio Echeverría.

El 30 de julio de 1957 caen asesinados Frank País y Raúl Pujols en Santiago de Cuba. El dolor y la indignación de la ciudad se desbordan en el entierro.

1958 El 25 de febrero de 1958, los obispos de Cuba piden el cese de la violencia y la creación de un gobierno de unidad nacional.

El 31 de diciembre, el dictador Fulgencio Batista huye a Ciudad Trujillo, República Dominicana.

1. Desde la conquista hasta el Primer Sínodo Diocesano (1680) y la llegada del Obispo Compostela en 1687

Dejando de lado los intercambios entre el Almirante y los indios de Cuba, esta época inicial abarca desde el primer choque entre los aborígenes de Cuba y las partidas de Diego Velázquez durante los años1511 a 1515, hasta el Primer Sínodo Diocesano. He seleccionado el Primer Sínodo Diocesano de 1680 como límite inferior, porque representa un primer intento de institucionalización pastoral. Muy probablemente el Sínodo favoreció el nombramiento por el Consejo de Indias de un hombre de la talla de Diego Evelino de Compostela, (1685-1704) como obispo de Cuba. Compostela fue el primero de los Obispos decisivos del siglo XVIII, cuyo impacto pastoral y cultural culmina en el episcopado de Espada y Landa (1800-1832), y ha perdurado hasta nuestros días.

Hay algo de artificial en todo intento de dividir la historia en etapas, fases y períodos. He escogido la fecha de 1680, porque además de haberse celebrado el primer Sínodo Diocesano en ese año, es vecina o coincide con varios sucesos y procesos relevantes. Ese año, iniciaron su predicación contra la posesión de negros esclavos y la esclavitud misma los Frailes capuchinos Francisco José de Jaca y Epifanio de Moirans. En las últimas décadas del siglo XVII, ocurrían transformaciones internacionales, hispánicas e insulares que afectarían a Cuba. Tal fue el caso, por ejemplo, del Tratado de Ryswick de 1697 que cerró prácticamente dos siglos de vida colonial, y dio un respiro de cuatro años a la vida cubana de los continuos ataques y amenazas de los corsarios y piratas que la asolaron durante décadas. A finales del siglo XVII, se vivían los últimos años de la dinastía Habsburgo en España. El XVIII se inició con la guerra de sucesión al trono español y el advenimiento de los Borbones. En Cuba, entonces está ocurriendo un acrecentamiento del cultivo del tabaco, cuyas cosechas querrá controlar la vigilante administración borbónica.

Exceptuando el caso de la evangelización de los indios, es difícil subdividir en períodos la labor de la Iglesia para los años que van desde 1510 hasta 1680, porque en realidad tenemos a una Iglesia, que enfrenta una serie de desafíos que se van repitiendo. Tanto los desafíos como las respuestas de la Iglesia, ocurren dentro del marco del Patronato.

En términos demográficos, Cuba experimentó un notable descenso de su exigua población hacia la mitad del siglo XVI, y un ligero aumento hacia finales de este siglo debido a la cría de ganado vacuno, la comercialización de cueros y carne salada y los negocios relacionados con el avituallamiento de las flotas que carenaban en el puerto de La Habana. Volvían a llegar algunos españoles, que necesitaban cada vez más la mano de obra esclava ante la dramática desaparición de la población indígena.

1.1 El Patronato

Se pudiera decir, parafraseando el primer capítulo del evangelio de Juan, que casi desde el principio era el patronato y sin el patronato no se hizo nada de cuanto fue hecho. Sin el patronato no se comprende nada de la vida colonial de América Latina, y en nuestro caso, de la Iglesia cubana. Toda la vida de la Iglesia católica cubana transcurrió enmarcada dentro de esta relación entre la Iglesia y la monarquía española determinada por el patronato. Es una de las grandes diferencias respecto de las Iglesias que surgieron en las colonias inglesas: partieron de la Inglaterra de Jacobo I en 1609 siendo enemigas a muerte del rey y de sus obispos anglicanos. Esa animadversión a la realeza y los usos «papistas» en materia religiosa iba también como pasajera peregrina del Mayflower en la expedición del 1620 a las costas de la América del Norte. Cristóbal Colon, por su parte, antes de partir en su primer viaje, ya contaba con la bendición y los recursos de los Reyes Católicos de España amigos del recién electo papa español, Alejandro VI (1492-1503).

Todas las iglesias que surgirán en la América hispana y la portuguesa mostrarán estas características: búsqueda y necesidad del apoyo y la aprobación de la monarquía y sus representantes; proveerán de legitimidad a las ejecutorias del rey y de sus funcionarios; cuidarán celosamente de su monopolio en establecer la moralidad de las costumbres y de las ideas que se expresen en público; estarán presentes en todos los grandes momentos de las vidas de los fieles: el nacimiento, el paso a la adolescencia, el matrimonio, la enfermedad y la muerte; durante siglos, serán las encargadas de los hospitales, asilos y escuelas. La Iglesia contaba con el apoyo del rey, y el rey con el de los papas, quienes otorgaron a la corona española toda suerte de privilegios. Todo lo que se llevó a cabo en la dimensión educativa, corrió por cuenta de la Iglesia católica, particularmente de los obispos y de las órdenes religiosas. Esto fue así hasta la mitad del siglo XIX.

La identidad de la Iglesia católica cubana se capta mejor, cuando se le compara con las Iglesias cristianas que surgieron en el norte. En las colonias inglesas de la América del Norte, las iglesias tomaron otro rumbo. Dada su identidad fervientemente calvinista, cuidaron celosamente de su independencia de la autoridad real. No habían zarpado de Inglaterra y ya habían padecido la persecución por rechazar visceralmente toda simbiosis entre la monarquía y sus iglesias. Para su sustento, siempre se apoyaron en los recursos otorgados libremente por la comunidad; rechazaron firmemente cualquier nombramiento de obispo en las colonias, ya fuese por parte del rey o por parte de la Iglesia de Inglaterra. Cada congregación eligió libremente sus autoridades. Rechazaron tajantemente cualquier interpretación de la Biblia que difiriera de la sostenida por sus ancianos. Baste mencionar los casos de Roger Williams y de Ann Hutchinson, ambos expulsados de sus comunidades por ser disidentes. Los peregrinos puritanos de la América del Norte, querían purificar la Iglesia de Inglaterra. Aborrecían el absolutismo de Jacobo I y de Carlos I. Sostenían que la ley estaba por encima del monarca y que solo el parlamento podía aprobar las leyes y los impuestos. En una palabra, eran enemigos del rey, su forma de ejercer el poder y de su manera de vivir el cristianismo. En Cuba, como en el resto de la América hispana, la simbiosis entre la Iglesia y la Corona era casi total. Además de la consabida alianza y mutua legitimación, siempre quedó un espacio para la crítica, la manipulación y el conflicto.

Julio II (1503-1513)

La Bula *Universalis Ecclesiae Regiminis* del 28 de julio de 1508 estableció el patronato para todas las posesiones hispanas en América. Fernando el Católico lo demandó del papa Julio II (1503-1513). Estas disposiciones y privilegios fueron todavía ampliados el 9 de mayo de 1522 mediante la Bula Omnimoda de Adriano VI, antiguo preceptor de Carlos V. Su título completo era *«Exponis nobis nuper fecistis»* y concedía a los religiosos que se encontrasen a dos días de una sede episcopal amplios privilegios pastorales en bien de los indios. En la práctica, la bula confería a los misioneros una autoridad apostólica (Torres Cuevas – Leiva, 2007: 67-70). La bula benefició especialmente a los franciscanos.

El papa Adriano VI (1522-1523) y sucesores legitimaron y sacralizaron la corona española, su dominio en Ultramar y sus empresas. La monarquía española quedaba encargada de cobrar y administrar los diezmos, determinar los límites jurisdiccionales de todas las diócesis que se establecieran y de presentar los candidatos a todas las dignidades y cargos eclesiásticos, particularmente a los obispados. Si en las colonias inglesas de la América del Norte, los reyes y reinas de Inglaterra no lograron nombrar un solo obispo en casi dos siglos, en la América Hispana ya existían 33 diócesis en 1577 y funcionaban 42 diócesis en los inicios del siglo XIX, dos de ellas en Cuba y una en el Santo Domingo español. Desde los tiempos apostólicos, el obispo era y sigue siendo, la figura clave de la misión y la organización de la Iglesia católica.[6]

---

[6] «A fines del siglo XVIII, Hispanoamérica poseía 42 diócesis, de las que poco más de la mitad 22 se habían creado entre 1504 y 1550 y otras nueve, entre 1551 y 1600; a principios de XVIII se establecieron cinco más, de las cuales sólo una –la de Buenos Aires, fundada en 1720– llegó a convertirse en un impor-

Al igual que en el resto de ibero América, durante cuatro siglos la Iglesia que iba surgiendo en la isla de Cuba fue regida por obispos seleccionados exclusivamente entre los candidatos a presentados por la Corona española. Todos los documentos pontificios que se leyeron en Cuba durante cuatro siglos, se hicieron públicos por expresa concesión de la Corona mediante el «pase regio». Fue también un privilegio del patronado el que los obispos de todas las posesiones españolas, entre ellas Cuba, no se comunicaran directamente con la Santa Sede sino a través del nuncio del papa en España. El nuncio fungía como un filtro en ambas direcciones de la correspondencia. El obispo de Cuba, tampoco viajaba a Roma a cumplir con la visita «ad limina»,[7] sino que enviaba el reporte del estado de la diócesis al Consejo de Indias, fundado en agosto de 1524. A lo ancho y largo de toda la América hispana y las Filipinas, la Corona controlaba los traslados de clérigos y religiosos a las Indias, las actividades de las congregaciones y órdenes religiosas, los gobiernos interinos de las diócesis mientras llegaban las confirmaciones de los presentados a esos cargos. Como lo ha expresado el historiador Pedro Borges, los obispos de hispanoamérica pudieron llegar a pensar que obedeciendo al monarca y a sus instituciones cumplían con su conciencia (Pedro Borges, 1992: 74).

Los Reyes de España actuaron no sólo como patronos de las iglesias, sino como vicarios de esas comunidades, asumiendo, con la anuencia de los Romanos Pontífices, funciones disciplinares de la exclusiva competencia de la Sede de Pedro dentro de ámbitos especificados por los papas. El patronato fue el marco

---

tante centro de organización eclesiástica, y a finales de siglo aparecieron otras seis más» Manuel Lucena Salmoral y otros, (2008) *Historia de Iberoamérica*. Tomo II, Historia Moderna., 637-662.

[7] La visita obligatoria a Roma de todo obispo para presentar al papa, obispo de Roma y por eso cabeza de la Iglesia, el estado de su diócesis. El nombre de «visita ad limina» proviene del latín, «ad limina apostolorum», se sobre entiende, la visita a las inmediaciones de las tumbas donde reposan los restos de los apóstoles Pedro y Pablo.

decisivo de la Iglesia cubana hasta el fin de la dominación española en1899. Durante más de cuatro siglos, muchas de las decisiones importantes referentes al catolicismo cubano prácticamente fueron iniciadas por figuras o instituciones radicadas en el otro lado del Atlántico. Aquellas ocasiones en que la iniciativa partió de instancias localizadas en Cuba, la aprobación final dependió también de Ultramar.

Cuba entra a la gran historia de Europa de la mano, primero de los Reyes Católicos, conquistadores y dueños, por primera vez desde el siglo VIII, de toda la geografía española al capturar Granada en enero del 1492. Luego, sigue de la mano del, Carlos, hijo de Juana la Loca, hija a su vez de los Reyes Católicos. El padre de Carlos V fue Felipe el Hermoso, progenie de Maximiliano de Austria, el Emperador Alemán y María de Borgoña. Carlos heredó el imperio en el que no se ponía el sol. La conquista y fundación de las primeras villas de Cuba va concluyendo cuando Carlos I de España (1516) va camino de ser Carlos V de Alemania (1519), pero desde 1517, los reinos alemanes se encuentran divididos, pues Lutero ha propuesto una manera de vivir el cristianismo contraria al papa y al emperador. El poder de los Habsburgos se afianzará en Milán, en las cinco victorias contra Francisco I de Francia y en la convocatoria del Concilio de Trento (1545-1563), pero Carlos no logra que se discuta primero en el Concilio la reforma de la Iglesia desde la cabeza hasta todo el cuerpo.

Contra los intereses del Emperador, el Concilio discutirá temas doctrinales, como la justificación, el canon de las Escrituras y los sacramentos. La Paz de Augsburgo de 1555 apunta a una debilidad de Carlos, pues estipula que él y sus sucesores se verán obligados a aceptar, que dos tercios de Alemania sean gobernados por príncipes protestantes. Durante los años que estudiamos, la España de Felipe II (1556-1598) sufrirá tres quiebras financieras (1557, 1575-1576 y 1596). En vano Felipe II y el papa Pío V pelearán contra Isabel I (1558-1603), excomulgada (1570), beligerante cabeza de las potencias protestantes, decidida a encontrar una ruta hacia el Extremo Oriente a través del norte y fundar colonias en la América del Norte.

Isabel encargó una pesquisa respecto de Felipe II, paladín de la causa católica y la España enemiga, y hacia el 1580 recibió los resultados de la investigación con este título «Estudio de cómo su Majestad [Isabel I] pudiera incordiar al rey de España».[8] La Armada Invencible (1588) española con sus 19 000 infantes, 7000 marineros, 1000 aventureros, 180 clérigos y 130 barcos fracasó en su intento de derrotar a Isabel I, vencida por el mal tiempo, la pericia de la marinería inglesa y la mejor capacidad de maniobra de sus barcos ingleses más pequeños. La victoria católica de Lepanto 1571 contendrá en el mar a los turcos, que todavía volverán a sitiar Viena en el 1683 y conservarán su dominio sobre los Balcanes hasta entrado el siglo XIX.

La actividad de los piratas holandeses tiene su origen en sus luchas por la independencia y el calvinismo contra la España católica de Felipe II y sucesores. Estos conflictos encarnizados se prolongarán en la Guerra de los Treinta Años (1618-1648). Durante esa guerra, peleando en Rocroi (19 de mayo de 1643), España descubrirá con asombro que sus tercios no eran invencibles y en la Paz de Westfalia (1648) reconocerá resignada la independencia de Holanda. La Inglaterra de Oliver Cromwell (1653-1658) privará a España para siempre de Jamaica (1655) y le convencerá de la inutilidad de sus aventuras irlandesas. En las décadas finales del período que estudiamos, la Francia de Luis XIV (1643-1715) despojará a España de territorios en Europa y el Caribe, y acabará colocando a un borbón en el trono español. En lo interno, los borbones traerán positivas reformas administrativas a España y su imperio. Señalemos entre otras, el sistema de intendentes, la liberalización del comercio y el apoyo a la mejor formación de su clero y funcionarios. En el campo internacional, valdría la pena sopesar y calcular

---

[8] El estudio lo menciona Ken MacMillan, *Soverignty and Possession in the EnglishNew World: The Legal Foundations of Empire*, 1576 – 1640 (New York: Cambridge University Press, 2006, 82; citado en Jill Lepore, *These Truths, A History of the United States* (2018), New York: W.W. Norton and Company Inc., 27.

si España perdió más teniendo a los Borbones de aliados y familiares, que de enemigos.

Incluso antes del Edicto de Milán del 313, la Iglesia católica llevó a cabo varias funciones bajo el Imperio Romano y las continuó desempeñando aún luego de la caída del Imperio Romano en Occidente que convencionalmente se coloca en el 476. A lo largo de toda la Edad Media y hasta bien entrada la Edad Moderna, la Iglesia católica se ocupó, en primer lugar de la evangelización, de la regulación de la moral pública, la legitimidad de los monarcas para gobernar. La Iglesia también se encargó en gran medida de la educación, por su iniciativa surgieron las primeras universidades durante los siglos XII y XIII. Ella fue también la principal encargada de la salud, el establecimiento y manutención de hospitales, la asistencia social a enfermos, viudas y huérfanos. La Iglesia católica cubana desarrolló estas labores en medio de crecientes desafíos.

Taínos de Cuba

Voy a destacar ahora seis de ellos para los años que van desde el descubrimiento de América 1492 hasta el primer Sínodo Diocesano del 1680 y la llegada a Cuba de Diego Avelino de Compostela en 1687.

1.2 La Iglesia ante el indio (1492-1555)

Denomino al primer desafío, «la Iglesia ante el indio (1492-1555)» por ser éste, a mi parecer, el reto mayor enfrentado durante esos años. En términos económicos y sociales, se trata de lo que Fe Iglesias ha llamado «un período inicial preparatorio» en la historia de Cuba, que se caracteriza por «el predominio de las encomiendas» y la actividad minera en los lavaderos de oro (1988:125).

En las primeras relaciones de los que descubrían o conquistaban para la corona nuevas tierras, se advierte ese optimismo que marcaba la mentalidad hispana desde la unión de las dos coronas de Castilla y de Aragón en 1469, confirmado con la caída de Granada en enero de 1492. España parecía poseer un Destino Manifiesto en los planes de la divina providencia. España abordó la conquista de América como continuación de la reconquista que había concluido con la captura de Granada en enero del 1492, año del descubrimiento e invención de América. Hablo de «descubrir», porque estas tierras eran desconocidas, y de «invención» porque Colón interpretó sus descubrimientos no desde la novedad alterna de lo desconocido, sino desde sus propios presupuestos. El Almirante había partido para las Indias desde Palos de Moguer y aunque las tierras que encontró a su paso hacia el poniente eran totalmente nuevas y no figuraban en ningún mapa, él las puso en el mapa desde su precomprensión, llamándolas «indias». ¡El Almirante las inventó! Probablemente muriera persuadido de la realidad de otra de sus invenciones: que había llegado a Cipango, el Japón del lejano Oriente. Colón se parece a Don Quijote tanto por la audacia con la que emprendió su búsqueda, y quizás más, por lo que imaginó haber encontrado.[9]

La fe católica llegó a los poblados indígenas a través un grupo de náufragos hispanos que interactuaron con las aldeas indígenas de Macaca y Cueibá. Se sabe que uno de ellos llegó a aprender la lengua indígena, catequizó al cacique y lo bautizó con el nombre de Comendador hacia 1508. Allá mismo, en 1509 construyeron «una pequeña capilla en la que fue colocada una imagen de papel —pintura o grabado— de la Virgen María». Se tienen noticias de que los indios rezaban el ángelus dos veces al día y compusieron areítos en los cuales se usó la expresión «Ave María» como estribillo, testimonio de su devoción a la Virgen. El anuncio del Evangelio en Cuba, al igual que en otras islas, estuvo

---

[9] Al lado de otros, el Almirante quedó como moderado, John of Holywood, en su obra *Sphaera Mundi*, de 1498, describe a los habitantes del Nuevo Mundo como seres de color azul y cabeza cuadrada, ver Lewis Hanke, *El Prejuicio Racial en el Nuevo Mundo. Aristóteles y los Indios de Hispanoamérica*, Editorial Universitaria, Santiago de Chile, 1958, 39-68

mediatizado por el proyecto de conquista de los hispanos. Diego Velázquez envió a cuatro dominicos por delante de su hueste para amansar los indios. Hay relatos en los que se narra cómo los indios asociaban la cruz al proyecto hispano de esclavizarlos para buscar oro (Suárez Polcari 2003 I: 28-30).

Los indios fueron esclavizados junto a otros aborígenes de las tierras vecinas (Lucayas, Antillas Menores y Yucatán) y los africanos. A la llegada de los hispanos, la población indígena de la Isla ha sido calculada aproximadamente en unos 112,000 (Louis A. Pérez, Jr, 1988: 20).[10] Estos indios fueron inmediatamente incorporados como mano de obra barata en la empresa de la conquista, la siembra de montones de yuca, el lavado de oro en los ríos y arroyos y más tarde, algunas siembras de caña. Muy pronto, las epidemias y el mal trato redujeron la población aborigen en tal medida, que para 1510 se hace necesario comenzar a cazar indios en las Islas Lucayas (actualmente Las Bahamas). Entre todas las epidemias hay que citar la de 1519 que redujo a un tercio la totalidad de la población aborigen (Pérez, 1988, 30; Ramiro Guerra, 1975: 51). Ya en ese momento La Habana se encontraba establecida material y legalmente en su posición actual (Ramiro Guerra, 1975: 33). El mal trato y los abusos generaron en La Española la revuelta de Enriquillo durante los años que van de 1519 a 1533. En 1523 se rebelaron en Cuba los llamados indios Cayos, en la cayería de los Jardines de la Reina. Terminamos el estudio de este desafío en 1555, pues Ramiro Guerra consideraba que para esa fecha la población indígena de Cuba no alcanzaba los 5000 habitantes (Ramiro Guerra, 1975: 68).

La evangelización de Cuba llegó a la isla en 1511 como parte integrante del esfuerzo conquistador hispano en búsqueda de oro. La expedición de conquista venía al mando de Diego Velázquez de

---

[10] Pérez basa sus estimados en los estudios de Ernesto E. Tabio y Estrella Rey, *Prehistoria de Cuba* (Habana, 1966) y Juán Pérez de la Riva, «Desaparición de la población indígena cubana», Universidad de La Habana, Nros. 196-197. En (Suchlicki, 1974: 4) se estima en 60,000 la población indígena de Cuba. Sobre este tema, seguimos sabiendo tanto como el Almirante.

Cuéllar, quien sería el primer gobernador de Cuba (1511-1524). Tal y como sucedió en otros lugares de América, en general los eclesiásticos realizaron su labor evangelizadora sin mayores protestas contra los abusos y desmanes de la empresa conquistadora, que había sido legitimada como extensión de la cristiandad. Sin embargo, desde la primera evangelización en Cuba hubo eclesiásticos que denunciaron las violencias contra los indios. Estas denuncias por parte de eclesiásticos y de algunos funcionarios reales perduraron hasta finales del siglo XVII.[11] La evangelización legitimó, pero también cuestionó las fundamentaciones teológico y ética de la conquista y la relación con los indios.[12] Tal fue el caso de Fray Bartolomé de las Casas, encomendero convertido en 1514 en las márgenes del Río Arimao en Cuba (Hanke, 1949: 43). Desde entonces Las Casas se desempeñó como uno de los mayores y más ilustres críticos de la conquista y del modo hispano de evangelizar en América. En ocasiones, exageró el número de víctimas, indignado

---

[11] Una real Cédula del 30 de mayo de 1694 ordenaba al nuevo gobernador Sebastián de Arancibia que tratase a los indígenas «con gran blandura y suavidad, sin que experimenten vejaciones, so pena de castigo a vos y los demás». Citado por Francisco Castillo Meléndez, «Población y Defensa de la Isla de Cuba» en *Anuario de Estudios Americanos* Vol 44 (1987), 48, 49.

[12] El apasionante tema, desborda el propósito de este ensayo. Pero vale la pena adentrarse en este estudio aleccionador y corrector de apresuradas generalizaciones. Dos puntos de partida útiles pueden ser: Lewis Hanke, 1967, *La Lucha Española por la Justicia en la Conquista de América,* Aguilar, Madrid (2a Ed., española, 1ª en 1959). 307 páginas y apéndices 311-329. La edición original de este clásico es de 1949: *The Spanish Struggle for Justice in the Conquest of America*, Philadelphia, Hanke aseguraba que los orígenes de su estudio se remontaban a 1930, y el otro punto de partida, puede ser, Teófilo Urdanoz, O. P., 1960, *Obras de Francisco de Victoria*, BAC Volumen 198. Madrid. Los elementos más interesantes se encuentran en las «Relecciones Teológicas», páginas 35 a 60. Hanke contó cómo fue al Archivo de Indias para probar la terrible violencia de los conquistadores hispanos contra los indios. Sus estudios la confirmaron, pero le obligaron a admitir que fuera de España, ningún otro imperio colonial europeo discutió con más libertad, seriedad, fundamento y pasión la justicia de la conquista, aunque eso implicase señalar con el dedo acusatorio al Emperador, los obispos y al mismísimo papa.

por la violencia despiadada de aquellos que blandiendo la pólvora, armaduras, perros y ambiciones de la modernidad, asesinaban a inocentes todavía no graduados del neolítico.

Con relación a Cuba, en 1526 Las Casas apoyó un método de evangelización que liberaba a los indios del trabajo forzado. Se sometía así a una crítica seria lo adecuado de la encomienda como marco de la evangelización. El Padre las Casas obtuvo de Carlos V y del Consejo de Indias, que Fray Pedro Mexía de Trillo, Provincial de los Franciscanos en Santo Domingo, pudiera establecer poblados de indios en Cuba sin que éstos tuvieran que lavar oro. El objetivo de este intento fracasó, pero en medio de duras controversias Las Casas lograría que el Gobernador Guzmán fuese privado de su cargo de repartidor de indios, y tanto Guzmán como su socio, el Obispo Miguel Ramírez, O.P. (1528-1535), fuesen investigados. A la larga, el Obispo consiguió que Guzmán recuperase su prestigio y él mismo fuese liberado de las acusaciones.[13]

---

[13] Los documentos han sido reunidos por Leví Marrero. Se puede seguir este asunto desde 1526, cuando mediante una real provisión del 14 de septiembre se disponía que fray Pedro Mexía se trasladase a Cuba para ensayar su sistema «de la experiencia». Mexía de Trillo poseía poderes especiales para denunciar y corregir los abusos contra los indios. Temiendo que su autoridad fuera debilitada e interesado en los beneficios que el trabajo indígena le reportaba, el Gobernador de Cuba Guzmán entorpeció la gestión de Mexía de Trillo. Tanto la Audiencia, como el Consejo de Indias fallaron a favor del fraile franciscano. Probablemente las denuncias del sector eclesiástico están a la base de una Real Orden del 15 de febrero de 1528 que le quitaba al Gobernador Guzmán sus funciones como repartidor «y le privó del derecho de encomendarse indios a sí mismo, a sus familiares y a sus criados» (Guerra: 1975: 58). El asunto del experimento franciscano para la evangelización de los indios fue remitido a la autoridad y parecer del nuevo Obispo Miguel Ramírez de Salamanca primer obispo que residiera en Cuba, a donde llegó en 1529. Muy pronto Obispo y Gobernador se pusieron de acuerdo para repartirse los indios. El Consejo de Indias nombró a un juez investigador y prohibió que el Gobernador y el Obispo tuvieran indios. El Obispo puso los indios a nombre de una sobrina. El Gobernador logró retrasar la llegada del investigador por dos años y el Obispo usó la excomunión contra sus adversarios. El juez Juan de Vadillo presentó formalmente cargos contra el Obispo en España. Allá fue Ramírez a defenderse logrando que los cargos contra Guzmán fuesen levantados. Guzmán continuó

Sin dar su fuente, el acucioso Jaime Suchlicki estimó en menos 7,000 la población total de Cuba en 1544. Calculó la población indígena en unos 5000; los españoles, 660; y los negros esclavos, 800 (1973: 34). Torres Cuevas y Leiva estiman en 200, todos los vecinos españoles establecidos en Cuba en 1544 (2007: 91).

En la primera mitad del siglo XVI, las autoridades españolas no se preocupaban tanto de la desaparición de los indios. Lo que sí les interesaba era la conquista de las tierras cercanas, doradas con promesas de metales preciosos. La fundación de varias de las villas cubanas está relacionada con el servicio que podrían prestar en relacionar a la Isla, tan estratégicamente situada, con los futuros puntos de expansión. Cuba tomará el relevo de La Española como base de importantes expediciones. De Cuba partirían Pedrarias Dávila para Centro América (1513), Francisco Hernández de Córdoba para la península de Yucatán (1517), Juan de Grijalva (1518), Hernán Cortés (1519) y Pánfilo de Narváez (1520) para México, y el mismo Narváez (1527) y luego Hernando de Soto (1538) para la Florida (Louis A. Pérez, 1988: 31). En esta fiebre expedicionaria la suerte de los indios contaba poco.

Es difícil saber en qué medida, las trágicas experiencias iniciales vividas en Cuba, afectaron toda la obra de Las Casas y sus sucesores en otras partes de América. Se puede decir con certeza que Las Leyes de Burgos (1512), la decisión de suprimir las encomiendas de 1530, la bula *Sublimis Deus* de Paulo III del 2 de junio de 1537, las Leyes Nuevas (1542) y los Debates de Valladolid (1550-1551) no alteraron la suerte de los indios de Cuba ni de las otras Antillas, ni detuvieron su desaparición. Con la sal del Atlántico todos estos papeles perdían su sabor y vigor.

La obsesión por los metales preciosos y el uso de los indios como mano de obra era tal, que desde los inicios, en las mismas Leyes de Burgos de 1512 se deja entrever la fuerza esclavizadora

---

gobernando hasta el 7 de junio de 1538 en que fue relevado por Hernando de Soto, y el Obispo Ramírez permaneció en su cargo hasta la llegada del Obispo Miguel Sarmiento (Guerra, 1975: 59-60).

de la búsqueda del oro. Para los que ponen la obtención del oro en primer lugar, los indios son vagos y por naturaleza; son inclinados a los vicios, viven «lejos», hay que localizarlos en pueblos para poder civilizarlos y catequizarlos, y estos pueblos, ¡conviene localizarlos cerca de los españoles para que los indígenas se aprovechasen de los buenos ejemplos hispanos y pudieran servirles mejor! (Konetzke, 1953, 38-57).

Cuando el Obispo Castillo visitó Guanabacoa en la década de los 1570 «encontró 60 indios y un sacerdote». Para 1578 tenían una ermita de tabla y guano. La nombró la Asunción de Nuestra Señora la Virgen María el 15 de agosto de ese año (Suárez Polcari I, 2003: 62). En la segunda mitad del siglo XVII, sólo persistían los indios de la jurisdicción de Santiago de Cuba, radicados en los poblados de San Luis de los Caneyes y Bayamo. Un padrón de 1684 identifica varias comunidades indígenas dentro de la jurisdicción de Bayamo: Santa Ana, Guanarubí, Jiguaní de Arriba, Los Quemados, Cautillo y el Sao. De estos asentamientos, en 1716 solamente existía el de San Pablo de Jiguaní como comunidad que había conservado su identidad indígena (F. Castillo Meléndez, 1987: 45, 46).

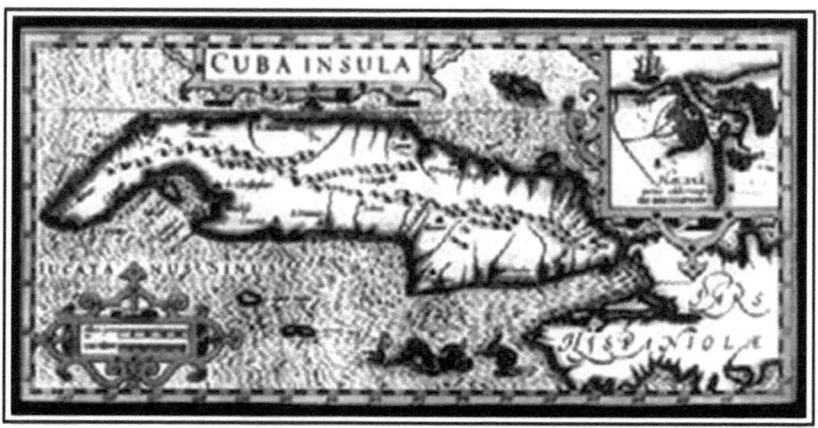

1.3 Una de las islas descuidadas

Un segundo desafío enfrentado por la Iglesia fue el abandono en que quedó la Isla con la conquista y la creación de dos prósperos virreinatos, primero el de Nueva España en México por Real Cédula del 12 de octubre de 1535 y luego del Perú, el 20 de noviembre de 1542, fecha en que Carlos V aprobó Las Leyes Nuevas. Los testimonios de la época nos revelan al clero y los sucesivos obispos actuando convencidos de dos hechos. El primero, los obispos sabían que las distancias y el desinterés de la Corona, impedirían la supervisión. El segundo, que los aspectos institucionales de su ministerio carecían de importancia, tanto para los pocos sacerdotes repartidos por amplios territorios, al igual que para los funcionarios de la corona en ambos lados del Atlántico. Así por ejemplo, el Obispo Juan del Castillo le informaba a Felipe II que entre el 2 de agosto de 1569 y abril de 1570 había realizado su visita pastoral «y en ninguna iglesia había Libros de Bautismo, ni confirmación ni de Matrimonios». (Escobio, 1983: 96).

¿Con qué establecimientos contaba la Iglesia de Cuba en 1569? En Santiago de Cuba, encontramos la Catedral, un hospital, las Cofradías del Santísimo Sacramento y de la Veracruz, la Ermita de Santa Catalina, otra dedicada a Santa Ana, la Iglesia y el convento de los Franciscanos, donde se daban algunas clases. El obispo del Castillo evaluaba la Catedral y la Iglesia de los franciscanos como muy sólidas. En Bayamo la Iglesia era de paja. Había un hospital. En Baracoa, una iglesia de paja. En Puerto Príncipe, una Iglesia y una cofradía. Del Castillo se quejaba de lo extendida que estaba la práctica de la hechicería en esta ciudad. También señalaba que Trinidad, nunca había tenido párrocos y habían trasladado sus propiedades a Sancti Spíritus, donde había una iglesia, Del Castillo la consideraba entonces la más rica de toda la Isla. En Savana había una ermita. En La Habana estaban reparando la iglesia y el hospital, quemados por los corsarios. Contaba con las iglesias de San Juan de Letrán y de la Vera Cruz y con la cofradía del Santísimo Sacramento. En Guanabacoa, ejercía su ministerio un clérigo al frente de una comunidad de indios (Torres Cuevas – Leiva, 2007: 148).

Obispos y Gobernadores eran las máximas autoridades de Cuba, una isla remota, desatendida, amenazada por las potencias rivales de España y mal comunicada. En el siglo XVI, un viaje de Sevilla a Veracruz podía durar cinco meses. Viajar de Sevilla a Santo Domingo tomaba un mes, y luego otro de Santo Domingo a Veracruz. Pero en ocasiones, podía tardar más, por las dificultades de avituallamiento y la necesidad de aguardar otras naves para formar convoyes y así defenderse de los corsarios y piratas.

En las relaciones entre obispos y gobernadores se dieron las alianzas, como en el caso ya mencionado del Gobernador Guzmán y el Obispo Ramírez, y no faltaron los conflictos. Esa fue una característica que aparece a cada paso durante el período colonial: los encontronazos entre obispos y gobernadores por conflictos de poder. Entre los enfrentamientos más notables para la época que estudiamos merecen mencionarse el del Obispo Fray Antonio Díaz de Salcedo y el Gobernador Luxán, quien se quejaba en 1587 de que el Obispo lo tenía excomulgado (Leví Marrero II, 199). El Maestre de Campo Joan de Texada repetía en 1589 la misma queja (Leví Marrero II, 155). Como ya lo he dicho más arriba, varios Obispos actuaron, al parecer, sin ningún temor de que sus actividades fuesen examinadas y censuradas. Así por ejemplo, en 1618, el Obispo Henríquez de Toledo fue acusado de que «...en Puerto Príncipe vendió los sepulcros de la capilla a trueque de cueros y se quedó con todo, sin dar a la Iglesia un real» (Leví Marrero IV, 253).

No todo debe ser atribuido a la falta de escrúpulos y ambición de algunos obispos. Los habitantes de la Isla muy pronto se ganaron la fama de no respetar a las autoridades. En 1570 el Obispo Juan del Castillo (1568-1579) le pidió permiso al Papa para dejar el obispado y encerrarse en una celda en España en algún establecimiento de una de las órdenes religiosas aprobadas. ¡Tan frustrado se sentía ante los frutos exiguos de sus esfuerzos pastorales! Así se expresó el Obispo sobre la gente de Cuba: era «...la más incorregible y libre y mal sujeta a los mandamientos de la iglesia que hay en todas las Indias y así hay muchos pecados públicos y muchos vecinos casados dos o tres veces estando sus mujeres vivas...»[14]

Para la época que estudiamos, impera la ley del más fuerte. Hacia 1600 el Gobernador de Cuba se lamentaba en carta al Rey del irrespeto de los soldados hacia toda autoridad, si se les quería contener, «...amenazan con que romperán la cabeza a la justicia e regidores, i ansi se les deja» (Guerra, 1975: 100). El mismo clero no era un dechado de virtudes. Durante años corrió el rumor de que la muerte repentina del Obispo Juan Montiel (1655-1657), quien trató de remediar la vida escandalosa del clero, se debió a envenenamiento (Guerra, 1975: 128). Ya Jacobo de la Pezuela relacionaba la muerte del obispo con los clérigos y las comunidades religiosas que intento disciplinar (Torre Cuevas – Leiva, 2007: 254).

En una sociedad en la cual importantes aspectos de la vida humana no podían ser atendidos, ni mucho menos supervisados por las autoridades, los habitantes respondieron creando sus propias asociaciones a partir de los modelos conocidos en la Edad Media. Solamente en La Habana, en 1579, operaban las Cofradías de Nuestra Señora del Carmen, de la Soledad de la Madre de Dios, de Nuestra Señora de la Consolación del Santísimo Sacramento, Nuestra Señora del Rosario y la de la Vera Cruz. Estas asociaciones fomentaban el culto a su santo patrón, captaban y prestaban fondos a partir de donaciones voluntarias y socorrían a sus socios. Para 1674, las cofradías de La Habana eran 20 y era tal su crecimiento y la informalidad de las nuevas fundaciones, que el Obispo García Palacios prohibió en 1680 que se fundaran nuevas cofradías a no ser con su propia autorización. Se ratificaron en La Habana seis hermandades y dieciocho cofradías (Suárez Polcari I, 2003, 134-135). Estas cofradías y hermandades nacidas al calor de la fe y bajo la protección de un santo, fueron los primeros intentos de organización social en Cuba (Torres Cuevas – Leiva, 2007: 195-197).

---

[14] *Colección de Documentos* publicada por la Academia de la Historia de Cuba VII, pp. 226-228, citado en Levi Marrero, II, 382.

Uno de los rasgos propios de la Iglesia católica cubana durante el período que estamos estudiando, los años que van desde 1511 al 1680, fueron las repetidas y largas sedes vacantes. Contando desde la Bula de León X, *Super Specula Militantis* del 11 de febrero de 1517, que creaba la diócesis de Nuestra Señora de la Asunción de Baracoa, cubriendo los territorios de Cuba, La Florida y Jamaica, hasta la llegada del obispo Compostela a La Habana el 17 de noviembre de 1687, durante esos 171 años y 21 nombramientos de obispos, la sede de Cuba estuvo vacante aproximadamente por más de 57 años. Sea por la demora en elegir obispo, o porque los elegidos rechazaron el nombramiento, o fueron trasladados o sea porque murieran sin llegar a su diócesis,[15] Cuba estuvo sin obispos, por lo menos, uno de cada tres años durante el período que estudiamos.

La situación fue diferente por lo que toca al clero. En los finales del siglo XVII, Cuba empezaba a tener un clero nativo, algunos dedicados a la enseñanza, unos pocos con estudios en México y muchos provenientes de las grandes familias de la sociedad colonial (Suárez Polcari I, 2003, 136).

En aquella remota colonia abandonada a su suerte, la realidad del día a día de la vida se iba imponiendo a las decisiones irreales de burócratas. La sede de la diócesis fue trasladada de Baracoa, un punto mal comunicado, de exigua actividad comercial, a Santiago de Cuba, el 28 de abril de 1522. La Habana ya era de facto la capital de Cuba en 1565 y lo fue oficialmente a partir de 1607. Todavía en el 1570 se estaba construyendo en La Habana la iglesia parroquial mayor. Desde fecha tan temprana como el 1603, ya el obispo Cabezas Altamirano quería trasladar la sede de la diócesis a La Habana, pero no se lo autorizaron.

¿Cómo era la actividad parroquial de la Iglesia de Cuba en 1620? Según el Obispo Armendáriz en un informe a la Corona,

---

[15] He ido computando las fechas, a veces aproximadas, a partir del excelente *Episcopologio* de Salvador Miranda, a su vez, deudor de aquél que publicara el P. Dr. Reynerio Lebroc en 1985.

luego de un siglo, las 7 iglesias fundadas por Velázquez habían aumentado en 4 más: la del Cobre, El Cayo (Remedios), Guanabacoa y un templo pequeño llamado de El Espíritu Santo en La Habana. De los «doce curas párrocos que había en la Isla, siete eran criollos» (Torres Cuevas – Leiva, 2007: 172).

Los próximos desafíos enfrentados por la Iglesia en esta época, están ligados al abandono de las Islas caribeñas, a la importancia que España dio a la plata y el oro de México y Perú, que acabo de tratar y la creciente rivalidad con otras potencias y sus designios coloniales.

1.4 En el amenazado Caribe

Durante este período que estamos estudiando, 1492 al 1680, la España de Carlos V (1516-1556) y su imperio colonial estuvieron en guerra contra la Francia de Francisco I (1515-1547) por lo menos en cinco ocasiones. Luego, Felipe II continuó su lucha contra Francia y entró en conflicto con Isabel I de Inglaterra y los patriotas calvinistas holandeses. Durante el reinado de Felipe II, ocurrieron las incursiones de Francis Drake en el Caribe y el desastre de la Armada Invencible en su fallido intento de conquistar Inglaterra en el 1588. España y sus reinos en América fueron protagonistas claves en la Guerra de los Treinta Años (1618-1648) en Europa, y blanco de los ataques de Oliver Cromwell, particularmente el Western Design mediante el cual Jamaica pasó a ser una posesión inglesa en 1655.

Jacques de Sores, calvinista protestante saqueó e incendió La Habana en 1555

Todos estos conflictos europeos constituyen el tercer desafío para la acción pastoral de la Iglesia católica. Por una parte, clero y lugareños recurrían al contrabando con los enemigos de la corona española para suplir sus necesidades, y por otra, con frecuencia fueron víctimas de los ataques de quienes tenían otros intereses políticos, económicos y otra religión.

Al igual que el resto de la población de Cuba, La Española, Puerto Rico y Jamaica, el clero de Cuba participó en el contrabando. En 1601, el Gobernador Don Pedro de Valdés, denunciaba a Fray Alonso de Guzmán, el cura Vicario de Baracoa como contrabandista (Leví Marrero IV, 125). En los procesos multitudinarios organizados en 1603 por el Gobernador Melchor Suárez de Poago contra los bayameses acusados de contrabando, de seguro figuraban algunos clérigos (Cátedra II, 2008: 453), pues en 1606 el oidor, Francisco Manso de Contreras, afirmaba que «Todos los vecinos de la tierra adentro, sin faltar ninguno, clérigos ni frailes, son grandes rescatadores [léase, ¡contrabandistas!]...» (Leví Marrero IV, 131). En 1607 Felipe III sentiría la necesidad de crear un segundo gobierno en Santiago de Cuba precisamente para vigilar y cortar las actividades contrabandistas. Basten estos trazos para delinear la vertiente ilegal y pacífica de la relación entre el clero y las otras potencias rivales de España. Ahora nos vamos a ocupar de la vertiente violenta que tuvo mayores consecuencias.

Desde los inicios del XVI hasta el tratado de Ryswick de 1697, el clero y los establecimientos de la Iglesia Católica sufrieron con frecuencia las amenazas y ataques de corsarios y piratas y marcaron el ministerio de la Iglesia con sangre y fuego. Menciono los más relevantes en el período estudiado. El 10 de julio de 1555 Jacques de Sores tomó La Habana y saqueó los locales de las incipientes instituciones, entre ellas los de la Iglesia. Durante un mes el pirata protestante y sus 200 secuaces fueron saqueando esa población casa por casa, asesinando a españoles y esclavos. Apenas hubo sobrevivientes.

El estado de tensión existente entre Cuba y los puestos de potencias rivales adyacentes, queda bien ilustrado con este suceso en el cual participaron capellanes católicos provenientes de Cuba: en 1565 Menéndez de Avilés organizó una expedición contra las pequeñas localidades protestantes de La Florida en la que dieron muerte a más de 600 hugonotes, es decir, calvinistas franceses (Leví Marrero II, 146). Por el temor a las potencias extranjeras, desde el siglo XVI las fortalezas de La Fuerza (1577), el Morro y la Punta (1597) defendieron La Habana. Este mismo temor colocó al sector militar y su guarnición permanente después de 1555, en una posición de preponderancia social. El catolicismo de Cuba, como sucediera en el resto de América, también jugó el papel de fundamento ideológico contra rivales religiosos y económicos. La legitimidad que el catolicismo podía prestar a la causa hispana fue más apreciada desde el ataque y los desmanes del hereje Francis Drake en 1586 contra la Catedral y la población de Santo Domingo, y la derrota de la Armada Invencible en 1588. La violencia de estos ataques se haría más dramática durante el siglo XVII. En 1604, el Obispo cartujo Juan de las Cabezas Altamirano (1602-1611) fue rescatado por un negro esclavo de las manos del pirata Girón dando pie a la primera pieza literaria de origen cubano (Leví Marrero, IV, 120-123). En 1628, en las costas de Cuba, ocurriría «...el mayor golpe dado a la Corona hispana y al comercio sevillano» (Cátedra II, 2008: 453), en efecto, un contingente de piratas holandeses al mando de Piet Heyn (Piet Hein) capturaron la totalidad de la flota de la Nueva España frente a la actual Matanzas (Leví Marrero III, 105-106).

Para 1655, Jamaica ha caído en manos inglesas víctima del «Western Design» de Cromwell. Y desde Jamaica en 1662, un grupo de piratas capturó y destruyó Santiago de Cuba. Esos desmanes afectaron particularmente a la Catedral de Santiago de Cuba, que ya había sido destruida en 1586 por piratas franceses en represalia contra ataques españoles. Por estos tiempos, también fueron asaltadas las poblaciones de Baracoa, Trinidad y Santa Cruz del Cayo. Los piratas dirigían sus saqueos especialmente contra las iglesias de aquellos lugares. En 1662 Henry Morgan saqueó Santiago de Cuba y meses después, el corsario Dolleys, luego de robar los bienes de la catedral incluyendo las campanas, la incendió (Suárez Polcari I, 2003: 99-100). El pirata Legrand destruyó la iglesia de Sancti Spíritus. En 1666 Henry Morgan captura Puerto

Príncipe. Por estos años, los apresamientos de piratas y filibusteros de otras naciones y confesiones eran tan frecuentes que en La Habana, la horca estaba levantada siempre (Guerra, 1975: 119). Los ataques de corsarios y piratas destruían edificaciones, los libros de registros, las imágenes y útiles del culto, así como sembraban el caos en la sociedad, ya de por sí desanimada al ver disminuir continuamente la población y el interés de la corona por la Isla donde hacía años ya no se encontraba oro.

Puerto de La Habana a mediados del siglo XVI en la orla de un mapa de Guillermo Blaeuw.

1.5 Paradero de la flota

La importancia de los metales preciosos de México y Perú y el creciente antagonismo de otras potencias navales europeas confrontaría a la Iglesia con lo que he llamado su cuarto reto pastoral para la época 1492-1680: el sistema de flotas ya establecido en 1561. Cuatro necesidades convirtieron a La Habana en el punto de reunión para la flota. Primero, hacía falta una bahía amplia de boca estrecha, fácilmente defendible. Segundo, un puerto orientado hacia el norte, punto de partida para buscar los vientos favorables del norte de la Florida para el regreso a Europa. Tercero, un punto con recursos de avituallamiento y reparación de las naves. Finalmente, un lugar seguro donde las naves y sus cargamentos preciosos se reuniesen para viajar juntas y así enfrentar como fuerza unida a la piratería. A partir del 1561, La Habana no cesaría de crecer en importancia debido a las flotas, que funcionaron desde mediados del siglo XVI hasta los finales del XVII con un impacto de primera magnitud sobre la población habanera. Las tripulaciones de la flota, entre 4,000 y unos 5,000 hombres, paraban en La Habana un promedio de cuarenta y cuatro días en cada trayecto (Hugh Thomas, 1971: 13). He publicado en otra parte el testimonio del Obispo Bernardino de Villalpando (1561-1564) recogido por Enrique Dussel, acerca del impacto de las flotas, sobre la moral y el orden en La Habana. Para el Obispo Villalpando, La Habana se había convertido, gracias a las flotas, en el «paradero y hervidero de todas las Yndias», lo cual, según el mismo Obispo tenía un efecto nocivo para el cristianismo y la moral: «concurre mucha gente [a La Habana] de diversas naciones que es lo que daña las costumbres de los pueblos».[16] En 1577, el Gobernador de Cuba, Francisco Carreño se lamentaba en carta a Felipe II de todo un grupo de frailes que andaban como «perdidos» en La Habana. Los frailes eran pasajeros frecuentes de las flotas: «certifico a V.M. que ningún navío ni barco entra por este puerto, que no traiga algún fraile». Y, según el decir del Gobernador Carreño, la conducta de los frailes transeúntes no distaba mucho de la de otros pasajeros: «En estas flotas de Nueva España y Tierra Firme y en los galeones de V.M. han entrado en este puerto más de 80 frailes, los cuales van para España y algunos que aquí están yo los envío a Santo Domingo que siendo de aquél convento andan por este pueblo jugando muchos dineros, y haciendo otras cosas no dignas de

---

[16] Citado por Enrique Dussel, «El Episcopado Hispano-americano Institución Misionera en Defensa del Indio», 1504-1620 *Sondeos* (Cuernavaca, México, Nro 35, 1970), 104. Usé esta cita en *El Alma del Negocio*..., 3, nota 4.

su hábito» (Citado por Leví Marrero II, 153). Los habitantes de La Habana, no eran mejores, al decir del Gobernador Fernández de Córdoba a finales del siglo XVII: «...Es la naturaleza de la gente que puebla esta ciudad, tan opuesta a todo lo que se les manda y tan hechas a su libertad que todo cuesta no poca dificultad» (Suárez Polcari I, 2003, 132).

1.6 Clero numeroso no tan piadoso

Un quinto reto pastoral consistió en el número exagerado de eclesiásticos localizados en La Habana a lo largo del siglo XVII. Carezco de cifras confiables, pero Leví Marrero, citando una Real Cédula de 1660, informa, cómo por esos años en La Habana había muchos curas sin empleo y Fernández Escobio señala que: «...era el estado religioso la única forma de educación, con que podían contar las personas de escasos recursos, lo que originó la existencia de una nutrida clerecía criolla, excesivo número que le hizo exclamar a Pezuela que en 1685 se había enseñoreado en todo el país el poder sacerdotal» (Escobio, 1983: 154).

Curas aragoneses del siglo XVIII

Algunos de estos miembros del clero se dedicaban a la administración de haciendas. El Contador García Palacios les compró a nombre del Rey algunas partidas de tabaco cultivado en las estancias y corrales de estos curas (Leví Marrero V, 71, 73)

La importancia económica del sector eclesiástico llegó a ser de primera magnitud. Era un clero numeroso, indisciplinado, viviendo en una sociedad llena de transeúntes. Un sector de este clero intentó participar en el crecimiento económico que iba experimentando la Isla. Prueba de ello es la Real Cédula del 2 diciembre de 1672 que prohibía a los eclesiásticos regulares o seculares, «el ejercicio de actividades económicas, bajo pena de excomunión, medida que en definitiva resultó ineficaz». Sólo las medidas coercitivas y la autoridad moral del obispo Diego Evelino de Compostela y Hurtado (1685-1704), pudo remediar el mal en parte (Escobio, 1983: 98). Sin duda, también habrá que añadir las censuras del Sínodo de 1680. Cinco años más tarde, el 18 de mayo de 1685, Manuel de Murguía Mena, teniente de gobernador, pide, que para salvaguardar la economía se prohíban nuevos censos en favor de la Iglesia. El motivo que alegaba era que ya la Iglesia Católica estaba recibiendo sumas abultadas por diezmos que aumentaban continuamente.

El deseo de orar por los difuntos y de buscar el favor divino para los vivos llevaba a muchos particulares acaudalados a dotar económicamente los servicios religiosos de ciertos templos y capillas, con el entendimiento de que se hicieran oraciones por los que así socorrían a la Iglesia. Estas fundaciones se llamaban capellanías. A fines del siglo XVII existían en Cuba más de 400 capellanías constituidas a favor de la Iglesia. El presbítero Manuel Rodríguez Páez era el colector-asentador de estas capellanías y al decir de Escobio, su gestión administrativa tenía pésima fama (Escobio, 1983: 57). Otros eclesiásticos se ganaron el reconocimiento de la sociedad, al auspiciar obras de bien común, así en 1666, el presbítero canario Nicolás Estebes Borges, se distinguió por sus trabajos en la fundación del Hospital San Francisco de Paula, (Suárez Polcari I, 100). Este hecho se constatará muchas veces durante la colonia: los vecinos se asociaban con figuras prominentes entre los sacerdotes locales para responder a sus necesidades educativas, sanitarias y de atención a los pobres y ancianos.

Un caso aparte, lo constituye el P. Nicolás Estebes Borges, a quien Torres Cuevas – Leiva retratan: «Vinculado a todos los negocios, prestamista, esclavista, culto, dueño de ingenios y haciendas con dotaciones de esclavos, con una numerosa corte doméstica, vivía como un pequeño príncipe terrenal en el ámbito habanero del siglo XVII». Borges poseía una biblioteca de mil tomos. Siempre disponía de dinero, ¡era prestamista hasta de los obispos! (2007: 233-234).

Mirado en su conjunto, el clero de la Isla a fines del XVII, contaba con personal criollo, identificado con su tierra. Se distinguía del clero peninsular, objeto de predilección por parte de la Corona. El clero criollo mostraba pocos conocimientos teológicos, y costumbres relajadas en una sociedad donde la imaginación popular daba crédito a los sortilegios, la brujería, el cabalismo y el culto a los muertos. El clero no tenía reparos en participar en la esclavitud, en «el comercio ilegal, la usura y el uso de la fuerza» (Torres Cuevas – Leiva: 235). Sus sucesores fueron corrigiendo estos excesos, y ya en el XVIII era evidente la mejor formación del clero criollo.

La concentración de eclesiásticos en la ciudad de La Habana y sus alrededores, la activa participación del clero en los negocios y su ambición de capellanías explican el grado de abandono en que se encontraban enormes extensiones del territorio cubano, desde los inicios del siglo XVII hasta bien entrada la República. La carencia de personal eclesiástico fue suplida en parte por la religiosidad popular, expresión religiosa del pueblo, espontánea, local, ajena al control doctrinal y ritual de la Iglesia oficial, no sujeta a la frágil presencia del personal eclesiástico. La religiosidad popular alcanzó un gran desarrollo en la población afrocubana.

De gran arraigo en todos los niveles sociales y culturales del pueblo cubano, ha sido la devoción a la Nuestra Señora de la Caridad. Los orígenes de esta devoción se remontan a una imagen con esa advocación, encontrada hacia 1612 en la bahía de Nipe y tras varias vicisitudes, muy pronto venerada en una ermita construida en el Cerro de la Mina, en el Cobre, poblado de las inmediaciones de Santiago de Cuba (Villaverde, 1994). Los españoles que evangelizaron Cuba era todos devotos de la Virgen María como la fue toda la Europa tardo medieval. Gradualmente irán sur-

Virgen de la Caridad del Cobre

giendo en toda Cuba templos dedicados a esta advocación. La devoción a Nuestra Señora de la Caridad del Cobre es hasta el día de hoy expresión de la fe católica oficial, pero mucho más en aquel sector del catolicismo que durante siglos careció de personal, templo, instituciones y celebraciones regulares.

Investigando los orígenes de la devoción a la Virgen de la Caridad, hay que reconocer con Torres Cuevas y Leiva que la devoción a la Virgen de la Caridad no tuvo su origen «en la imposición de un funcionario o devoto español… … ni como consecuencia de un predominio de factores peninsulares, sino que la Virgen de la Caridad fue impuesta y recreada por los sectores marginados o de base de esta sociedad como signo de identificación y protección» (2007: 209).

¿Cómo consideraron a la Virgen de la Caridad, el sector oficial del catolicismo y los católicos con cierta formación? ¿Cómo han ido comprendiendo los católicos a la Virgen de la Caridad? Los creyentes cubanos con formación han entroncado con la historia de salvación judeo-cristiana a través de la devoción a la Virgen de la Caridad. Ella ha sido la expresión de la ternura leal del Dios del Antiguo y del Nuevo Testamento y signo de una promesa que atraviesa la historia de generación en generación para levantar a los humildes. Todas las promesas hechas a Israel que van recorriendo su historia de lado a lado, cruzan por María. Ella guardó la Palabra en su corazón. Para los católicos, ella es la madre del Mesías, la que permanece junto a la cruz y junto a la primera comunidad en espera de la fortaleza del Espíritu. El pueblo cubano ha comprendido que María, la Madre de Jesús representa la bondad del Señor para todos.

Otras devociones marianas importantes eran La Candelaria y la Virgen de Regla, cuyas fiestas duraban 8 días.

Además de la devoción religiosa, hubo educación. Según Jacobo de la Pezuela en su *Diccionario*, en el siglo XVI, donde quiera que se establecieron los franciscanos, enseñaron gratuitamente las letras a los niños pobres que quisieron aprovecharse de esta instrucción. Gracias a un fondo donado en su testamento por el Capitán

Francisco de Parada en 1571, Teniente Gobernador de Cuba, se estableció en Bayamo la primera escuela pública de la Isla en 1582, en el convento franciscano de Santa María de los Ángeles. En la escuela se enseñaba gramática a los hijos de los vecinos.

En la Habana, hacia finales del siglo XVI, los franciscanos enseñaban latinidad, artes y teología en un convento que ya funcionaba en 1574 y en el que llegaron a vivir 70 frailes, entre los residentes y los que pasaban por este paradero de La Flota (Fernández Soneira I, 1997: 30-31).

En 1515 existía una comunidad de dominicos en Baracoa. Se dedicaron a la evangelización de los indios. En 1578, los hijos de Santo Domingo de Guzmán servían a los habaneros desde la ermita Nuestra Señora de la Consolación. En 1584, los dominicos que cruzaban La Habana como pasajeros transeúntes de la flota, ya tenían donde quedarse. Aquel local llegaría a ser el célebre convento de San Juan de Letrán. A veces se juntaban en dicho convento hasta 100 frailes.

La historiadora Irene Wright sostiene que en 1607 funcionaba en La Habana el Colegio del Apóstol Santiago en el cual se enseñaba a los niños gramática, arte y otras virtudes de acuerdo a lo estipulado por el Concilio de Trento (Fernández Soneira I, 1997: 38, 50). En un informe del 1608, se estimaba la población total de la Isla en unos 20,000 habitantes, a un siglo de la conquista.

1.7 Evangelización de los esclavos africanos

El sexto desafío pastoral de la época que estudiamos lo constituyó la evangelización de los africanos.[17] Las relaciones entre amos y esclavos durante los años 1492-1680 variaban según las ocupacio-

---

[17] He estudiado este punto en: «Clero Católico y Esclavitud en Cuba. Siglos XVI al XIX. Ensayo de Síntesis». *Estudios Sociales,* XXIII, 79/80 (Enero-Julio 1990), 17-60. Reproducido con algunas correcciones, en Maza (1999), *Esclavos, Patriotas y Poetas a la Sombra de la Cruz. Cinco Ensayos sobre Catolicismo y SociedadCubana.*

nes. En las actividades productivas relacionadas con el azúcar ocurría la mayor explotación.

Sublevación de esclavos

Durante los siglos XVI, XVII, antes del despegue económico de la Isla en la segunda mitad del siglo XVIII, las relaciones entre los esclavos y sus propietarios eran estrechas y paternalistas. El clero ejerció una labor evangelizadora superficial, limitándose, en la mayoría de los casos, a la enseñanza de oraciones, el bautismo y la celebración de la Misa en alguna ocasión especial. Durante esos siglos el clero gozó de influencia social y de poder de arbitraje en prácticamente todos los aspectos de la vida social.

En 1946, Frank Tannenbaum avanzó la tesis de la labor mitigadora que el catolicismo hispano había ejercido respecto de la esclavitud. Siguiendo sus pasos, Herbert Klein dibujó en 1967 una imagen un tanto idealizada de la labor del clero para con el esclavo en Cuba (Klein, 1976: 86-105). Se hablaba de una esclavitud española «benigna» en contraste a la esclavitud «maligna» de los colonialistas de la Europa del Norte. Según esta tesis, «el plantador criollo-español era un *paterfamilias* y el esclavo, un siervo redimido por la religión y el trabajo».[18]

Es cierto que los reyes encomendaron al clero la evangelización y cuidado de los africanos. Pero como afirmara recientemente Frederick Browser, «Historiadores de todas las convicciones concuerdan en que los códigos legales preparados por España no definieron la realidad latinoamericana». (Browser, 1984: 369). Por tanto, no debemos confundir las estipulaciones con la realidad.

---

[18] Moreno Fraginals, 1986: 3, M. Fraginals resume en una breve lista los autores defensores de la benignidad del sistema esclavista hispano: Fernández Golfin, 1866; Ferrer de Couto 1862; García Arboleya, 1855; Gelpi y Ferreri, 1871; González Olivares, 1865; O'Gavan, 1821, Suárez Argudín, 1870, Torrente, 1853

Klein tenía razón al señalar que los africanos esclavos de Cuba se relacionaron desde el principio con una jerarquía y un clero fuertemente establecidos, con influencia y privilegios propios dentro del sistema de patronato y con una fuente de poder distinta a la de los amos. A diferencia de las Iglesias cristianas de las colonias del norte, por ejemplo Virginia, en Cuba no se establecieron asambleas religiosas segregadas para los africanos. Se les ofreció a los esclavos la posibilidad de comprar su libertad (sistema de coartación). El clero favoreció la manumisión. La esclavitud hispana gozaba de una referencia legal como *El Código de las Siete Partidas* en cierta medida crítico de la esclavitud y preocupado por los derechos de los esclavos.[19]

El clero, que gozaba de una fuente de poder propia dentro del patronato respetado por los Habsburgos, pudo exigir que los esclavos fuesen evangelizados antes de recibir los sacramentos y que no trabajasen los días de fiesta. El Sínodo de 1680 no cuestionó la esclavitud, sino que intentó controlar el impacto cultural y religioso que podían tener los africanos sobre la piedad y la cultura de los blancos. Por eso el Sínodo legisló para reglamentar las danzas, las oportunidades en las que los africanos podían vender, sus expresiones de dolor ante los muertos y el callejeo de las mulatas después de la caída del sol. Ya el Sínodo se hace eco del creciente rechazo de la promoción a las órdenes sagradas de los negros y mulatos «...por la indecencia que resulta al estado eclesiástico...» (García Palacios, 1982: 27). Pero al parecer esta prohibición no se tomó muy en serio, pues el 18 de mayo de 1685 el teniente gobernador, Manuel de Murguía Mena, se lamentaba en carta al Rey de que estaban ordenando «...sacerdotes hijos y nietos de mulatos, y uno, llamado Juan del Rosario, hijo de una negra bozal esclava, no solo mulato, mas de color tan oscuro que causa irreverencia» (Leví Marrero V, 70).

---

[19] Resumo el capítulo III de Klein, 1967. Hoy en día se tiene por cierto que las *Siete Partidas* fueron redactadas durante los años 1256–1265 siendo rey Alfonso X de Castilla, llamado «el sabio».

La práctica religiosa de los esclavos fue creciendo en importancia. Mirando los diversos objetivos de las religiones afrocubanas, el profesor Israel Moliner Castañeda, las clasificó en tres grandes grupos: primero, las que pretenden el paso feliz de la vida a la muerte (Santería, Arará, Iyessá, Gangá). Aquí Moliner también incluyó el «espiritismo popular, que no es una forma afrocubana». Segunda, «las que buscan el dominio de las fuerzas de la naturaleza (Regla Conga, Bruja o Palo Monte)». Y en tercer lugar, «las que desean el éxito o prestigio social (Sociedad Secreta de los Ñáñigos o Abakuá)». Para comprender la cultura popular cubana, el profesor Moliner aconseja no olvidar, que muchos españoles y canarios que eran marginados en sus sociedades, pasaron a ocupar una posición más ventajosa ante los indios y los negros.

«Si queremos entender lo cubano en su carácter multiétnico, no limitado o reducido al binomio blanco–español & negro–africano, aunque ello abarque a los factores principales; también hemos de considerar los aportes franco–haitianos, franceses, italianos, ingleses, asiáticos, estadounidenses y antillanos, juntos, mezclados, amalgamados, fundidos bajo el sol antillano, para engendrar y parir una rica identidad compuesta de disímiles valores» (Ismael Moliner, 2005, 358 y 366).

Los practicantes de las diversas versiones de las religiones afrocubanas, en un esfuerzo sincrético han visto en la imagen de Virgen de la Caridad a Oshún, personificación del amor y la fertilidad.

Al finalizar la época que estudiamos se manifiestan ya los sentimientos de un sector dirigente que se siente amenazado por la presencia africana a la cual desea mantener sometida. Estamos lejos de la actitud de la sociedad del siglo XVI en la que vivió el sacerdote, hijo de español y de india, Miguel Velázquez, quien fuera, al parecer por iniciativa propia, el primer maestro de gramática durante los años 1540-1544 en la Catedral de Santiago de Cuba después de haber realizado estudios en Sevilla y Alcalá de Henares.

Hacia 1680, la Iglesia católica de Cuba contaba con templos en las ciudades de Santiago de Cuba, La Habana, Baracoa, Bayamo.

La Iglesia estuvo asociada a las primeras expresiones musicales que se recuerdan donde dos dominicanas Teodora y Micaela Ginés participaron. La primera pieza musical conocida llevaba por nombre Ma Teodora. Hubo un intento de hospital en La Habana, pero fue destruido por Jacques de Sores en 1555. El obispo de las Cabezas Altamirano reunió algunos niños con la intención de iniciar un seminario, pero todo terminó con su partida en 1610. Así sucedió con muchas de las iniciativas emprendidas por los obispos: duraron lo que duró la presencia del obispo. Otra cosa sucedió con los templos y hospitales, esas iniciativas muchas veces perduraron, dado que laicos y laicas se involucraron en su funcionamiento y sustento, pues los valoraron como sitios de culto y obras de bien social.

2. Desde el Primer Sínodo Diocesano (1680) hasta la muerte del Obispo Espada en 1832 y las medidas anticlericales de los liberales (1830 y 1840)

Vamos a sobrevolar los principales eventos y procesos económicos, sociales y políticos occidentales que constituyen el marco de esta segunda época de nuestro estudio de la Iglesia católica cubana.

2.1 El marco internacional

El Tratado de Ryswick de 1697 entre España y Francia trajo un corto respiro de los ataques de piratas, pero fortaleció la presencia francesa en el Caribe, particularmente en las cercanías del Oriente cubano. Aprovechando el vacío creado por las devastaciones de Osorio en La Española (1605-1606), a lo largo del siglo XVII, grupos de colonos provenientes de la Isla de la Tortuga habían realizado toda suerte de esfuerzos agrícolas en el oeste de la Española, que ahora el Tratado de Ryswick oficializaba: España se veía obligada a reconocer el derecho de los colonos franceses a permanecer en parte la occidental de La Española.

El Tratado de Utrecht (1713), que puso fin a la guerra de sucesión al trono español, señalaba claramente la preponderancia inglesa que se reafirmaría en el Tratado de París de 1763 entre Francia e Inglaterra. El Tratado de Utrecht concedió a los ingleses el asiento de los esclavos y la posibilidad de enviar un navío anualmente a los principales puertos de la América hispana. En 1717 Cuba vive la primera rebelión de los vegueros, estamos en plena expansión del cultivo del tabaco. La flota española había sido una bendición para La Habana y sus alrededores, los esfuerzos de la corona por monopolizar la comercialización del tabaco fueron percibidos como una maldición.

Durante el siglo XVIII, siguiendo el ejemplo de Francia en Haití, los hacendados y comerciantes se interesan en la siembra de caña de azúcar y el tráfico de esclavos. Aumenta la población de Cuba y crece continuamente el comercio con las colonias inglesas de Norte América. La toma de La Habana por los ingleses en 1762 confirma las posibilidades comerciales a un sector productivo que ya opera y crece. Será este sector quien consiga de la Corona española amplias libertades comerciales en 1788 y el libre tráfico de esclavos africanos a partir de 1790.

Rebelión de los Vegueros

Desde los años que van entre 1775 y la década de los 1840, el mundo será convulsionado por una serie inventos, conflictos, intereses, revoluciones, invasiones e insurrecciones que, fijándonos solamente en cuatro ámbitos, alterarán para siempre la faz de Occidente, las Américas, la Iglesia y por supuesto Cuba. Estos procesos se entrelazan y se estimulan recíprocamente.

La fuerza del vapor de agua y de los intereses burgueses en Estados Unidos, Francia, Europa y las Américas crean en los Estados Unidos de América, un nuevo mercado para los azúcares y melazas cubanas, y a su vez, desde 1783, una nación de poder y ambiciones crecientes, que traga inmigrantes y se apresta a cruzar el Mississippi, en 1803; a guardar la América ambiguamente para los americanos con la Doctrina Monroe (1823); sueña con anexar Texas, prólogo de destino manifiesto (1845) y se dispone a inventar un conflicto para que México de la mitad de su territorio (1846-1848), gobernado por quien se haría llamar «Su Alteza Serenísima», el inescrupuloso caudillo Santa Anna, figura que incidiría en la vida política mexicana para los años 1823-1855.

2.2 El boom azucarero y el auge desmesurado de la trata: una situación inédita para la Iglesia católica cubana

Los intereses encontrados del proceso revolucionario francés brindan a las masas esclavas de Haití en el verano de 1791 la posibilidad de hacer valer, pagando con sangre propia y ajena, los derechos que los burgueses llamaban humanos sin pensar en los esclavos de Haití. Fue la destrucción de la producción azucarera de Haití en aquel verano de sangre y fuego, la que les abrió los ojos a los hacendados y comerciantes cubanos, quienes en cinco años introdujeron en Cuba un número de esclavos superior a los traídos a Cuba durante tres siglos, para explotarlos y conservarlos con los ojos cerrados.

Jorge e Isabel Castellanos comentan:

> Todo el mundo quería su tajada del magnífico negocio. Y nadie daba muestra del menor escrúpulo. El abolicionismo aún no había hecho mella en la conciencia ética de la burguesía criolla. Marqueses, condes, regidores, alguaciles mayores, altos oficiales del ejército y damas de elevada alcurnia ofrecen miles y miles de pesos —para enviar embarcaciones a las islas de Anabón y Fernando Poo en busca de negros. (Castellanos, 1988:23).

Moreno Fraginals cita como ejemplo el Convento de Santa Clara que recibía diezmos de por lo menos 20 ingenios durante el siglo XVIII.[20] La influencia de este clero, según Moreno Fraginals, disminuyó considerablemente a medida que crecían las fortunas azucareras. En efecto, desde 1790 había empresarios que construían capillas privadas e importaban sus propios sacerdotes los cuales se comportaban muchas veces como empleados a sueldo de los centrales más que como ministros del evangelio (M. Fraginals, 1963: 16-24).

Hubo sacerdotes que asumieron como propios los intereses de los propietarios de ingenios y de esclavos. Tal fue el caso del presbítero Juan Bernardo O'Gavan y Guerra (Santiago de Cuba, 8.II.

---

[20] (M. Fraginals, 1963: 27). Desde Enero de 1846 el estado español se encargaría de cobrar los diezmos y con ellos proveer a las necesidades del culto y del clero, ver, (Leví Marrero, Vol XII, 1985: 337).

1782, La Habana, 7.XII.1838) con su folleto publicado en Madrid en 1821, *Observaciones sobre la Suerte de los Negros del Africa, Considerados en su Patria, y Transplantados a las Antillas Españolas; y reclamación contra el tratado celebrado con los ingleses el año de 1817.* El Padre O'Gavan defendía los intereses amenazados de los dueños de ingenios y así, veía en la trata, un viaje a climas mejores y en la esclavitud, la puerta hacia la cristianización y la civilización.[21]

La composición racial de la población de Cuba cambiará dramáticamente con el auge de la producción azucarera. El censo de 1774 arrojó un total de 171,620 habitantes para la Isla, de los cuales 96,440 eran blancos, 30,847 hombres libres de color y 44,333 esclavos (Kiple, 1976: 84). Según Hubert Aimes, Cuba importó 60,000 esclavos entre 1512 y 1761, cantidad que representa menos de la sexta parte de los 400,000 esclavos importados entre 1762 y 1838 (Knight, 1970: 10). El censo de 1841 reportó una totalidad de 1,007, 624 habitantes de los cuales 418,291 eran blancos, 152,838 eran de color libres y 436,495 esclavos (Kiple, 1976: 88).

La mayoría de esta masa esclava se localizaba en Matanzas. La preponderancia de los habitantes de color daba escalofríos a la población blanca. «En la década de 1840 el 70% de la población masculina adulta, entre los 16 y los 60 años, es negra o mulata, es decir, por cada 10 hombres negros con capacidad ofensiva hay sólo tres hombres blancos» (Moreno Fraginals, 1986: 9).

Como lo afirmara Staley C. Urban en 1957 en un artículo clásico, desde los finales del siglo XVIII hasta bien entrado el siglo XX, nada causaría tanto terror en Cuba como la posibilidad de una revuelta de los esclavos, o de negros como la que vivieron los haitianos el verano de 1791. En ese momento, se estima que en Haití vivían 40,000 blancos, 28,000 hombres libres de color y

---

[21] (Castellanos, 1988: 224). El *Diccionario de la Literatura Cubana* del Instituto de Literatura y Lingüística de la Academia de Ciencias de Cuba, escribe el apellido así: O'Gaban (Ciudad de La Habana: Editorial Letras Cubanas, 1984), 680. Un extracto del folleto de O'Gavan aparece reproducido en (L. Marrero V, 1986: 184-185)

452,000 esclavos. De cada dos esclavos del Caribe, uno vivía en Haití (Lepore, 2018: 142). Perú, México y Venezuela vivieron terrores similares. Blancos y criollos del Perú quedaron aterrorizados por la violencia desatada por las partidas dirigidas por, José Gabriel Condorcanqui, Tupac Amaru II, durante los años 1780-1781. Asustado de varias masacres en la que fueron asesinados todos los que hablasen español o vistiesen como españoles, Tupac Amaru II no atacó el Cuzco, medida estratégica aconsejada por Micaela su esposa. La crueldad de la represión y la usada en su pena de muerte testimonian el terror que causó. Todavía dos años después de su muerte, su madre y varios seguidores fueron ejecutados, tal era el miedo paranoico que su recuerdo infundía.

Igual sucedió en México con la masacre de la Alhóndiga de Guanajuato por los contingentes acaudillados por el Cura Hidalgo en 1810. La masacre fue tan horrible que hasta el propio Hidalgo desistió de atacar Ciudad México temiendo otra masacre similar. Criollos y blancos mexicanos apenas calmaron sus miedos cuando se acordaron las Tres Garantías: religión católica, independencia y unión de los bandos enfrentados.

Simón Bolívar, queriendo evitar a toda costa el herir los intereses de los propietarios de esclavos en Venezuela y el miedo de los mantuanos, mandó a fusilar a Manuel María Piar en 1811 acusado de haber dado pasos que podrían haber desencadenado una guerra racial.

En toda Cuba se vivieron miedos similares, pero no de la misma manera, pues ante la esclavitud había dos Cubas. En 1986 Moreno Fraginals resumió así el punto que acabamos de tratar.[22] Siguiendo a R. Inglis, Pierre Chaunu y Juan Pérez de la Riva, Moreno señalaba que, hacia 1770 había dos Cubas. «Cuba A» estaba formada por la ciudad de La Habana y su enorme zona de influencia que representaba el 44% de la población total de la Isla. Su riqueza estaba ligada al puerto de La Habana, con una importante economía de

---

[22] Resumo, a Moreno Fraginals, 1986, «Peculiaridades de la esclavitud en Cuba».

servicios a la que hay que añadir la producción tabacalera, ganadera y azucarera. La población era predominantemente libre (73%) y blanca (57%). En la misma ciudad de La Habana se da una extraordinaria facilidad de manumisión (el 43.1% de la población llamada «de color» [negros y mulatos] era libre). Se da también en la población «de color» el establecimiento de núcleos familiares cercanos a la moral católica y blanca.

«Cuba B» empezaba cuando uno se alejaba de La Habana. Allí la población era mayoritariamente negra (88%), esclava (86%) y masculina (77%). Hacia 1760 se acelera la producción azucarera. En 1790 estamos en el despegue del gran boom. Se está dando en Occidente la revolución plantadora que transformara las relaciones sociales y las instituciones. Siempre quedarán recuerdos del sistema paternalista de esclavitud que había perdurado en el campo hasta entrado el siglo XVIII, pero ahora se trata de explotar al esclavo intensivamente. En la «Cuba A» todavía valdrán los mecanismos jurídicos para obtener la libertad, y las cofradías y los cabildos ejercerán su presión. En la «Cuba B», la de las plantaciones, nada de eso cuenta.

En la Cuba B, muchas veces la instrucción religiosa recaía sobre los capataces. No faltaron los sacerdotes que pretendieron ayudar la labor de esta extraña instrucción religiosa: la misma mano que sostenía el catecismo, ¡sostenía el látigo! Un ejemplo de este tipo de ayuda fue *la Explicación de la Doctrina Cristiana Acomodada a la Capacidad de los Negros Bozales* (1823) del Padre Antonio Nicolás Duque de Estrada. Aquí Jesucristo era presentado como un mayoral bueno que siempre castigaba con equidad. Estrada aconsejaba a sus curas lectores que «nunca tomen partido en favor de los esclavos contra los mayorales, aun cuando las quejas de aquéllos contra éstos sean justas, y que nunca se opongan a los castigos que se apliquen a los negros, aunque parezcan excesivos» (Castellanos, 1988: 101). Su tesis queda resumida así: colaboración para la evangelización.

¿Cuál era la base económica y cómo estaba constituida la sociedad cubana en la mitad del siglo XVIII? La producción se concentraba en el ganado vacuno (carne, leche y cueros), el tabaco y el azúcar. En la cúspide de la pirámide, se encontraban los dueños de fincas ganaderas, vegas de tabaco y caña de azúcar, los abogados, burócratas y comerciantes. Relacionados con los españoles de Cuba y sectores decisivos de la metrópolis, ellos influían sobre los que decidían los destinos de Cuba y buscaban avanzar sus intereses. Todavía en estos tiempos, los terratenientes y los comerciantes trabajaban unidos, pero el siglo XIX los dividirá: de un lado los terratenientes que querían tarifas bajas para poder exportar su azúcar y del otro, los comerciantes, resueltos a defender sus privilegios monopolísticos que les permitían vender en Cuba sus productos a precios abusivos. La Iglesia concentraba sus esfuerzos educativos de la Universidad y el Seminario de La Habana en jóvenes de esta extracción social, tanto terratenientes como comerciantes.

Un escalón más debajo de los terratenientes y comerciantes, encontramos a los pequeños agricultores haciendo malabares para sobrevivir, negociando con los intermediarios y los dueños de las tierras. Los capataces, supervisores y contadores formaban un grupo aparte, encargados de llevar adelante la producción en bien de los dueños ausentes. En las ciudades los comerciantes especializados, los carpinteros y artesanos ocupaban un sitio similar.

Todavía más abajo, se desenvolvían los campesinos sin tierra, un proletariado rural que trabajaba por ajuste y jamás tendría derecho a tener un pedazo de tierra. A medida que la industria azucarera creció, más campesinos quedaron sin tierra. En las ciudades, muchos blancos pobres se trasladaban al campo en tiempo de la zafra o de las cosechas. La zafra reunía en un mismo esfuerzo a blancos pobres, mulatos y negros. Y en lo más bajo de la pirámide, los esclavos, concentrados, como acabamos de ver, en las plantaciones (Suchlicki, 1973, 48-49). Tal era la situación en la mitad del siglo XVIII.

En los finales del siglo XVIII, hacia 1789, la Francia revolucionaria jacobina y luego napoleónica (1799-1814) prolonga y radicaliza la embestida borbónica contra la Iglesia, sus propiedades, privilegios, exenciones y funciones sociales. En Europa, la revolución francesa sembraría el terror entre los monarcas, nobles y eclesiásticos ligados al Antiguo Régimen.

Nuestra época cierra con las medidas liberales españolas contra el sector eclesiástico que serán aplicadas en Cuba después de la muerte del Obispo Espada durante las dos décadas de 1830 y 1840. Más que hablar de períodos dentro de esta época, quisiera señalar varias características.

2.3 El siglo de oro de la Iglesia cubana (1685-1832)

Buscando comprender los desafíos enfrentados por la Iglesia en los inicios del período que vamos a estudiar, resumo el sucinto análisis de Eduardo Torres Cuevas y Edelberto Leiva Lajara de los desafíos confrontados por la Iglesia católica cubana en las últimas décadas del siglo XVII e inicios del XVIII y sus respuestas. Ellos los identifican como cuatro: falta de organización de la Iglesia, poco aprovechamiento de los recursos disponibles, ausencia de templos en las nuevas poblaciones que habían ido surgiendo en el siglo XVII y poca atención espiritual.

A estos desafíos, la Iglesia, que contaba con el apoyo de la oligarquía local, respondió con cuatro iniciativas: primero, reordenar a la Iglesia cubana en base en lo estipulado por el Concilio de Trento (1545-1563). Segundo, crear una red de parroquias coherente con el «grado de desarrollo y organización económica, poblacional y social del país y sentara las bases del fortalecimiento económico de la Iglesia». Lo que era cierto para toda Cuba, era también en lo tocante a la Iglesia: ni Cuba en general, ni su Iglesia en lo particular progresarían sin el apoyo decidido de las oligarquías locales. Tercero, crear instituciones con incidencia social para atender a los enfermos, huérfanos y ancianos que afianzara la credibilidad de la Iglesia ante los sectores de escasos recursos. Y finalmente en cuarto lugar, crear un sistema de centros educativos bajo la dirección de la jerarquía eclesiástica, de forma que las figuras socialmente prestantes en el futuro no tuvieran que abandonar el país para formarse. De estos mismos centros, eventualmente provendrían «eficaces ideólogos y administradores al servicio de la oligarquía criolla» (Torres Cuevas – Leiva Lajara, 2005: 40-41).

Los años que van desde la llegada del Obispo Diego Evelino de Compostela en 1687 (nombrado en 1685), hasta la muerte de Espada y Landa en 1832, representan el siglo de oro de la Iglesia cubana por varios motivos: primero, por los Obispos que pastorean la cristiandad de la Isla.

Varios de estos obispos crearon instituciones que perdurarán en la vida nacional y participaron en la vida cultural y social de su época. Durante los años que estudiamos, era impensable un esfuerzo filantrópico, cultural y hasta político sin el Obispo. Valdés arbitró entre los vegueros y la corona y se atrevió a denunciar los excesos del Gobernador Guazo Calderón. Morell de Santa Cruz defendió a los negros cobreros, medió junto al Obispo Valdés en las rebeliones de los vegueros y siendo Obispo se enfrentó a los ingleses, lo que le valió el destierro en New Orleans. Echevarría colocó el seminario a la altura académica de la universidad y quizás más.

2.4 Siete obispos: Compostela, Nosti y Valdés, Lazo de la Vega, Morell de Santa Cruz, Hechavarría, Trespalacios y Espada

Mediante el estudio de estos siete obispos, intentamos captar el desarrollo de la Iglesia cubana de finales del siglo XVII, durante todo el XVIII y el XIX hasta la muerte de Espada en 1832.

Diego Evelino de Compostela y Hurtado, el obispo Compostela (1685-1704). Cuba no había recibido hasta entonces a otro obispo que tuviese una formación tan exquisita. Con 23 años, ya era doctor «utraque iure», es decir, en derecho canónico y civil. Ejerció como Rector y Maestro de Humanidades del Colegio de Infantes de Toledo. Enseñó en la Universidad de Valladolid: Teología, Metafísica y Sagradas Escrituras. Ganó por concurso la importante parroquia de Santiago Apóstol en Madrid. Todavía en ese entonces la sede de Cuba no tenía tanta importancia para la

Santa Sede. Aunque había sido nombrado y consagrado en 1685, Compostela todavía permaneció dos años en Madrid, ¡reformando un convento de Descalzas!

Diego Evelino de Compostela y Hurtado
Obispo Compostela

Compostela fue un eclesiástico influyente: obtuvo del Padre General de la Compañía de Jesús que le acompañasen a Cuba dos jesuitas. Uno de ellos, dio clases en el Colegio San Ambrosio, de donde Compostela esperaba obtener seminaristas. En 1692 sería fundado oficialmente como el Colegio Seminario de San Ambrosio de La Habana. Tan empeñado estaba Compostela en que el Colegio Seminario San Ambrosio fue dirigido por el P. Francisco David, S.J., que cuando éste fue expulsado de la Compañía por negarse a trasladarse a México, Compostela le mantuvo en su cargo. Torres Cuevas – Leiva traen a colación el epitafio en la tumba de Compostela: «omnia quaecumque voluit, fecit», que en buen cristiano reza: «Hizo cuanto quiso» (2007: 313)

El otro jesuita, le ayudó visitando pastoralmente en nombre del obispo varias localidades que Compostela no pudo conocer personalmente. A pesar de que el obispo Compostela era consciente de la necesidad de una decisiva y mayor atención a la zona rural de Cuba, se sabe que Compostela no cruzó más allá del este de Matanzas, por lo cual, ¡nunca visitó su Catedral! Compostela se adelantó al crecimiento de la población de Cuba y en particular de la ciudad de La Habana, erigiendo parroquias y construyendo por cuenta propia unas 20 iglesias (Escobio, 1983:156).

A su preocupación se debe el establecimiento de parroquias que luego serían la base de futuros núcleos de población. Sánchez

Polcari menciona los siguientes: Santiago de Compostela en las Vegas en 1688, así mismo, San Miguel del Padrón, Jesús del Monte, San Antonio de Río Blanco, Guacamaro, Macuriges, Guamutas, La Hanábana, Álvarez, Guanajay, Santa Cruz de los Pinos, San Basilio, Consolación del Sur, San Julián de los Güines y Batabanó. Más al oeste, fundó Guanes y San Rosendo de Pinar del Río. A él se debe el santuario de la Virgen de Regla, ubicado donde ya existía una ermita bajo esa misma advocación, en lado oriental de la Bahía. En Puerto Príncipe erigió La Soledad como auxiliar de la Parroquia que ya existía.

En la zona oriental estableció las parroquias de El Caney, Santiago del Prado, en El Cobre y la de Jiguaní, en unos terrenos donados por el indio Miguel Rodríguez. En La Habana, fundó en 1689 con una matrícula de 169 niñas y un asilo para muchachas huérfanas y pobres. Más tarde, una dama activa en la pastoral de la Iglesia, fundó en Puerto Príncipe en 1699 otro colegio para niñas con el nombre de Santa Inés. Compostela fracasó en sus intentos de construir un segundo hospital, además del de San Juan de Dios ya existente. Lo que sí logró Compostela fue la llegada a La Habana en 1704 de dos frailes betlemitas que atendieron los enfermos convalecientes del Hospital San Juan de Dios. Así mismo fundó el Convento de las Recoletas de Santa Catalina y el de las Carmelitas de Santa Teresa. En 1693 inauguró el oratorio de San Felipe Neri. Fue en tiempos de Compostela, el 12 de octubre de 1693, que se bendijo la primera piedra de la ciudad de Matanzas.

Compostela podía mirar con satisfacción los recursos pastorales de que disponía al finalizar su período episcopal. Cuba tenía entonces 225 clérigos seculares, 204 religiosos y cien monjas. La Habana contaba además con un obispo auxiliar, el sacerdote habanero y Licenciado Dionisio Rezino y Ormachea. El obispo Dionisio realizó una amplia visita pastoral a La Florida. El obispo auxiliar, quien tenía un hermano jesuita, el P. Andrés Rezino, S.J., siempre deseó que se fundara en su ciudad natal un colegio de la Compañía de Jesús y con ese fin dejó establecidas varias fundaciones (Polcari I, 2003: 110-119).

También en este período encontramos curas prominentes en los negocios como José Díaz Garondo, Comisario del Santo Oficio, amonestado en una cédula real (Polcari I, 107). También en el conflicto de 25 años, entre los habitantes de San Juan de los Remedios del Cayo y la localidad donde más tarde se fundaría Santa Clara, los líderes de los bandos enfrentados eran dos curas: Padre Cristóbal Bejerano, y Padre Joseph González de la Cruz, quien aseguró que San Juan de los Remedios debía de ser abandonado, pues estaba localizado «sobre una de las bocas del infierno» (Suárez Polcari I, 2003, 113-115). Fernando Ortiz (1881-1969) expuso los pormenores de estos sucesos en su *Historia de una pelea cubana contra los demonios* (1959).

Si Compostela con las parroquias creadas se anticipó al crecimiento de La Habana, **Jerónimo Nosti y Valdés** (1705-1729), religioso de San Basilio, fundó varias instituciones que marcarían para siempre la vida de la Iglesia y sociedad cubanas. Fue Valdés quien erigió la Casa Cuna, inaugurada en 1711, institución que llegó a atender unos 200 niños, hasta los tiempos de la República con precarios recursos, pues las autoridades coloniales no apoyaron esta iniciativa del obispo. A cada uno, Valdés le otorgó sus propios recursos y su apellido. Valdés construyó con sus propios fondos, la sencilla Iglesia del Espíritu Santo entre los años 1706-1729. Debido a sus diligencias, el Seminario San Basilio dio comienzo a sus actividades formativas el 14 de septiembre del 1722. Allá eventualmente no solo estudiarían religiosos, sino también cualquier laico. Ni Valdés, ni Morell de Santa Cruz nunca lograron que hubiera universidad en Santiago de Cuba.

Jacobo de la Pezuela presentó al Obispo Valdés como de «carácter enérgico y autoritario... ...Sumamente celoso de su jerarquía eclesiástica... ... Empecinado y terco en sus decisiones, carecía de la necesaria flexibilidad de todo gobernante hábil...» (Torres Cuevas – Leiva, 2007: 291).

Con el aliento del obispo, los dominicos, apoyados en sus excelentes relaciones con los poderosos condes de Casa Bayona, lograron del papa Inocencio XIII y del Consejo de Indias la aprobación en 1728 de la Real y Pontificia Universidad de San Jerónimo de La Habana. Con los mismos «privilegios, honores y gracias» de la universidad que regenteaban en La Española, los dominicos abrían en La Habana las cátedras de Teología y Filosofía, Cánones, Leyes, Medicina, Matemáticas y Gramática. Se sabe que bajo la guía de los padres dominicos en el convento San Juan de Letrán se impartían cursos de nivel superior en Gramática, Artes, Teología y Sagrada Escritura.[23] En Hispanoamérica, las órdenes mendicantes en alianza con los obispos locales impulsaron la creación de universidades. Tal fue el caso de Santo Domingo, Lima, México, Quito, Santa Fe de Bogotá. Los jesuitas fundaron en Santiago de Chile, Córdoba, La Plata, Cuzco, Quito, Bogotá, Mérida (México) y eventualmente, Santo Domingo. Durante la colonia, Quito contaría con tres universidades y Bogotá, con dos universidades y un Colegio Mayor Universitario. En el siglo XVIII, abrieron sus puertas otras en Santiago de Chile, Caracas, Mérida, La Habana, Guadalajara y León en la actual Nicaragua.

Fachada de la calle Mercaderes del Convento Dominico donde en 1728 fue fundada la Real y Pontificia Universidad de San Jerónimo de La Habana.

De la mano de los profesores de San Jerónimo en La Habana, seguirían los estudios superiores varias generaciones de cubanos. El futuro obispo Santiago Echavarría y el P. Agustín Caballero se contaron entre sus estudiantes.

---

[23] Pablo Guadarrama González, «Etapas principales de la educación superior en Cuba» Universidad de Las Villas, *Revista Historia de la Educación Latinoamericana* [en línea] 2005, sin mes http://www.redalyc.org/html/869/86900704/

En tiempos del obispo Valdés, otro centro educativo que muy pronto estableció nexos con la élite de la sociedad cubana fue el Colegio de la Compañía de Jesús. Los jesuitas ya estaban impartiendo clases en 1724. Desde 1725 tenían a su cargo la rectoría del Seminario. En 1757 ya tenían un colegio en Puerto Príncipe. Ambos colegios contaban una sólida base económica como lo han expuesto Eduardo Torres Cuevas y Leiva. Los jesuitas fueron los dueños de uno de los mayores ingenios del país, el San Ignacio con una dotación de 230 esclavos, lo que representaba una elevada cantidad, considerando que solamente 4 de los ingenios en Cuba superaban los 100 esclavos (Torres Cuevas – Leiva Lajara, 2005: 62 -111). La actual Catedral de La Habana, y el antiguo edificio del Seminario San Carlos y San Ambrosio fueron dos de las instalaciones jesuitas que pasaron a formar parte de los bienes de la Iglesia, luego de la expulsión de todos los dominios de Carlos III en 1767.

Es necesario mencionar, por lo menos tres fundaciones importantes durante el siglo XVIII. El Convento de los franciscanos, el cual, luego de su restauración, fue sin duda la obra arquitectónica «más monumental, sólida y elegante del siglo XVIII cubano». Ochenta frailes llegaron a vivir en ese convento. En segundo lugar, el Convento dominico de San Juan de Letrán albergó a 40 religiosos de esa orden. Por fin, en la década del 1750, los padres betlemitas mantenían 600 niños en las aulas de su colegio, suministrándoles cartillas, libros, papel y tinta (Torres Cuevas – Leiva Lajara, 2005: 84-86).

El tercer obispo que examinamos en este siglo, fue el franciscano **Juan Lazo de la Vega Cansino** (1732-1752) realizó una exigente visita pastoral a todos los poblados de importancia de la Isla, confirmando y revisando la administración pastoral. Lazo de la Vega intentó con poco éxito suprimir las inmoralidades en las fiestas que precedían a la cuaresma. En sus labores, se asesoró con un joven sacerdote dominicano nacido en Santiago de los Caballeros, Pedro Agustín Morell de Santa Cruz, su sucesor en la sede de Cuba y a quien confirmó como Vicario en el Oriente cubano. En tiempos de Lazo de la Vega, la piedad de muchos habaneros giraba en torno a las Cofradías. Entre las más famosas cabe nombrar la Archicofradía del Santísimo Sacramento. También algunas imágenes gozaban de mucha devoción, por ejemplo, la del Cristo Crucificado Señor de la Salud. Era tal la afluencia de devotos que, la Ermita donde se le daba culto hubo de ser ampliada a poco de ser construida. Lazo fue el autor de una restauración total del Convento de San Francisco que fue inaugurado con gran solemnidad el 1º de diciembre de 1738 (Torres – Cuevas – Leiva, 2007: 373).

El cuarto obispo a considerar fue **Pedro Agustín Morell de Santa Cruz** (1753-1768)[24] quien nos da elementos para aquilatar el catolicismo cubano, particularmente de su clero en la mitad del siglo XVIII. Morell se había formado en la Universidad de Santo Domingo. Siendo un sacerdote joven, media en el segundo conflicto de los vegueros contra el estanco del tabaco impuesto por la corona española (1720-1723). Morell se ganó el respeto, tanto del gobernador Guazo de Calderón como del obispo Jerónimo Valdés. Ambos recabaron su consejo. Con apenas 25 años, Morell fue nombrado Deán de la Catedral de Santiago de Cuba, destacándose como un gran organizador pastoral. Muerto el obispo Valdés en 1729, Morell queda como gobernador eclesiástico. Cuando llegue el nuevo obispo, Fran Juan Lazo de la Vega y Cansino, Morell será confirmado en sus funciones de Provisor y Vicario General.

Cuando en 1729 se sublevaron los esclavos de las minas de Santiago del Prado, en el Cobre, Morell de Santa Cruz se puso de su parte denunciando los abusos que habían motivado la rebelión. En efecto, el gobernador Pedro Ignacio Jiménez estaba empleando a los esclavos en trabajos forzados mejorando las defensas de Santiago de Cuba y restringiendo una costumbre reconocida que les autorizaba a comprar su propia libertad. Una real cédula del 13 de octubre de 1733 establecía varias mejoras en el trato a los esclavos.

---

[24] El artículo https://www.ecured.cu/Pedro_Agust%C3%ADn_Morell es admirable la calidad de su información y redacción.

De nuevo vemos al Dean Morell de Santa Cruz en primer plano, cuando una escuadra inglesa desembarcó en Guantánamo con intenciones de asaltar Santiago de Cuba en octubre de 1739. El gobernador Cajigal, ausente, no tenía recursos para pagar a las milicias convocadas desde Sancti Spíritus, Puerto Príncipe y Bayamo. Había un serio peligro de que las milicias sin paga desertaran. Fue Morell de Santa Cruz quien reunió los fondos necesarios, apoyándose en sus relaciones y en la confianza que depositaban en él las familias con recursos de Santiago de Cuba y otros poblados. Aquel intento inglés fracasó (Suárez Polcari I, 2003:178).

Nombrado obispo de León, Nicaragua en 1749, Morell regresará a Cuba como obispo en 1754. Su recibimiento fue entusiasta, cruzando por debajo de arcos de flores que se extendía por una legua desde Jesús del Monte hasta las puertas de la ciudad. Hombre realista, estableció su sede en La Habana, ciudad por la que cruzaban los hilos del comercio, la producción y el poder político.

Ya desde sus días como Deán, Morell de Santa Cruz se interesó en la suerte de los esclavos. Siendo obispo, Morell visitó personalmente varios cabildos negros. Levi Marrero ha publicado la lista de 21 localidades empleadas por los esclavos para sus reuniones y bailes, que fueron eventualmente transformadas en ermitas. Suárez Polcari ha recogido la actitud que este obispo comunicó a sus sacerdotes «no hay que esperar que sean ellos que vengan a la Iglesia, sino irlos a buscar, cargarlos y traerlos, como ovejas perdidas al rebaño del Buen Pastor» (Suárez Polcari, 2003 I: 182). Morell envió sacerdotes a los cabildos negros y les previno que no intentaran cambiar nada de lo que no entendiesen. Recomendó que los sacerdotes que sirvieran a los negros se esforzaran por aprender sus lenguas.

Quien quiera conocer el estado de la sociedad y de la Iglesia cubana a mediados del siglo XVIII tiene que partir de los trabajos de este ilustre hijo de Santiago de los Caballeros, hoy en día, República Dominicana. Sus datos y observaciones sobre su época no han sido igualados por nadie. Morell escribió en contacto directo con la realidad, fruto de su recorrido por la Isla entera durante los años 1754-1757. Sus hallazgos sobre su diócesis inmensa los dejó consignados en su obra *La Visita Pastoral*. Morell tuvo acceso a todos los libros parroquiales entonces existentes, con lo cual, sus observaciones tenían una base demográfica hasta entonces no empleada. Con razón, se ha dicho que su obra constituye el primer censo de la Isla de Cuba. Morell no deja sin tratar ningún aspecto importante de la vida religiosa, entrelazándola con la producción económica, la organización social, el poder político y los recursos militares en una Cuba cada vez más amenazada por Inglaterra, enemiga de los Borbones. Como lo han notado Torres Cueva – Leiva, Morell no solamente se ocupa del quehacer de la aristocracia, sino que refiere lo tocante a los indios, los esclavos y los campesinos pobres (2007: 397).

Durante la toma de La Habana por los ingleses, Morell se negó a entregar ningún recurso al invasor. No aportó la cantidad exigida por Albemarle para rescatar las campanas de las iglesias, ni hizo ninguna donación personal al corrupto militar inglés. Tampoco suministró al Conde de Albemarle la requerida lista del personal eclesiástico de su diócesis. Su no cooperación con el invasor, le valió ser amarrado a la misma silla de la que se negó a moverse para acatar las órdenes inglesas, colocado manu militari en una nave y enviado desterrado a San Agustín de La Florida, desde el 3 de noviembre de 1762 hasta el 3 de mayo de 1763. A su regreso, muchos habaneros salieron a recibirle al puerto, entre el repique de campanas, agitar de pañuelos y una alegría desbordada por su querido obispo dominicano y habanero.

Hacia 1763, Morell de Santa Cruz nombró al P. Esteban Salas Castro (1725-1803) Maestro de Capilla de la Catedral de Santiago de Cuba. Durante años, el P. Salas, además de llevar adelante la dirección de la Capilla de Música fue docente del Seminario San Basilio Magno. Impartía lecciones de música, moral y filosofía. Santiago se benefició de este compositor y entusiasta de la música. Al decir de Alejo Carpentier, «descubridor» de Salas, llevó «…una vida cargada de dificultades y tribulaciones». Era de tez morena, el Cabildo de la Catedral santiaguera no correspondió a sus afanes por mejorar los sueldos de los dedicados músicos. Nunca hubiera sido ordenado sacerdote si no se lo hubiese impuesto el Obispo Antonio Feliú. Su sucesor, Mons. Joaquín de Osés y Alzúa rebajó las asignaciones para la Catedral, y luego cargó sobre Salas el pago de la deuda de la cual Salas había salido fiador para mantener con vida la música de la Catedral, con la esperanza de unas donaciones de la corona que nunca llegaron. El P. Salas vivió en la mendicidad, denuncia callada de la ruindad con que había sido tratado este músico genial que siguió enseñando en San Basilio. Cabildo y obispo se movieron a pedir a la corona una prebenda para el acabado Salas. Cuando llegó, la disfrutó un año y dos meses (Polcari I, 2003: 276-277). Los trabajos de nuestra Miriam Escudero como la doctora María Antonia Virgilio de la Universidad de Valladolid permiten acceder a la obra de Salas, «que nunca puso un pie fuera de Cuba» y admirar en sus composiciones «…la ingenuidad de la religiosidad popular… [y] una cierta fineza y dulzura de lenguaje que, quizás, no esperaríamos tan temprano entre las expresiones populares de nuestros paisanos del siglo XVIII» (De Céspedes, 2013: 70). Hasta en la música, nuestra Iglesia iba alcanzando su madurez.

Por aquellos años, era evidente que el obispo era una figura de primer rango a la hora de buscar el bien de las amenazadas comunidades criollas. Así lo muestra un estudio de Morell: *Relación de las tentativas de los ingleses en América*, dado a conocer en 1767.

Morell ya veía la necesidad de crear sedes episcopales en La Habana y Puerto Príncipe, para que la Iglesia pudiera ejercer su tarea. El Consejo de Indias tardaría 25 años en implementar la sugerencia de Morell y cuando la implementó, la división, que ignoraba lo propuesto por el competente Morell, dio motivo a continuos litigios. Se ocupó del culto, de los hospitales y de la educación de los sectores más pobres. A la base de los esfuerzos por fundar escuelas para niños y niñas estuvo la mano de Morell y hasta pensó crear una universidad para la zona oriental. Solamente en Holguín, Morell dejó establecidas tres escuelas, una de ellas dedicada a preparar futuros sacerdotes. Varios estudiosos han señalado a Morell como el único eclesiástico que se ocupó de promover socialmente a los indios de las comunidades de Jiguaní y El Caney mediante la educación.

Con indignación de profeta, Morell de Santa Cruz condenó las maldades y desórdenes de La Habana. Disparó sus flechas en siete direcciones. Primero, a pesar de la carestía que se vivía luego de la toma de La Habana por los ingleses en 1762, volvían «la pompa, el lujo, las galas y demás superfluidades del adorno exterior». Segundo, se apartan de la moralidad cristiana en los trajes y la moda. Tercero, no solo los ricos compiten en sus gastos, también los pobres. Cuarto, en medio de tantos males, se dividen las familias por los «litigios, las riñas y los odios». Quinto, el rico «chupa la sangre del pobre». Sexto, los pobres «se entregan al ocio» y concentran sus esfuerzos en «los hurtos, las rapiñas». Séptimo, se han «rompido [sic]... las leyes naturales del pudor»... «El galanteo, el cortejo, las conversaciones amorosas del estrado, los bailes, de manejo más inmediato y bullicioso están admitidos» y la indignación que les falta para condenar estos excesos, la tienen «para condenar la compostura, el recato y la modestia, con unos golpes broncos de gente, que resiste la cultura, cortesía y civilidad» (Torres Cuevas – Leiva, 2007: 412).

En su obra, *Historia de la Isla y Catedral de Cuba*, dada a conocer hacia 1760, Morell trilla un sendero original al expresar una visión propia de la vida de Cuba, que se aparta de los informes oficiales y de toda una literatura destinada a exaltar a los grandes apellidos españoles. Morell se ocupa del pueblo llano, de la vida de los poblados, de las preocupaciones, miserias y esperanzas de la gente chiquita, sectores invisibles para muchos escritores hispanos. En su carta pastoral del 5 de julio de 1766, en los días de un terrible terremoto que azotó Santiago de Cuba, Morell denuncia el abuso contra los sectores populares de los que se aprovecharon de ese infortunio para lucrar con la venta de alimentos y recursos. Morell falleció el 29 de diciembre de 1768.

A mitad del siglo XVIII, La Habana figuraba como la tercera ciudad del Nuevo Mundo. Era mayor que Boston o New York. Hugh Thomas calculó su población de 30 a 40,000 habitantes. El censo de 1774 estimó la población de La Habana en 75,618 habitantes, de los cuales 43,392 eran blancos y 21,291 esclavos. El total de la población cubana arrojado por el censo fue de 172,620 (Thomas, 1971: 1). ¿Qué instituciones comprendía la Iglesia de La Habana a mediados del siglo XVII? Suárez Polcari las enumera:

> …contaba con dos Parroquias, la Mayor y el Espíritu Santo; dos Iglesias Auxiliares, el Santo Cristo del Buen Viaje y el Santo Ángel Custodio; ocho Conventos de religiosos, Santo Domingo o San Juan de Letrán, San Francisco, San Agustín, La Merced, Compañía de Jesús, San Juan de Dios con el Hospital Real, Belén con Hospital de Convalecientes y San Isidro (franciscanos); tres Conventos de Religiosas, Santa Claras, Santa Catalina y Santa Teresa; un Oratorio, el de San Felipe de Neri; San Francisco de Paula con una Iglesia y un Hospital para mujeres; una Emita, la de Montserrat; un Colegio para niños vocacionables, San Ambrosio; un Colegio de niñas, San Francisco de Sales; una Casa de Expósitos o de Cuna, San José, con Capilla y Casa; una Universidad Real y Pontificia, San Jerónimo. En extramuros existía una Iglesia dedicada a Nuestra Señora de Guadalupe… (Suárez Polcari I, 2003, 180).

Nuestro quinto obispo a estudiar es **Santiago José Hechavarría Nieto de Osorio**, obispo auxiliar de Morell de Santa Cruz. Estaba ligado a las grandes familias de la sociedad santiaguera. Tenía haciendas con esclavos. Fue juzgado un hombre que era elegante en sus gustos y al mismo tiempo generoso en sus limosnas (Torres Cuevas – Leiva, 2005: 419-427) Hechavarría sucedió a Morell de Santa Cruz en la sede de Cuba, será el primer cubano en ocuparla. Hechavarría (1769-1787) ya venía ejerciendo el cargo de obispo en los últimos tiempos de un achacoso Morell de Santa Cruz. En Santiago reorganiza el Seminario San Basilio y crea en La Habana el Real Colegio Seminario de San Carlos y San Ambrosio, inaugurado en 1774 dándole un reglamento en 1789. El Seminario llegaría a ser la institución eclesial de más impacto intelectual y con mayor incidencia la sociedad habanera y en la historia de toda la Isla.

Del presbítero Agustín Caballero del Seminario San Carlos y San Ambrosio partieron las primeras críticas serias que se hicieran

a la calidad de la educación superior en Cuba. Agustín Caballero abogó por la enseñanza en lengua española; el abandono de la gimnasia deductiva escolástica; la adopción del método experimental, la observación, y tomar en serio en filosofía a la obra de René Descartes y Francis Bacon. Según Hortensia Pichardo, del Seminario habanero surgieron las ideas renovadoras, enfrentadas a la enseñanza memorística. Para 1795 el Padre Agustín Caballero pedía la libertad de enseñanza, es decir, que no se aprisionase la enseñanza en la estrecha cárcel del libro del texto obligatorio.
¡Los profesores del Seminario hacía años que elaboraban sus propios textos! (Guadarrama, 2005: 57).

Dos presbíteros cubanos nos brindan elementos para comprender las mayores preocupaciones de Hechavarría y la calidad de algunos sacerdotes diocesanos. En primer lugar, tenemos al presbítero Doctor Rafael del Castillo y Sucre. Preocupado el obispo por conocer el estado de la Iglesia en toda la isla de Cuba, designó al presbítero Castillo y Sucre como «covisitador», es decir, alguien asociado a su ministerio para visitar entera la diócesis de Cuba (Suárez Polcari I, 2003: 251). En su acuciosa visita, el presbítero Castillo palpó la gran ignorancia que reinaba en las zonas rurales de Cuba.

Torres Cuevas y Leiva han reconocido en su sermón pronunciado el 30 de septiembre de 1763, en las honras fúnebres por los caídos en la defensa de La Habana contra el asalto inglés, «una de las más preciosas piezas oratorias que nos ha llegado del siglo XVIII». Al recordar al capitán Luis Vicente de Velazco, se nota que se va afianzando en Cuba un sentimiento «insular» y «americano», un fervor patriótico, Castillo los evidencia: «Morro y Velazco son dos términos relativos, y el plan de aquel castillo anda siempre confundido con las ideas de su famoso capitán. ¡Oh!, Velazco, recibe por medio de un solo ciudadano los homenajes y cultos de todos mis compatriotas...» (2005; 443-442).

Un segundo presbítero ilustra la calidad del clero nativo, Bernardo Antonio del Pico y Redín, más conocido como el Padre Pico. En él encontramos a un presbítero de gran simpatía en su Santiago de Cuba natal. Su familia, de encumbrada posición social, le garantizó una excelente educación básica. Luego realizó estudios en San Basilio. De sacerdote ocupó diversas dignidades eclesiásticas, desde Consultor del Santo Oficio en sus años mozos hasta Deán de la Catedral santiaguera. El Padre Pico, como le apodaban cariñosamente sus compueblanos, murió de 87 años luego de una trayectoria llena de caridad hacia los más pobres. Testó todos sus bienes a favor de una casa de Beneficencia en Santiago. En 1899, siendo alcalde de Santiago de Cuba Emilio Bacardí y Moreau, se construyó una escalinata que lleva el nombre del querido Padre Pico, cuyo amor a su pueblo todavía recuerdan los santiagueros, que se ayudan de estos 52 escalones para subir por la que fuera durante muchos años la Loma del Corvacho.

El 10 de septiembre de 1787, el Papa Pío VI creó la Diócesis de San Cristóbal de La Habana con los territorios de La Florida y Luisiana. Santiago de Cuba mantenía su calidad de primada.

Ya en ese momento, muchos dueños de ingenios se quejaban de lo elevado de los diezmos a la Iglesia y de las horas de trabajo que se perdían por la instrucción religiosa de los esclavos.

Nuestro sexto obispo a considerar en el siglo XVIII fue el **Dr. Felipe José de Trespalacios.** Se le asignó la sede de La Habana, para que fuera su primer obispo. Allá ejerció su ministerio entre 1789 y el 1799. Trespalacios, había crecido en una Iglesia todavía ajena a la Ilustración. Era un eclesiástico celoso de sus prerrogativas ante las autoridades civiles, cada vez más independientes de la Iglesia. Seis años de su ejercicio episcopal coincidieron con el gobierno de Luis de las Casas (1790-1796). Como si se revivieran algunas páginas de la historia del siglo XVI, obispo y gobernador chocaron en repetidas ocasiones. En estos interminables enfrentamientos entre el obispo y el gobernador ya se anuncian las lamentables consecuencias para la Iglesia de España y Cuba de una actitud que se repetiría a lo largo del siglo XIX. La formación y pensamiento del obispo le llevaban a ambicionar un protagonismo social, que ya no correspondía a una sociedad cada vez más secularizada.

Fue lástima que el obispo peleara tanto con Las Casas, a quien el Padre Agustín Caballero calificó de «padre de la patria» y Pedro José Guiteras, «fundador de nuestra civilización». El gobernador Las Casas conocía varias sociedades europeas más tolerantes que la española en las cuales la Iglesia no ejercía esa preponderancia reconocidas por la corona y la sociedad españolas. Sus cargos habían convertido a Las Casas en un funcionario de amplios horizontes. Conocía de primera mano: Rusia, Francia, Inglaterra, Alemania y los Países Bajos. En Cuba, se destacó como constructor y renovador de calles y paseos de La Habana y puentes y caminos vecinales en el interior. Hasta su gobierno, ninguna autoridad española había tomado tantas iniciativas con una incidencia particular en la vida pública, en la que sin pretenderlo, compitió con las instancias eclesiásticas. Las Casas fundó El Papel Periódico (24 de octubre, 1790), La Sociedad Económica de Amigos del País (1ª sesión en 1793) con su asesoría de la agricultura y sus aportes para mejorar la educación. En todos estos proyectos cooperaron eclesiásticos y laicos de renombre. Menciono a dos de los presbíteros: al P. José Agustín Caballero y al P. Félix Veranes, precursor de Varela en la cátedra de filosofía en el Seminario. Las Casas llegó a contemplar la idea de ¡deportar a la fuerza al tozudo obispo Trespalacios! Tan descompuestos fueron sus choques.

La gestión de Trespalacios, el primer obispo de La Habana, le muestra preocupado por construir nuevas iglesias en Remedios, San Francisco de Paula en La Habana, San Carlos en Matanzas, la Candelaria en Ceiba Mocha, en Cayajabos. Los afanes pastorales de Trespalacios nos sirven para vislumbrar la vida de fe de sus parroquianos: la devoción al Santísimo Sacramento, la necesidad de guardar las fiestas de precepto, corregir los excesos en las procesiones nocturnas los días cercanos a la Semana Santa, condenar la indecencia en los trajes de los fieles que asisten a misa, limitar los repiques de campanas y fomentar la devoción de las 40 horas y adoración continua al Santísimo Sacramento. Trespalacios rogó por la victoria de las armas españoles en su guerra contra Inglaterra y por Pío VI durante la invasión de los Estados Pontificios por las tropas francesas.

Juan Díaz de Espada y Landa (1800-1832), Obispo el más querido de los cuatro siglos de vida colonial[25]

Nuestro séptimo obispo, Espada, participa y llega a presidir la Sociedad Económica de Amigos del País, sostiene los esfuerzos por modernizar la enseñanza del Seminario, la agricultura, los cementerios. Espada escribe contra la esclavitud y desea dialogar seriamente con las ideas liberales de la época.

Con el Obispo Espada, de nuevo Cuba contaba con un pastor con una sólida formación universitaria: era doctor en teología. Para la época, entró en el seminario como vocación adulta, con 26 años. Ya en

Juan Díaz de Espada y Landa (1800-1832)

1800 camina por La Habana como obispo. Se relacionó con la élite habanera y gozó de buenas relaciones con los gobernadores españoles. Al final de su ministerio episcopal, el liberal Espada era una figura pública tan reconocida, que ni Francisco Dionisio Vives (1823-1832) ni Mariano Ricafort (1832-1834) representantes del conservador recalcitrante Fernando VII se atrevieron a molestarlo. A la hora de modernizar la enseñanza del Seminario San Carlos y

---

[25] Evaluado duramente por Miguel Figueroa en Religión y Política en la Cuba del siglo XIX: *El Obispo Espada visto a la luz de los archivos romanos*, 1802-1832 (Miami: Ediciones Universal, 1975). Mucho del material examinado y publicado con honestidad por el íntegro y dedicado profesional M. Figueroa, fue redactado y enviado a la Santa Sede a través del nuncio de Madrid por los enemigos de Espada, entre los cuales, habría que contar al Arzobispo Oses de Santiago de Cuba. En este tema tan llevado y traído sigo pensando igual que en 1995, me adhiero, como ya lo hiciera entonces a la opinión de Escobio: «Mientras los nombres y acusaciones de sus enemigos y detractores, han ido desapareciendo en el marco de la historia, quedando como recuerdo la bajeza y ruindad humana, el nombre y la ejecutoria del Obispo Espada emerge como un símbolo dentro del Episcopado cubano de todos los tiempos» (1983: 183).

San Ambrosio, los padres José Agustín Caballero, Justo Vélez, y Félix Varela contaron con el apoyo de su obispo. A Espada se debe el cementerio que durante décadas llevó su nombre. Por sus gestiones, se pudo administrar en Cuba la vacuna contra la viruela. El obispo apoyó al Dr. Tomás Romay en asegurarse que toda la población fuera vacunada. Gracias a las diligencias del obispo Espada se fundaron: la Escuela Náutica de Regla, el Jardín Botánico de La Habana, la Escuela de Agricultura, la Academia de Pintura de San Alejandro y hasta la Escuela de Parteras de Paula.

Los obispos que hemos estudiado en este período mostraron una actitud, que luego de la muerte de Espada en 1832 desaparecerá: le tenían confianza y aprecio del clero diocesano cubano. Compostela elige al cubano Dionisio Rezino y Ormachea (1707-1711) como obispo auxiliar, Lazo de la Vega se apoya en el sacerdote dominicano-cubano Morell de Santa Cruz[26]; Morell de Santa Cruz pidió que el cubano Hechavarría fuera su obispo auxiliar (1768); Espada confía en los sacerdotes Varela y también en Bernardo de O'Gaban. Fue Espada quien pidió permiso para ordenar a Félix Varela (1811) antes de sus 24 años. Espada crea la Cátedra de Constitución en el Seminario y la pone en manos of Varela, a quien entusiasma para que participe en las elecciones de 1821 en las que fuera electo delegado a las Cortes.

Muertos, varios de estos obispos son llorados por la generalidad de la población cubana. A la muerte de Compostela hubo que poner guardias alrededor de su cadáver para que no le dejase desnudo, una multitud que quería alguna reliquia de su amado Obispo, tan grande era su fama de santo.[27] El Gobernador Dionisio Vives no se atrevió a limitar la acción de Espada, tal era el prestigio y la aprobación social de que gozaba.

---

[26] El dominicano Morell de Santa Cruz fue nombrado Vicario General el mismo año de su ordenación, 1716 y en 1729 era administrador de la Mitra.

[27] El dato es de Jacobo de la Pezuela en su *Historia de Cuba* Tomo II, 258 citado por Escobio, *El Obispo Compostela*, 170.

Un segundo motivo para considerar la época 1687-1832 como la época de oro de la Iglesia cubana es el numeroso clero nativo. Reinerio Lebroc afirma que durante los años 1758-1765 empleando los datos del Obispo Morell de Santa Cruz, se sabe que «de los 95 presbíteros empleados, o sea con cargos oficiales en la zona que va desde Pinar del Río hasta La Palma (Ciego de Ávila), 80 eran con seguridad nacidos en la isla, y de los 50 párrocos de la diócesis en 1757 habían nacido en Cuba 46».[28]

Este clero cubano tiene un centro con calidad intelectual donde formarse: el Seminario San Carlos y San Ambrosio. Durante el ministerio episcopal del Obispo Espada, numerosos jóvenes cubanos preferirán los estudios del Seminario a los de la Universidad, todavía atrapada en la gimnasia escolástica y los aprendizajes memorísticos. La valía del clero de la Isla queda confirmada por este hecho: de Cuba se escogerán también obispos para otras sedes hispanoamericanas: Morell de Santa Cruz (Nicaragua), Hechavarría (Puebla, México), Luis Ignacio Peñalver y Cárdenas (Nueva Orleans y Guatemala).

Es cierto que la expulsión de los jesuitas en 1767 asestó un golpe a la vida intelectual y pastoral de Cuba, cerrando su colegio de La Habana y una residencia en Camagüey, pero gracias al Seminario San Carlos, la Isla podrá mostrar a hombres formados por ella misma, capaces de dialogar con las corrientes filosóficas de la época. Tal fue el caso del Padre Agustín Caballero y sobre todo del Padre Félix Varela, profesor y guía de «la juventud más prometedora de su tiempo», entre los que se destacan: José de la Luz y Caballero, José Antonio Saco, Felipe Poey, Manuel González del Valle, Gaspar Betancourt Cisneros y Rafael María Mendive.[29] Con

---

[28] *Cuba: Iglesia y Sociedad 1830-1860* (Madrid: Lit. Barrero, S.L, 1976), 12. Estudio pionero que permite comprender a Iglesia cubana en el umbral de las guerras de independencia.

[29] José M. Hernández, «El magisterio de Varela: Programa para futuras investigaciones», en *El Padre Varela: Pensador, Sacerdote, Patriota* Roberto Esquenazi-Mayo, editor (Washington D.C.: Georgetown University Press, 1990), 2. La obra recoge un Simposio celebrado el 4 de noviembre de 1988 en la

la aprobación de Mons. Espada, Varela enseñaba en español y favorecía la asimilación personal nacida de la propia reflexión. En tiempos del gobernador Las Casas y del ministerio episcopal de Espada, fue la última vez que el clero y la sociedad habanera se esforzaron juntos y con cordialidad en proyectos comunes, sin diferencias ni rivalidades. Nunca jamás, ningún eclesiástico de Cuba podrá usar de nuevo, luego del 1832, la expresión que empleara el P. Caballero en 1790 para hablar de El Papel Periódico, cuando le llamó: «nuestro periódico» (Emilio Roig de Leuchsenring, 1941).

2.5 El marco político e ideológico del Pbro. Félix Varela.

Vamos a presentar el marco político europeo y sobre todo hispánico en el que transcurrió la vida de Varela, sobre todo lo tocante a la revolución francesa (1789-1799), la era napoleónica (1799-1814) y en los años 1814 a 1853.

Presbítero Félix Varela (1788-1853)

Por ser Cuba una colonia de España, la sociedad y la Iglesia católica de Cuba padecieron las consecuencias de los procesos en Europa, y en particular en España. Reflexionemos acerca de la relación de los revolucionarios franceses del 1789 con la Iglesia católica. Algunas de aquellas medidas serán retomadas por los liberales y ellas explican la violenta reacción del catolicismo tradicional, aliado de la monarquía de Fernando VII y del antiguo régimen, una vez que de nuevo acceda al poder. Primero, consideraremos los eventos principales de la Revolución Francesa y la era napoleónica respecto de la Iglesia. A seguidas, consideraremos cómo afectaron al catolicismo español y sus consecuencias para Cuba.

Biblioteca del Congreso, Washington D.C., y la considero una valiosa introducción (72 pags.) a la figura de Varela. Reedita la excelente bibliografía del P. Felipe J. Estévez sobre Varela tomada textualmente de *Félix Varela: Letter to Elpidio* (New York: Paulist Press, 1989)

A pocos meses del 5 de mayo de 1789, comienzo de los Estados Generales en París, los eclesiásticos franceses renunciaron a todos sus privilegios. En agosto, fueron abolidos los diezmos eclesiales junto a otros derechos feudales de la nobleza francesa. En septiembre, el clero francés entregó a la nación todos los vasos sagrados que no fueran imprescindibles para el culto. En 10 octubre de 1789, el Obispo Talleyrand propuso que fuesen secularizados todos los bienes de la Iglesia de Francia, es decir, que pasasen a ser propiedad del estado francés. Un decreto del 10 de noviembre así lo estableció. Las propiedades de la Iglesia sirvieron de respaldo al papel moneda de los revolucionarios, los llamados «assignats». El estado revolucionario francés se comprometía a velar por el culto y los demás servicios eclesiásticos, prometiendo asegurar un salario decoroso para los eclesiásticos. Por los menos hasta el Concordato de 1801, estos bienes sirvieron de respaldo a la economía revolucionaria.

El 13 de febrero de 1790, los revolucionarios suprimieron todas las congregaciones y órdenes religiosas de Francia, eliminaron las órdenes contemplativas y confiscaron aquellos conventos que consideraron improductivos. Respetaron las instituciones religiosas que se dedicaban a la enseñanza y beneficencia. Se prohibió a todo francés el pronunciar votos religiosos. Ya en marzo de 1790, se sabía que, el papa Pío VI (1775-1799) había condenado en privado los principios de la revolución y especialmente la libertad religiosa.

El golpe más duro contra la Iglesia católica fue la Constitución civil del clero, aprobada el 12 de julio de 1790, obra de un comité en el que figuraban varios eclesiásticos. Resumamos sus principales estipulaciones: «...contenía tres series de disposiciones importantes: una nueva división de las diócesis, según la cual sólo habría 83 obispados, correspondientes al número de departamentos, lo cual implicaba la desaparición de 52 diócesis, y una fuerte reducción del número de parroquias, la retribución de los obispos, párrocos y coadjutores por el Estado, con la obligación de prestar gratuitamente todos los servicios propios del ministerio; la elección de los obispos y párrocos por cuerpos electorales a nivel de departamentos o distritos y la institución canónica de los obispos por el metropolitano, sin previa confirmación por parte del papa (los obispos quedaban autorizados para informar al papa de su elección (en *témoignage de l'unité de la foi et de communion*, como testimonio, de la unidad de la fe y de comunión), finalmente, una fuerte restricción de la potestad episcopal por un concejo de sacerdotes que tenía una participación en la gestión de los asuntos del cargo».[30]

Desde finales de 1790, los revolucionarios empezaron a exigir a los sacerdotes el juramento de fidelidad a la Constitución. El papa Pío VI condenó la Constitución Civil del Clero el 10 de marzo de 1791 mediante el breve *Quod aliquantum*, calificándola de cismática. Todo aquel eclesiástico que la hubiese jurado, quedaba suspendido. El papa calificaba de sacrílegas todas las ordenaciones de obispos nombrados por el Gobierno de Francia y de paso condenaba la Declaración de los Derechos del Hombre

Estas medidas y la represión de los revolucionarios contra los sacerdotes que se negaron a juramentar la constitución desencadenaron, entre 1793 y 1796, unas sublevaciones populares de gran envergadura en la región de la Vendée y en Flandes francés. Las victimas de estas guerras se contaron por millares y la crueldad de la represión ha alimentado las llamas de un encendido debate hasta el día de hoy.

En las matanzas ocurridas en las prisiones de París entre septiembre 2 y 6 de 1792 perecieron unos 300 sacerdotes que se habían negado a jurar la constitución. Eventualmente durante el llamado Directorio 1795-1799 disminuyó la represión en Francia mientras las tropas revolucionarias en Italia exigieron fuertes sumas al papa Pío VI, quien falleció en 1799 a manos de las tropas francesas. Para algunos, era el fin de la Iglesia católica. No faltó quien dijera: —busquen el embalsamador; el resto lo hacemos nosotros.

---

[30] H. Jedin, 1973, *Manual de Historia de la Iglesia*, VII, 73.

En 1801, Napoleón firmó con Pío VII (1800-1823) un concordato en el que se daban por perdidos los bienes de la Iglesia, se separaron de su ministerio a decenas de obispos contrarrevolucionarios mientras se reconocía al catolicismo como la religión profesada por la mayoría de los franceses. Pero en los primeros meses de 1808 las tropas napoleónicas controlaban Roma y amenazaban al papa, quien acabaría preso. Para los españoles, lo francés representaba todo lo contrario al catolicismo. Así aparece en un catecismo español de la época: Catecismo español: «¿Quién es tu enemigo? —Napoleón. ¿De dónde ha salido? —Del pecado... ¿Es pecado asesinar franceses? —No, se gana el cielo».[31]

Al invadir Napoleón Bonaparte a España en 1808 y deponer a Carlos IV y luego a Fernando VII para instalar a José Bonaparte en el trono de España, generó una sublevación en España dirigida por las Juntas Provinciales compuestas por militares, miembros del Alto Clero, funcionarios, y profesores. Rechazaban el orden francés, muchas veces revolucionario, y siempre anti clerical que querían imponer las tropas invasoras napoleónicas. Todas estas Juntas cedieron su poder a la Junta Suprema Gubernativa del Reino la cual convocó a una sesión extraordinaria de las Cortes: unos querían mantener el poder absoluto de Fernando VII, otros aspiraban a que España fuera regida por las Cortes y el monarca; todavía, un pequeño tercer grupo, sostenía que la soberanía residía en la nación. Por motivos militares, estas Cortes sesionaron en Cádiz. Un tercio de sus delegados eran eclesiásticos que militaban en las tres facciones mencionadas. Estas Cortes dotaron a España de su primera Constitución. Por primera vez en su historia, se limitaba el poder absoluto del monarca español.

También las Cortes de Cádiz establecieron la libertad de imprenta, hasta entonces sometida a la censura de la Iglesia; el 22 de febrero de 1813 suprimieron la inquisición e intervinieron las pro-

---

[31] Juan María Laboa, «La Iglesia en la Época Napoleónica», Llorca, Villoslada, Laboa, *Historia de la Iglesia Católica*, BAC IV., *Edad Moderna. La Época del absolutismo monárq*uico (1648-1814) (Madrid: BAC, 2004), 615.

piedades de algunas órdenes monásticas. En las Cortes de Cádiz, la abolición de la esclavitud tuvo defensores. La ciudad de La Habana hizo llegar a las Cortes su opinión contraria a la abolición del tráfico de esclavos y de la esclavitud, base de la creciente y promisoria economía insular. Algunas de las partidas que lucharon contra el invasor francés, blandieron el catolicismo tradicional contra las ideas revolucionarias francesas representadas por el ejército napoleónico. Varios de esos grupos guerrilleros fueron dirigidos por curas.

Constitución de Cádiz

Fernando VII fue restaurado en el trono de España por Napoleón Bonaparte en 1813. Pronto Napoleón desaparecería de la escena política. El 4 de mayo 1814, Fernando VII, con el apoyo de los sectores conservadores de la jerarquía y de la sociedad, declaró abolida la Constitución de Cádiz de 1812, todas las disposiciones aprobabas por las Cortes y persiguió con cárcel y exilio a los liberales.

Los liberales perseguidos y castigados, nunca olvidarían el apoyo del Alto Clero al absolutismo de Fernando VII, especialmente durante los años 1814-1820 y 1823-1833. En España y en Cuba se regresó prontamente al régimen anterior absolutista.

Constitución de Cádiz

Un sector muy importante del clero español había visto en la Constitución de Cádiz de 1812 el fin de sus privilegios y de un orden en el que la religión ocupaba un papel preponderante y privilegiado. El absolutismo de Fernando VII, que recuperaba su poder en 1814 con la derrota de Napoleón, se identificó con la causa de Dios. El sector eclesiástico que se había sentido amenazado de muerte, legitimó y alabó el regreso al absolutismo. Fernando VII pudo asumir de nuevo el absolutismo con los visos de legitimidad que le aportó el llamado *Manifiesto de los Persas* del 12 de abril 1814, un grupo de 69 diputados de las Cortes de Cádiz que descalificaban como desorden al estilo de la Revolución Francesa la obra de las Cortes de Cádiz y la necesidad de regresar a las antiguas constituciones de España, que habían sido concebidas bajo la ley divina. De los 69 firmantes del Manifiesto, 32 eran eclesiásticos y solo dos militares.

Los sermones predicados por esos días manifiestan la sacralización por parte del clero de la causa de Fernando VII. Baste este título: «Triunfos recíprocos de Dios y de Fernando VII». He aquí una muestra de esta alianza entre el trono y el altar que más tarde denunciaría nuestro Varela y que tanto daño harían a la Iglesia católica en todas partes y muy particularmente en España y Cuba. He respetado la ortografía de la prédica:

> Este Nazareno [¡Fernando VII!] hermoso ha confundido la arrogante y vergonzosa sabiduría del siglo diez y nueve... En Madrid, donde se sabe tanto, y donde en la presencia del Rey Fernando no tiene lugar el ateísmo, ni el naturalismo.
>
> ¡Oh, necios!, renunciad estos proyectos criminales de ilustración... Fernando viene, Fernando llega, Fernando avanza al Fluviá, ya entra en Gerona, ya se postra rendido a los pies de la Soberana Madre de este Hijo divino que desde la eternidad tenía trazado este plan (para vosotros desconocido) de hermosísima política. Allí se balancean las novedades; allí se resienten las instituciones; de allí sale la chispa eléctrica que inflama los pueblos para recibir con el mayor entusiasmo al enviado del Señor que tiene impreso en el alma. Ya se desploman las lápidas; ya se abrasan los códigos; ya se sofocan los escándalos; ya se encadenan las furias: Fernando triunfante, entra en su corte, sube a su trono, se sienta en su pabellón, el telón se corre; desaparece el drama y Cristo, autor de tamañas obras, vive; Cristo reyna; Cristo impera; Cristo manda. Fernando, el religiosísimo Fernando, da testimonio de su Divinidad, manifiesta su reconocimiento, y empuñando de nuevo en su nombre el cetro y la corona, declara altamente (para la confusión última de los ateos) que el Señor ha conservado sin mancha su fe, qüando de aquí iba, qüando allá moraba y qüando de allí volvía. Del trono de Fernando salen decretos sabios para defender la religión santa de un Dios que ha obrado tantos prodigios por defender el trono de Fernando. Por Fernando triunfa hoy el Evangelio; se alegra su Iglesia, se consuelan sus ministros; se levantan los destierros; se terminan las causas; se aca-

ban las dilapidaciones; se ordena la administración; vuelve a su trono la justicia; se sofocan las opiniones y la paz de Dios firmada por el rey Fernando empieza a reparar los males infinitos de la regeneración francesa; tanta verdad es que Dios sólo por el ministerio de Fernando ha salvado nuestra religión, ha salvado nuestra política y ha obrado la salud universal de la España en medio de su corte.[32]

2.6 El Pbro. Félix Varela en las Cortes del Trienio Liberal

Todo iba a cambiar desde el 1ro de enero de 1820. Las tropas bajo el mando del General Rafael del Riego Flórez, destinadas a reprimir la rebelión independentista en América se sublevaron contra el absolutismo de Fernando VII. Aunque en sus inicios era una llamita trémula, ya para marzo es un incendio. Aunque en su interior estaba opuesto a todo lo que limitase su poder, Fernando VII tendrá que jurar la constitución el 10 de marzo de 1820, exclamando hipócritamente: «…Marchemos francamente, y yo el primero, por la senda constitucional; y mostrando a la Europa un modelo de sabiduría, orden y perfecta moderación en una crisis que en otras naciones ha sido acompañada de lágrimas y desgracias, hagamos admirar y reverenciar el nombre español, al mismo tiempo que labramos por siglos nuestra felicidad y nuestra gloria».

El decreto de convocatoria de las Cortes se conoció en La Habana el sábado 15 de abril de 1820. Hubo tensiones entre los soldados del batallón de Tarragona y uno formado por catalanes. Hernández Travieso narra cómo los alumnos del Seminario evitaron que se usara violencia contra el gobernador Juan Manuel Cajigal y enfrentamientos entre los batallones. Así narra Torres Cuevas el juramento del Gobernador: «El Lunes 17 a las 10 de la mañana, frente a un crucifijo colocado en una mesa cubierta con un tapete de damasco carmesí, se

---

[32] Rodríguez Carrillo, *Triunfos recíprocos de Dios y de Fernando VII*, (Madrid: 1814),3 y ss., citado por José Antonio Portero, *Púlpito e Ideología en la España del Siglo XIX* (Zaragoza, Libros Pórtico, 1978), 98.

colocó la Biblia y el texto constitucional. El obispo Espada tomó el juramento a Cajigal».[33]

Un real decreto del 24 de abril de 1820 ordenaba que todos los estudiantes españoles conocieran la constitución. Por iniciativa de Alejandro Ramírez, la Real Sociedad Patriótica, queriéndose adelantar a lo que pudieran hacer los padres dominicos de la Universidad San Jerónimo, creó la Cátedra de Constitución el 11 de septiembre de 1820 y la puso bajo la tutela del Obispo Espada. Para el 11 de octubre, Espada había elaborado el Reglamento de la Cátedra, que fue aprobado por la Real Sociedad el 18 del mismo mes. A instancias del Obispo Espada, en medio de aquel ambiente tenso y cargado de expectativas, el presbítero Varela se presenta a las oposiciones para la cátedra de Constitución que sería creada en el Seminario San Carlos. La Sociedad Patriótica cubriría los gastos que ocasionase dicha cátedra «...pasando al Obispo [Espada] la responsabilidad de organizarla y ponerla en marcha».[34]

El 18 de enero de 1821 a las 10 de la mañana, en el Aula Magna del Seminario de San Carlos, Varela inició las clases sobre la Constitución. Tenía 193 alumnos de los cuales sólo 41 no habían sido sus discípulos en las clases de filosofía. Varela va produciendo su libro de texto para su cátedra. Estos pensamientos cristalizarán en sus *Observaciones sobre la Constitución de la monarquía española* que verá la luz ese mismo año de 1821. La universidad también creó su cátedra de constitución, la cual estuvo a cargo del Doctor Prudencio Hechavarría y O'Gaban, y José González Ferregut. Fernando Portuondo ha asegurado que tanto Varela como Hechavarría «encontraron una juventud entusiasta por las nuevas ideas políticas».[35]

En La Habana, durante los primeros meses de 1821, mientras imparte aquellas clases de Constitución, de nuevo el Obispo Espada

---

[33] Torres Cuevas, Félix Varela..., 255.

[34] Hernández Travieso, 1984: 191. Ver, Enrique Hernández Corujo, *Historia Constitucional de Cuba*, 1960: 90.

[35] *Historia de Cuba* (La Habana: Editorial Nacional de Cuba, 1965, 6ta., edición), 283. Al profesor J. González Ferregut lo menciona E. Hernández Corujo, *Historia Constitucional de Cuba*, 90.

le pide a Varela que se presente como candidato a diputado para las Cortes de España que se reunirán aquel mismo año. Elegido el 13 de marzo, Varela parte para Madrid el 28 de abril.

Durante la travesía de más de un mes, Varela se mareaba con frecuencia, pero gracias a unos medicamentos pronto le vemos en cubierta tocando su violín y declamando décimas sabrosas compuestas al calor de las diversas celebraciones. Pienso que en toda la historia de Cuba ningún católico, ya fuere laico o eclesiástico, ha respondido con mayor lucidez a los retos enfrentados en su tiempo por la fe católica y la sociedad cubana. La participación de Varela, Tomás Gener y Santos Suárez en las Cortes estuvo plagada de contratiempos. Primero vino la impugnación del sacerdote Tomás Gutiérrez de Piñeres y sus correligionarios «uñas sucias», mote denigratorio contra los comerciantes españoles que, alegando minucias bizantinas, lograron, que fueran anuladas las elecciones en las que habían resultado vencedores Varela y sus colegas. El contratiempo mostró una vez más el cariño y admiración de sus alumnos hacia Varela. Nicolás Manuel Escobedo, Prudencio Hechavarría y O'Gaban, y otros alumnos y colegas de un Varela del otro lado del Atlántico, volvieron a trabajar denodadamente por su elección. Lo lograron. Pero estando en Madrid, Varela recibió esta nueva amarga noticia: la nave que traía los documentos que avalaban su elección, naufragó.

Varela solamente pudo intervenir en las Cortes del Trienio Constitucional español, desde octubre de 1822 hasta su disolución a finales de octubre de 1823.[36]

Detengámonos en las intervenciones más significativas de Varela en las Cortes del Trienio Constitucional. Ellas muestran lo bien fundamentado de sus juicios. Las resumo y al final de cada una, indico la fecha de la intervención registrada en el *Diario de las Cortes*.

---

[36] Puede consultarse, Manuel Maza (2000) *Por el honor y la vida. El Presbítero Félix Varela en las Cortes de España*, 1822-1823.

Cura apoyando las partidas rebeldes constitucionalistas en las que participó Varela desde octubre de 1822

Todo el mundo sabía que curas y obispos encabezaban o apoyaban las bandas de insurrectos partidarios del absolutismo de Fernando VII. Capitaneaban partidas llamadas «realistas» «llenas de curas trabucaires, [es decir, facciosos armados de trabucos], que habían luchado contra los franceses. *El cura de Foronda* se sublevó en Álava, el *cura de Tamajón* organizó una conspiración en Madrid, el *cura* Merino levantó partidas por Castilla la Vieja, y en Cataluña el monje Antonio Marañón, *el Trapense*, llegó a tomar Seo de Urgel, donde se formó la Regencia de Urgel, que pretendía ser un Gobierno absolutista paralelo».[37] Estos eclesiásticos instrumentalizaban la religión católica para echar abajo y poner fin a la labor de las Cortes y el régimen constitucional. Pues bien, Varela afirmó que, tocaba a la poco de fiar jerarquía católica, la mayoría de ella contraria a las ideas de Varela, y no a sus correligionarios de las Cortes el pronunciarse sobre la idoneidad de los capellanes militares (11-X-1822). Sorprende cómo ni las victorias realistas, ni las ideas políticas liberales de Varela, condicionaban sus principios teológicos y su respeto al Derecho canónico vigente en aquel entonces.

A pesar de que España vivía circunstancias especiales, Varela insistía: había que actuar con apego a la ley. Por apurada que estuviese la situación militar de las fuerzas de las Cortes, no se debía concentrar todo el poder en ningún militar, era necesario mantener el equilibrio de poderes. A nadie se le podía autorizar el desconocer la constitución. No se debía sacralizar la gestión de las Cortes y de sus ejércitos rodeándola de una aureola patriótica que les protegiese del juicio de los ciudadanos. Las órdenes del gobierno y

---

[37] Ver http://www.tiempodehoy.com/cultura/historia/un-cura-trabucaire/

del ejército, una vez cumplidas, podían y debían ser criticadas. Tampoco se debía castigar a la ligera los fallos o supuestos crímenes contra las Cortes, sin importar las circunstancias especiales que se estaban viviendo. En los asuntos que tocaban la honra y la vida de las personas había que actuar con moderación. De ninguna manera se debían de aprobar sanciones arbitrarias, aunque algunos aconsejasen recurrir al terror como una respuesta más efectiva (12-X-1822).

El presbítero habanero sostenía que no se debía emplear una severidad especial contra los eclesiásticos, diferente de aquella empleada contra la ciudadanía en general. Nadie que hubiera recibido las sagradas órdenes debería de empuñar armas (25-X-1822).

Se debía examinar con cuidado la situación de los presos, ya que todo preso estaba perdido para la patria, pues no tenía en qué ocuparse (4-XI-1822).

Las Cortes no debían dejar en manos del monarca aquello que era competencia de ellas, aunque esto significase un arduo trabajo y ulteriores discusiones, (16-XI-1822).

La propiedad privada debía de ser respetada. Nadie estaba obligado a desprenderse de lo suyo, ni siquiera un preso, (27-XI-1822).

No se le debían de conceder facultades ilimitadas a ningún jefe, así la localidad bajo su mando estuviese en peligro de perderse por estar sitiada por los enemigos de la constitución (30-XI-1822).[38] Ni la guerra ni la violencia debían de prolongare, (5-XII-1822).

Las Cortes podían revisar sus leyes (14-XII-1822).

Los cargos públicos no son propiedad de los individuos sino de la nación, «cuando la Nación necesita hacer una reforma para el bien general, debe prescindir de los intereses particulares» (7-I-1823).

Los sectores dirigentes de la sociedad y de la Iglesia católica de Cuba encaraban dos desafíos colosales: primero, la esclavitud y

---

[38] Éstas serán las facultades omnímodas que recibirían F.D. Vives en 1825 y sus sucesores para gobernar Cuba garantizando su permanente pertenencia a España por motivos económicos, no solo irrespetando los derechos humanos fundamentales, pero incluso las mismas leyes vigentes ¡en España!

segundo, el tipo de relación que debía de existir entre España y Cuba. Ambas cuestiones estaban relacionadas.

Tanto el P. Agustín Caballero como el obispo Espada se habían ocupado de la esclavitud. Ambos pensaban que era necesario moverse hacia el fin del tráfico de africanos y de la esclavitud de manera gradual. Varela era consciente de que no había otra cuestión más espinosa. La base económica de los sectores más acaudalados de Cuba dependía del tráfico y del trabajo esclavo en la producción de azúcar de caña. Estos sectores tenían vinculaciones con la burocracia de la metrópolis y hasta con la corona española.

Para captar el grado de suspicacia y vigilancia del sector esclavista en Cuba, recordemos lo acontecido durante el proceso revolucionario de las colonias inglesas de Norteamérica. En atención a los intereses esclavistas del Sur, a Thomas Jefferson, él mismo dueño de esclavos, le borraron de la Declaración de Independencia la acusación contra Jorge III de estar involucrado en el tráfico de esclavos. Según Jill Lepore, el factor que inclinó la balanza a favor de la participación de muchos norteamericanos en su guerra de independencia, no fueron los choques de Lexington y Concord, tampoco el sitio de Boston, fue la torpe medida de Lord Dunmore que declaraba libres a todo esclavo americano que se pasase a las filas inglesas (Lepore, 2018: 94). Tan beligerantes eran los intereses esclavistas de los Estados del Sur de los Estados Unidos, que en los debates constitucionales de la naciente república de los Estados Unidos de América, no se quiso abordar el tema del tráfico y la posesión de esclavos, a pesar de que varios estados de la flamante república ya habían suprimido tanto el tráfico como la esclavitud (Ron Chernow, 2004: 203-208). Un escalofrío habrá recorrido la espalda de los dueños de esclavos en Cuba, cuando en 1822 el presidente haitiano Jean-Pierre Boyer había vuelto a liberar a los esclavos en el ahora invadido y sometido Santo Domingo español tan cercano a Cuba.

Fue en ese contexto altamente inflamable en el que Varela presentó su proyecto para la abolición gradual de la esclavitud en Cuba, mediante una indemnización. En Cuba, entre sus conocidos, hubo quien comentó: —Varela merecía que le cortasen la lengua— (Fahy, 1983, 324, no da ulteriores referencias).

El P. José Agustín Caballero ya había reflexionado sobre el tipo de relación que debían de tener las colonias con la Madre Patria. Consideraba que debían de tener autonomía configurando una Comunidad de naciones hispanoamericanas (Fidel Rodríguez, 2018: 51).

Desde la invasión napoleónica de España en el 1808, las posesiones españolas en América se organizaron, primero para defender los derechos de Fernando VII y luego para buscar su independencia. En ese contexto Varela elaboró un proyecto de autonomía para Cuba con el título de *Proyecto de Instrucción para el gobierno económico político de las provincias de Ultramar* que sometió a la consideración de las Cortes el febrero de 1823. En 1814, el obispo Espada había publicado una pastoral rechazando la opción independentista para Cuba. En el 1824, dio a conocer otra pastoral pidiendo clemencia para los liberales ante la sangrienta represión de Fernando VII

La presencia del poder español en Cuba garantizaría que Cuba no se convirtiera en otro Haití, y al mismo tiempo, la creación de instancias locales para supervisar la gestión del gobierno español otorgaría a Cuba una cierta autonomía. Varela pensaba que mientras las autoridades coloniales españolas de Cuba no tuviesen que rendir cuentas a ninguna instancia local, se cometerían toda suerte de abusos. En sus palabras: «Las leyes se humedecen y debilitan atravesando el océano y a ellas las sustituye la voluntad del hombre». Heredia también cayó en la cuenta del impacto del Atlántico sobre las relaciones entre Cuba y España, por eso escribió: «que no en vano entre Cuba y España tiende inmenso sus olas el mar» (Himno del Desterrado).

Ninguno de los dos proyectos, ni el de la abolición gradual de la esclavitud, ni el de una Cuba autónoma, recibieron respuesta alguna de las Cortes que en octubre de 1823 fueron suspendidas por las tropas de la Santa Alianza que le devolvieron a Fernando VII sus poderes absolutos. Ese mismo año, Varela fue condenado a muerte en ausencia y todos sus bienes confiscados. Todavía desde el exilio Varela haría dos grandes aportes intelectuales, uno en las páginas de *El Habanero* y el otro, en sus *Cartas a Elpidio*.

El contexto de Varela del Habanero (1824-1826) y las Cartas a Elpidio (1835-1838)

Miremos un momento los años que van desde su llegada a New York en 1823 hasta su muerte en 1853. Este es el contexto, en cual Varela ejerció una importante actividad intelectual. Varela mostró una gran libertad y seriedad para examinar cuestiones delicadas, en medio de un ambiente netamente reaccionario al que adherían la mayoría de los eclesiásticos, particularmente varios de los Romanos pontífices.

León XII (1823-1829) fue un celoso restauracionista, que intentó deshacer toda la obra de Pío VII en lo tocante al diálogo con las nuevas tendencias más democráticas en política. Él mismo acabaría cayendo en la cuenta de la inviabilidad de sus ideas, luego de despedir al aperturista Cardenal Consalvi, secretario de estado de Pío VII, ¡tuvo que volver a pedirle consejo! Pío VIII (1829-1830) mostró una cierta apertura hacia las corrientes políticas en Francia, pero apenas fue papa año y medio. Gregorio XVI (1831-1848), el último monje papa, detestaba la prensa, los trenes y el alumbrado eléctrico que rechazaba, pues según su pensar favorecía las reuniones nocturnas. Con su encíclica *Mirari Vos* (15 de agosto de 1832) condenó los frágiles intentos de un grupo de intelectuales católicos franceses para dialogar con el liberalismo. Varela supo que el sucesor de Gregorio XVI, Pío IX (1846-1878), había tenido que disfrazarse de cura el 24 de noviembre de 1848 para huir de la ciudad de Roma sublevada contra él por sus políticas. Solo pudo regresar a Roma bajo la tutela de las bayonetas francesas el 28 de abril de 1850.

Contra la corriente mayoritaria en la Iglesia que, veían en la monarquía el sostén más seguro de la Iglesia, en *El Habanero* (1824-1826) Varela mostró la falsedad de alianza entre el trono y el altar. La revolución francesa había sacudido los tronos de Europa que ahora se apoyaban en la religión. También, muchos religiosos viendo cuestionados los privilegios que tenían en el Ancient Régime, se metían ahora a patriotas monárquicos, no por intereses religiosos sino económicos. «en el momento que se haga religiosa una cuestión puramente política, todo se pierde y para todos». En un ambiente visceralmente restauracionista y obsesivamente conservador, Varela denunció cómo se pretendía enfrentar la religión a la libertad y cómo el atentado mayor contra la religión era reducirla a un arma en manos de fanáticos. «Defensores del trono y del altar: quitaos la máscara. Vosotros podréis servir de apoyo al primero, más la sagrada víctima que se sacrifica en el segundo abomina vuestra hipocresía y detesta vuestra impiedad. Ya que sois déspotas, no seáis sacrílegos. La fuerza es el apoyo de la tiranía y la religión no puede servirle de pretexto sino empezando por experimentar ella misma el mayor de los ultrajes. Es un espectro de religión el que os sirve de máscara...» («Estado Eclesiástico de la Isla de Cuba», *El Habanero*).

En Italia, todos los papas del siglo XIX y sus obispos vivieron asustados de las sociedades secretas. Con pícaro gracejo caribeño Varela desmonta los miedos hacia las sociedades secretas, de las cuales no se explica cómo aparecen en tantas conversaciones si son sociedades secretas. Varela sabe que el propósito de estas sociedades no es el de militar contra la religión, sino lograr fines políticos. Sorprende la serenidad de Varela al tratar el tema de las sociedades secretas, dado que Pío VII había condenado la masonería, los carbonarios y las sociedades secretas, en su *Ecclesiam a Iesu Christo*, el 13 septiembre, 1821. Todos los pontífices del siglo XIX, repitieron estas condenas siempre de manera más dramática y asustada.

En las páginas de *El Habanero*, el autonomista Varela se convierte al independentismo, pero con esta salvedad, «Desearía ver a Cuba tan isla en lo político como lo es en la naturaleza, (…) Cuba no debe esperar ya nada de España …ni de nadie, debe liberarse por sí sola». Al decir de Emilio Roig de Leuchsenring *El Habanero* fue «...la primera manifestación revolucionaria de carácter periodístico entre nosotros».

En las mismas páginas de *El Habanero*, Varela expresó esta opinión positiva acerca del clero de la Isla de Cuba:

> Yo confío en el clero de la isla de Cuba porque le conozco, y espero que si una política infernal intentase (como lo consiguió en España) tomar a la religión por pretexto para sus inicuos planes, no sólo no encontrará cabida entre tan beneméritos eclesiásticos, sino que cada uno de ellos en el desempeño de su sagrado ministerio trabajará por correr este velo y evitar a nuestra sagrada religión un ultraje tan manifiesto. Sí, yo no dudo que ésta será su conducta y que el pueblo de la isla de Cuba, lejos de ser jamás oprimido por el influjo de su clero, encontrará en él un firme apoyo, del cual en vano se tratará de privarlo.[39]

Varela escribió esto en 1824, todavía no habían ocurrido dos procesos que marcarían el catolicismo peninsular y el cubano: las leyes de desamortización y el esfuerzo del catolicismo peninsular por presentarse como la única manera válida de ser español para descalificar el liberalismo.

Desde el exilio, luego de ver crecer el fervor revolucionario de las Cortes y de encontrarse en ellas con hombres que rechazaban la fe; después de constatar el poco impacto social de una religión superficial y por fin, tras verse expulsado de España y condenado a muerte por la represión fanática de la Santa Alianza y del mismo Fernando VII, Varela publica *Cartas a Elpidio sobre la impiedad, la superstición y el fanatismo*. La primera entrega fue en 1835 sobre la impiedad, la segunda de 1838 fue sobre la superstición y no llegó a publicar la tercera sobre el fanatismo. Varela conocía de primera mano la violencia anticatólica de las fuerzas xenófobas que se habían desatado en los Estados Unidos. El 11 de agosto de 1834, el convento y colegio de las ursulinas de Charlestown, Massachusetts

---

[39] «Estado Eclesiástico en la Isla de Cuba», *El Habanero*, Tomo I, No. 2, 1824, citado según Biblioteca de Clásicos Cubanos, *Félix Varela y Morales*, Vol II., *(2001) Compilación y Notas*, Eduardo Torres Cuevas, Jorge Ibarra Cuesta, y Mercedes García Rodríguez, La Habana, 182.

fue quemado por una multitud instigada por grupos ultranacionalistas, y algunos mal aconsejados protestantes. Los mismos bomberos de la ciudad se limitaron a observar el incendio junto a una muchedumbre que alcanzó las 2,000 personas. Varias tumbas del convento fueron violadas. Al día siguiente, 12 de agosto, las turbas enardecidas volvieron para arrancar todos los árboles frutales y hacer hogueras con las maderas de la cerca.

Varela era consciente de que estos tres monstruos, la impiedad, la superstición y el fanatismo amenazaban el futuro de la fe católica en Cuba. De hecho, el catolicismo cubano sufrió un golpe de la impiedad liberal hispana del cual nunca se recuperaría. En breve lo estudiaremos. El pueblo cubano, amalgama de etnias, costumbres y creencias religiosas recurrió a la superstición y el mal fundamentado catolicismo cubano muchas veces buscó soluciones mágicas a sus necesidades. El fanatismo también hizo su aparición, por ejemplo, en represión de la Conspiración de La Escalera y las violencias de los voluntarios y algunos militares españoles.

¿Cómo y por qué se habrá convertido Varela de autonomista en independentista? He llegado a la conclusión de que su estadía en España durante los años 1821-1823 le quitó el velo de los ojos a Varela respecto de la inconveniencia de una posible solución autonomista para Cuba. Es comprensible que, por sus antepasados españoles, su estrecha relación filial con el querido obispo Espada, su respeto por varios de los eclesiásticos ilustrados españoles de La Habana y algunos funcionarios de gran calidad, Varela vislumbrase un futuro político para Cuba dentro del esquema de la autonomía bajo España. Pero en la España que conoció directamente y concretamente en las Cortes, donde poco faltó para que perdiera la vida, Varela fue sacudido por los extremismos intemperados de liberales y masones de todos los colores, sus medidas terribles contra la Iglesia y sus ministros, motivadas por su rechazo del Evangelio, su cerrazón y burla respecto de todo lo sobrenatural. Y en esa misma España, Varela conoció de primera mano, el fanatismo religioso de curas guerrilleros, obispos recalcitrantes, clero y diversos estratos sociales, especialmente los terratenientes, que se valieron astutamente de la religión para apuntalar groseramente el absolutismo torpe de Fernando VII. Fue envuelto en un manto religioso, que Fernando VII rechazó la Constitución de Cádiz de 1812 y fue en nombre de la religión y con el apoyo eclesiástico, que Fernando VII ejecutó, encarceló y exilió a sus opositores liberales. Todo fue bendecido por la retrógrada Santa Alianza, a la que se rehusó pertenecer Pío VII por lo escandaloso de haberse visto obligado a sentarse en la misma mesa con un emperador católico, un rey protestante y un zar ortodoxo.

En términos políticos, aquella España era presa de los inmediatismos. Varela no salía de su asombro al ver, cómo por unos dólares, las autoridades españolas consideraron como perdidas a las Floridas, fibras queridas de la familia y el pasado de Varela, que hubieran podido defender, y esas mismas obcecadas autoridades, se empeñaron inútilmente en defender sus posesiones en México, América Central y América del Sur, ¡que ya estaban prácticamente perdidas en 1823, a un año y pocos meses de Ayacucho! Varela palpó el feroz egoísmo, que cegaba a la metrópolis. En un momento de crisis y tensión, no solo se negaron cerrilmente a bajar los aranceles de los productos de América, medida que les hubiera granjeado una actitud más positiva por parte de los hispanoamericanos, sino que los aumentaron.

Había que buscar la independencia, pero Cuba y los cubanos solos. Conociendo los desmanes perpetrados en España por los Cien Mil Hijos de San Luis de la Santa Alianza, los que destruyeron el sueño constitucionalista de las Cortes en 1823, Varela no querrá nada similar en Cuba, aunque el ejército invasor simpatizase con su independencia, o proviniese de La Gran Colombia, iluminados por el sol bolivariano, o volando con las alas del Águila mexicana. Aconsejará que Cuba trace ella sola su destino político, tal y como la estableció la geografía: ¡como isla! Elpidio solo se libraría de la impiedad, la superstición y el fanatismo, pensando con cabeza propia y separándose de aquella madre convertida en madrastra, que en lugar de cuidar con cariño a sus hijos legítimos, los desconocía, empujándolos a los interesados brazos de prestamistas y comerciantes ingleses.

Varela mostró su valía de ciudadano creyente, en un contexto en el cual, los pretendidos defensores de la libertad decidieron que tenían que acabar con la Iglesia, y los utilizados defensores de la Iglesia, eran, como dijera Varela de algunos contemporáneos españoles, «... un pueblo fanático que creía que no podía ser religioso, si no era esclavo».[40]

La calidad del compromiso de Varela por la sociedad cubana se advierte en su preocupación, porque los cubanos dispusieran de los instrumentos que les permitirían caminar las sendas de la democracia. Fue con ese fin que en 1826 tradujo al español el *Manual de Práctica Parlamentaria* de Thomas Jefferson.

Hombre de gran sinceridad y profunda sabiduría, Varela no se dejó engañar por el patrioterismo imprudente de algunos compatriotas. Algunos creían que Cuba estaba ya lista para un alzamiento contra España; otros cifraban sus esperanzas en la ayuda que podía provenir de México o de Colombia. El verbo profético de Varela desmontó sus esperanzas infundadas: «Es preciso no perder de vista que en la Isla de Cuba no hay opinión política, no hay otra opinión que la mercantil». En los muelles y almacenes se resuelven las cuestiones de Estado. ¿Cuál es el precio de los frutos?

¿Qué derecho colectan las aduanas? ¿Alcanza para pagar las tropas y los empleados? «He aquí las bases; lo demás queda para entretener tertulias (cuando se podía hablar)...» Y más adelante, «Es preciso no equivocarse. En la isla de Cuba no hay amor a España, ni a Colombia ni a México, ni a nadie más que a las cajas de azúcar y a los sacos de café...».[41]

Junto a su actividad intelectual, el presbítero Varela desempeñó una reconocida labor pastoral en la ciudad de New York en la cual

---

[40] «Relato de Félix Varela sobre la caída del régimen constitucional en España. Breve exposición de los acontecimientos políticos de España, desde el 11 de junio hasta el 30 de octubre de 1823, en que de hecho se disolvieron las Cortes», En Biblioteca de Clásicos Cubanos, *Félix Varela y Morales*, Vol II, (2001), 128.

[41] Félix Varela, «Consideraciones sobre el Estado actual de la Isla de Cuba» *El Habanero*, Tomo I, Nro. 1 (Miami: Ediciones Universal, 1997, con un prólogo brillante del Profesor José Manuel Hernández), 16-18.

su nombre fue considerado para obispo. Fue el primer sacerdote cubano incardinado en la diócesis de New York. Fue Vicario General de la Arquidiócesis de New York por 16 años y bajo dos arzobispos. Fundó dos parroquias en el bajo Manhattan, la Transfiguración y St. James. Fue consultor teológico en el Primer Concilio de la provincia eclesiástica de Baltimore en 1829. A través de artículos de prensa, conferencias y debates, Varela defendió la solidez de la fe católica. Varela se ocupó de los inmigrantes irlandeses y de los pobres de aquella urbe, repleta de hombres y mujeres hacinados en cuartuchos, o en la calle. Varela expuso su vida y salud ejerciendo su ministerio entre las tripulaciones y pasajeros afectados por enfermedades contagiosas. Cuidó de que las jóvenes muchachas irlandesas aprendieran oficios que les permitieran ganarse la vida. Fue parte de los esfuerzos de la Sociedad de la Temperancia en New York que buscaba ayudar a enfrentar el fácil y fatal recurso a la bebida entre los pobres inmigrantes. Al decir de Helen M. McCadden, Varela compartió, «no solo su devoción presbiteral, sino su dinero, comida, su vajilla, las sábanas de su casa y en ocasiones, hasta su propio abrigo».[42] Algunos discutieron sus ideas, todos admiraron su caridad. Un testimonio del obispo John Dubois, obispo de New York para los años 1826-1842, resume la labor apostólica y social del presbítero Varela en esta ciudad, su vida fue una carrera, «carrera de caridad y entrega que han hecho que su nombre sea un nombre de bendición» (citado por Fidel Rodríguez, 2018: 118).

El origen de su caridad, no fue el astuto cálculo político para ganar prosélitos, sino la experiencia del amor gratuito de Dios. Su lucha por la verdad manó de esta convicción invencible: la legítima adhesión al catolicismo, no se impone, sino que nace de apelar a lo que hay de mejor entre sus oyentes y lectores, deshaciendo mitos, examinando razones, desenmascarando ideas y miedos, que paralizan y se prestan a instrumentalizar los pueblos.

---

[42] Patricia Zapor y John Wood, «Father Felix Varela made mark in New York», *CatholicNew York*, miércoles 18 de abril, 2012.

Después de profesar solemnemente su fe católica y en una dura pobreza, Félix Varela murió en San Agustín, de La Florida en 1853.

¿Cuánto habrá influido Varela en la posterior lucha por la independencia de Cuba a lo largo del amargo siglo XIX?

Algunos de sus conocidos y hasta los que consideraban a Varela como su maestro, como el colombiano, hijo de cubana, Félix Tanco Bosmeniel, evaluaron negativamente el primer volumen de las *Cartas a Elpidio*. Escribiendo a Domingo Del Monte en 1836, opinaba:

> …Supongo que habrás leído las cartas a Elpidio de nuestro querido monigote, como le llamo con cariño...
>
> ¿No descubres tú en las cartas a Elpidio algo de pueril, y mucho de mal escrito? Aquello de que está acostumbrado a dar de recio y que se le va la mano, ¿no crees tú que es la frase de un hombre pendenciero muy ajena en boca de un filósofo y de un filósofo sacerdote?... (*Centón Epistolario de Domingo del Monte*, 1957, Tomo VII: 62-63, *he actualizado la ortografía*).[43]

El mismo Tanco consideraba muy limitado el grupo de discípulos de Varela que habría permanecido fiel a las enseñanzas de su maestro. Escribiéndole desde Matanzas a Domingo del Monte, el 18 de noviembre de 1843:

> Es verdad que cuando se les toleró [se refiere a Varela, Saco y Luz] por circunstancias accidentales hicieron algún bien a la juventud, principalmente Varela; ¿pero ese mismo bien no lo ha destruido después la acción poderosa y mortífera de la Sociedad y del Gobierno?

---

[43] Gabino la Rosa Corzo señala que el mismo Tanco reconocía ¡no haber leído detenidamente las *Cartas a Elpidio*! (ver la página 71), Gabino La Rosa Corzo (1986) «Félix Tanco y las tendencias abolicionistas de la cultura cubana del siglo XIX», *Revista Cubana de Ciencias Sociales*, Enero – Abril, Año 4, No 10, 52-78. La Rosa Corzo sostiene y opina correctamente, que Tanco no era ateo (ver la página 69), sino anticlerical, tal vez uno de los primeros anticlericales cubanos, marcado por su lectura de Voltaire y otros librepensadores. El consideraba a los jesuitas como los peores de esta especie, por tres razones, su uso de la educación para apuntalar los intereses coloniales de España, el confesionario y el púlpito. Así lo presentó en el folleto *Los Jesuitas de La Habana* (1862).

> ¿Cuántos son los discípulos de nuestro Bacon [Varela] que han sido fieles a los principios del maestro? Su número es hoy una fracción mínima comparado con la gran falange de los trásfugas y prostituidos... (*Centón Epistolario de Domingo del Monte*, 1957, Tomo VII: 186, *he actualizado la ortografía*).

El gobierno español, por su parte, consideró tan peligroso a Varela que encargó a un asesino de silenciarlo en los Estados Unidos. Dentro de Cuba, y años después, el mejor reconocimiento de la relevancia de Varela, proviene del Padre Juan Bautista Casas, secretario eclesiástico de la diócesis habanera durante el período que va desde el 20 de julio de 1893 al 16 de noviembre de 1894. El P. Casas era un integrista español de pura cepa, un furibundo enemigo del liberalismo y de la independencia cubana. Escribiendo a fines del siglo XIX, cuarenta y un años después de la muerte de Varela, evaluó así la influencia del magisterio de Varela en la juventud cubana. Primero atacó «las enseñanzas antiespañolas de Luz y Caballero, llamado el gran pedagogo», luego el P. Casas arremetió contra Varela en estos términos:

> ...y las filosofías de Varela (si no recordamos mal el apellido) en el Real Colegio Seminario de San Carlos y San Ambrosio deben hallar eco profundo en la generación actual, como la hallaron en la precedente, cuando tantos ilustrados científicos prepararon la revolución y empuñaban las armas fratricidas. Bien conocidos son en la isla los establecimientos y los colegios de varones y de hembras de que salen cabezas muy amaestradas y corazones muy saturados de antiespañolismo...[44]

El P. Casas pudo mirar con más perspectiva el influjo de Varela en su generación. Resumiendo: con el presbítero Félix Varela, la sociedad cubana y en particular el catolicismo alcanzó un grado de lucidez nunca igualado. Enfrentó y respondió a las cuestiones can-

---

[44] Cité este párrafo en *El alma del negocio y el negocio del alma* (Santiago de los Caballeros: Pontificia Universidad Católica Madre y Maestra, 1990), 52. Casas se expresa así en su obra: *La Guerra Separatista de Cuba, Sus Causas. Medios para terminarla y de Evitar Otras* (Madrid: Est. Tipográfico de San Francisco de Sales, 1896), 87.

dentes del momento: España debía quedar amiga de la América hispana reconociendo su bien ganada independencia; Cuba misma debía de luchar sola por conseguirla, evitando la presencia de tropas extranjeras; la esclavitud debía ser abolida; en Europa se estaba instrumentalizando la religión católica con la nefasta alianza entre el trono y el altar; se asustaba al público con las sociedades secretas para lograr intereses evidentes; en New York había que luchar contra la miseria de los pobres inmigrantes irlandeses con la educación y la capacitación para oficios concretos; era necesario salirle al paso en las publicaciones de amplia circulación a las dificultades intelectuales contra la fe y la Iglesia; la superstición era enemiga de la fe; la impiedad carecía de soporte racional; todavía los sectores dirigentes de Cuba no se ocupaban de la independencia, pues solo tenían ojos para calcular el provecho que les traería la venta de sus productos y finalmente, educar era ayudar a pensar con la propia cabeza.

Otros educadores

El P. Agustín Caballero, el Obispo Espada y Félix Varela se habían interesado en la educación, pero no fueron los únicos. Recordemos los ejemplos más relevantes: en 1815, el P. Otero fundó en La Habana la Academia Calasancia. Pronto fue ayudado por otros tres escolapios. Señalemos también, el Real Colegio de primera y segunda enseñanza de Santa Clara del P. Rafael A. Toymil (Polcari, I: 386).

Dos centros escolares habaneros estuvieron en manos de discípulos de Varela. En primer lugar tenemos el Colegio Superior Municipal dirigido por el antiguo alumno del Seminario San Carlos, Rafael María Mendive y Duany. Este centro escolar contó entre sus alumnos a José Martí.

En segundo lugar, encontramos a otro discípulo del Padre Varela, Don José de la Luz y Caballero. En 1824

Rafael María de Mendive y Duany

había dirigido la Cátedra de Filosofía en el Seminario San Carlos, donde había sido profesor su tío, el P. Agustín Caballero. Luz y Caballero mantuvo fielmente una relación epistolar con Varela. Algunos le identifican con el «Elpidio» de las Cartas. Entre 1832 y 1835, Luz y Caballero dirige el colegio de San Cristóbal o Carraguao, que pretendía, como lo recordará Hortensia Pichardo: «... facilitar y dirigir el desarrollo de la inteligencia naciente, habituar la juventud al trabajo, a la reflexión y a la práctica de las virtudes cristianas y sociales, enseñándoles a sacrificar a la voz imponente de la razón y del deber, los gustos y deseos que pudieran oponerse a su felicidad». En 1848, Luz y Caballero fundó el Colegio de El Salvador, el cual regenteó hasta su muerte en 1864. Su entierro fue uno de los eventos más sobresalientes de aquella década (Suárez Polcari I, 2003: 387).

Resumo la trascendencia de los años 1687-1832 en la historia eclesial cubana con dos detalles. El visionario Obispo Compostela decide la creación de la parroquia y de la Iglesia del Santo Ángel en una zona donde merodean gentes sin atención pastoral. En la pila bautismal de esa parroquia del Santo Ángel creada por Compostela será bautizado Félix Varela, y años más tarde, José Martí.[45]

La relevancia y el peso público del catolicismo en la sociedad cubana en los inicios del siglo XIX aparecen diáfanos con ocasión de la bendición de la Ceiba del Templete, pequeño establecimiento conmemorativo que había sido remodelado y se encuentra en la Plaza de Armas. El 19 de marzo de 1828, el Obispo, por invitación del Gobernador, Dionisio Vives, celebra la misa donde según la tradición fuera celebrada la primera eucaristía. La misa fue una ocasión memorable y aparece consignada en la primera novela cubana, *Cecilia Valdés o la Loma del Ángel* escrita por un antiguo alumno del Seminario San Carlos, Cirilo Villaverde. El recalcitrante gobierno de Fernando VII hubiera deseado enviar a España a Espada para ser procesado, pero por consejo de Vives no se atre-

---

[45] Ver Escobio, *El Obispo Compostela*, 160.

vió a hacerlo por los desórdenes que podía generar, tal era la prestancia de Espada en aquella sociedad que le veneraba y contaba con el obispo para todo.

En este segundo período, la Iglesia católica cubana crece en una sociedad cuyo progreso económico se acelerará luego de la ruina de Haití, el verano de 1791 y el fracaso de la expedición napoleónica para levantar su producción de azúcar, en 1801-1802. Sus obispos, son hombres mejor formados, lanzan iniciativas audaces: la universidad, una casa de la beneficencia, un seminario, el aumento de nuevas parroquias, la formación más exigente del clero, la actividad pastoral entre la creciente población negra y sus cabildos y visitas pastorales acuciosas recorriendo la Isla entera.

Como ya venía sucediendo en el período anterior, se confirma la relevante participación del obispo de La Habana en todas las iniciativas públicas encaminadas al bien común. El lapso de tiempo entre sus nombramientos y su llegada a la diócesis se ha acortado. La duración de sus ministerios episcopales es más larga. Los obispos de Cuba participan en los proyectos más relevantes encaminados al bien común, o ellos mismos toman iniciativas culturales, humanitarias y religiosas que nadie ha tomado hasta entonces. El deseo de tantos obispos de que Cuba tuviera dos sedes episcopales, por fin fue atendido en 1787. Los obispos de La Habana y Santiago de Cuba se encuentran en la primera fila entre las figuras más determinantes de la vida colonial en la cual inciden mediante instituciones que perdurarán hasta la vida republicana. En las ciudades más importantes como Santiago de Cuba, Puerto Príncipe, Trinidad, La Habana se va intensificando la red de iglesias parroquiales. En las poblaciones de alguna notoriedad, se repite la alianza entre sacerdotes diocesanos queridos y respetados por sus pueblos y las familias locales con recursos que, unidos captan el apoyo de la comunidad para financiar la construcción y el sustento estable de hospitales, escuelas y templos.

3. Desde la muerte de Espada (1832) a los inicios de la República-Protectorado (1902)

3.1 La lucha entre las dos Españas: la liberal y la conservadora

Hemos visto cómo los liberables españoles y las Cortes, fueron vencidos de nuevo, en octubre de 1823, por un Fernando VII absolutista y manipulador del catolicismo, apoyado por los Cien Mil hijos de San Luis, enviados por la Santa Alianza. Poco faltó para que Varela fuera capturado. Salió al exilio en un barco bajo los disparos enemigos.

Estos liberales del 1823 quedarán agazapados esperando su momento que vendrá a la muerte de Fernando VII, el 29 de septiembre de 1833. Los enfrentamientos entre liberales y conservadores continuaron en España en las sucesivas Guerras Carlistas del siglo XIX (1833-1840; 1860; 1872-1876). En ellas se enfrentaron las dos Españas: la tradicional y regionalista, con un lugar especial para el catolicismo y un rechazo visceral de la Ilustración y la revolución francesa; y la liberal, que aspiraba a crear una España moderna, tolerante, centralizada y para ello sentía que tenía que despojar al catolicismo de su estatuto privilegiado en el régimen de propiedad, la educación, el monopolio religioso y sus fueros.

En España, primero vencen los liberales, quienes financian sus guerras contra los carlistas con las propiedades confiscadas a la Iglesia y se ensañan mayormente contra las órdenes religiosas y sus proyectos pastorales: cerrando los noviciados, expulsando a todas las congregaciones y despojándolas de todos sus recursos, especialmente las propiedades agrarias. El clero vive en carne propia la violencia revolucionaria varias veces en el siglo. Los años más virulentos son: 1840-1843; 1854-1856; 1868 y 1873-1874. Enseguida estudiaremos las consecuencias para la Iglesia católica de Cuba de las medidas liberales.

El Concordato de 1851 entre España y la Santa Sede y la restauración monárquica de 1876 son fruto del entendimiento de los moderados entre los liberales y los conservadores. A los sectores moderados, les salía mejor negocio una paz fea, que una guerra linda. Los liberales protegieron los derechos de la Iglesia para así privar a los carlistas de la legitimidad religiosa. Ahora los carlistas ya no se podían presentar como los paladines de un catolicismo agraviado. A los españoles tradicionalistas se les garantizaba la oficialidad de la religión católica, la vigencia de la monarquía y ciertas concesiones regionales.

Quedaba abierta la cuestión a la que pronto responderían liberales y conservadores: ¿quiénes eran los verdaderos españoles, los que le asegurarían a España la fidelidad a su identidad histórica y su sitio entre las naciones modernas? El clero español, especialmente el que trabajaba en Cuba, enfrentó las guerras de independencia de Cuba con esta actitud: mostrar que la única garantía para que España mantuviese su soberanía sobre Cuba: ¡era el catolicismo!

Esta posición era la de *La Verdad Católica*, publicación cubana fundada en 1858. En 1861, citando una filípica del Arzobispo de Tarragona, *La Verdad Católica* «tildaba a todos los que promovieran el protestantismo en España como enemigos del espíritu nacional». El Arzobispo de Santiago de Cuba, Manuel María Negueruela, remachaba el clavo afirmando que, «el catolicismo constituía el elemento más vital en la estructura social de España y lo que les permitía a los soldados españoles el ser patriotas en la campaña de Marruecos» (Maza, 1997: 78-79).

3.2 El contexto cubano

En Cuba, donde las fuerzas y los intereses eran distintos, el catolicismo jugó un papel diferente al desempeñado en España.

En los días de la invasión napoleónica a España (1808) el sector dirigente cubano, a diferencia del resto de América Latina, rechazó la opción independentista, porque veía como muy promisorio el futuro de la producción azucarera y temía que se volviera a repetir en Cuba lo acontecido en Haití, ahora que la población esclava aumentaba en miles anualmente. Los hacendados, negreros, comerciantes grandes y pequeños, los blancos y los mulatos, y probablemente hasta los negros libres, apostaban al progreso y eso requería el orden y la sumisión pacífica de las grandes dotaciones de esclavos. Todo eso se traducía en la permanente y siempre fiel sujeción a España. Más de una vez, las autoridades españolas repitieron el falso dilema: Cuba será española o negra.

En 1815, Simón Bolívar en su *Carta de Jamaica*, no lograba comprender por qué los españoles de las Antillas no se levantaban en armas como lo habían hecho ya los mexicanos, argentinos, chilenos, colombianos y venezolanos. «Las islas de Puerto Rico y Cuba, que entre ambas pueden, formar una población de 700 a 800,000 almas, son las que más tranquilamente posee los españoles, porque están fuera del contacto de los independientes. Mas, ¿no son americanos estos insulares? ¿No son vejados? ¿No desearían su bienestar?». Los antillanos de Cuba no se sublevaban por falta de contacto con los independentistas del resto de América, sino por su estrecho contacto con las dotaciones de esclavos y el pánico de que convirtieran a Cuba en otro Haití, temores igualmente compartidos por otras localidades de América donde ocurrieron violencias similares.

Los sectores dirigentes de la sociedad cubana no derramaron muchas lágrimas durante las décadas de 1830 y 1840 cuando las propiedades de las órdenes religiosas fueron confiscadas, sus noviciados cerrados y los religiosos obligados a tomar el camino de la laicización y el exilio.

La vida de la Iglesia católica de Cuba cambió para siempre. Cuando se analiza la situación creada en España por las desamortizaciones se habla de que los regulares quedaron desarticulados. En Cuba fue peor al aplicarse la ley de supresión de monasterios y órdenes monásticas ordenada en 1835 por el gobierno de Juan de Dios Álvarez Mendizábal. El Ministro Mendizábal podía pensar que el estamento eclesiástico español era exageradamente numeroso: 53,000 religiosos regulares en 2,400 conventos; 65,000 sacerdotes diocesanos y soportaría una poda (Leví Marrero, 1984; 104). Para Cuba fue un golpe letal. En 1841 ya habían desaparecido de Cuba las comunidades franciscanas, tampoco existían en Cuba los dominicos, los mercedarios, los agustinos, los hospitalarios de San Juan de Dios, y los betlemitas se habían extinguido total y definitivamente como congregación religiosa.

No dejan de ser reveladoras las opiniones del Conde Villanueva consignadas por Leví Marrero: el Conde Villanueva «tenía antipatía» por la medida de las desamortizaciones; no consideraba que el estamento eclesiástico contaba con excesivas personas en Cuba; en los primeros años en que se aplicaron las desamortizaciones, apenas hubo compradores para estas propiedades, en parte, porque no existían en la Isla esos capitales y en parte, porque los posibles compradores temían que las desamortizaciones fueran a su vez desautoriza-

Conde de Villanueva

das por futuros gobiernos conservadores; no se desamortizaron los bienes de las monjas habaneras. Villanueva consideraba que confiscarles los bienes a las monjas sería un error y se preguntaba: «¿por qué pues, arrojar, cuando vemos aniquilada la hidra de la guerra civil [se refiere a la Primera Guerra Carlista], en esta provincia eminentemente religiosa [¡se refiere a Cuba!], semillas de inquietud y descontento, siendo por otra parte muy dudoso que se logre el objeto que se apetece?» (Levi Marrero, 1984: 108).

Mons. Ramón Suárez Polcari señala cuatro consecuencias a largo plazo de las leyes de desamortización: primero, muchos regulares abandonaron la vida religiosa. Solamente en La Habana sumaron 240 los que la abandonaron. Segundo, muchos conventos pasaron a ser propiedad del Estado español, convirtiéndolos en cuarteles y hasta almacenes. Tercero, el clero se españolizó, contribuyendo a identificar a la Iglesia con el Estado. Y cuarto, eventualmente, ¡todo el personal religioso provendría de España! Se comprende fácilmente el distanciamiento que esto causaría entre una población que luchará por su independencia y su clero. La decadencia de la Universidad y del Seminario San Carlos reforzó el distanciamiento de los intelectuales cubanos (Suárez Polcari, 2003, I: 364-365). Los diocesanos que continuasen ejerciendo el ministerio serían considerados por el estado español como sus funcionarios a sueldo, aunque se les pagase tarde y mal.

La sede de Santiago de Cuba estaba acéfala desde 1837 en que Cirilo Alameda había huido al enterarse de una orden de captura contra él, emitida por el tercer gobierno constitucional de España. Se encargó de la sede de Santiago como Administrador Apostólico, el presbítero Juan Gómez Pacheco, quien renunció en 1844. Su sucesor, el presbítero Francisco Delgado Martínez, brazo derecho del Mons. Alameda encontró «una oposición sin atenuantes» en el cabildo de Santiago. De uno de ellos dirá Mons. Alameda que «es genial en el atacar solapada y malignamente». Mons. Delgado Martínez acabará condenado por la Audiencia de Puerto Príncipe a trasladarse a Cádiz. Antes, Delgado Martínez había acusado a sus enemigos los canónigos de «traidores además de ignorantes e inmorales». Y recomendaba cambiar por completo a todo el cabildo catedralicio. Luego de 13 años de sede vacante, en 1850 llegará Mons. Antonio María Claret, de quien nos ocuparemos más adelante, a pastorear este avispero (Lebroc, 1976: 59-60).

La situación del estado eclesiástico desde la muerte de Espada en La Habana en 1832 y desde la huida del Obispo Cirilo Alameda de Santiago de Cuba debido a la revuelta liberal del 1836, fue deplorable.

Las divisiones en el clero que ya existían desde comienzos del siglo XIX se ahondan. Abundan los períodos de «sede vacante» tanto en La Habana como en Santiago. La Habana estuvo sin obispo desde 1832 hasta agosto de 1846, cuando llegó el presbítero diocesano Mons. Francisco Fleix y Solans. La sede de Santiago de Cuba estuvo vacante el período 1836-1851.

Escribiendo en 1844, el General O'Donnell se quejaba ante el Ministro de Gracia y Justicia del Administrador Apostólico de La

Habana, Mons. Casaus Torres. Le reconocía «sus antiguos buenos servicios», pero señalaba que «por lo avanzado de su edad tanto por sus habituales y constantes achaques, [había llegado] a un estado de verdadera incapacidad». Pedía que nombraran a un prelado «... de carácter, de luces y de moralidad reconocida (...) pues su influencia, aunque lenta, puede real y positivamente ser favorable a los intereses de la Metrópolis y a la seguridad y tranquilidad de la Isla» (Lebroc, 1976: 57).

El Seminario San Carlos y el de San Basilio habían perdido su condición de facultades universitarias. La Reforma Universitaria suprimió las cátedras de filosofía, medicina, jurisprudencia y teología en el Seminario San Basilio de Santiago de Cuba. En vano intentarán reestablecerlas. El 6 julio de 1849, el Capitán General Roncali se niega a acoger una solicitud a tal efecto, apoyada incluso por el gobernador de Santiago de Cuba, José Mac Crohon. En La Habana, los dominicos habían sido expulsados junto con muchos otros religiosos en 1841. Ya no dirigirían la Real y Pontificia Universidad de San Jerónimo de La Habana, que ahora se llamaría Real y Literaria Universidad en 1842 bajo la inmediata dirección y la administración del gobierno español (Lebroc, 1976: 72). Desprovistos de subsidios, los estudios del Seminario quedaban vedados a los estudiantes pobres, a no ser que contasen con algún bienhechor.

Cuando muera en la Habana, el Administrador Apostólico de la diócesis, Mons. Casaus Torres, O'Donnell aprovechará para cortarle las alas a las aspiraciones episcopales del Provisor y Vicario General de la diócesis, el P. Don Pedro Mendo, quien también se desempeñaba como Rector del Seminario. Según O'Donnell, si la decrepitud de Mons. Casaus había llevado la diócesis a la ruina, Mendo «en vez de remediar el mal» lo aumentaría. Le faltaba energía, no había más que mirar en qué estado el P. Mendo tenía el Seminario bajo su dirección: «...infortunado semillero de eclesiásticos, y que desde tal nombramiento se ha precipitado a su ruina...ese plantel, casi desierto, sirve hoy de depósito —según lo ve todo el pueblo— de inmundicias de albañiles y carpinteros, es un hotel de pensionistas...» (Lebroc, 1973: 58).

El obispo Fleix y Solans esperaba mucho de los jóvenes eclesiásticos cubanos pues en Cuba «… el desarrollo de las facultades intelectuales es tan precoz y tan fácil de estimular». Pero el General O'Donnell daba otra opinión en 1844 al gobierno de Madrid: lo que menos daño hace a los intereses de España es la falta de «conocimientos y de saber» de los eclesiásticos de segunda categoría, pues los que poseen «inteligencia y capacidad, hacen tan mal uso de ellas, que acaso sería de desear fueran menos sagaces para que su influencia en las poblaciones y en las familias fuera menos perjudicial» (Lebroc, 1976: 64).

Si la formación del clero constituía un reto ingente, otro de no menor tamaño provenía de la creciente presencia de esclavos africanos. La producción de azúcar aumentaba a pasos agigantados. De los 1,000 establecimientos[46] dedicados a la producción de azúcar en 1827, se pasa a los 2,000 en 1860 (Suchlicki, 1973: 52). Nunca antes los esclavos habían sido tan numerosos en las plantaciones y las ciudades y nunca el personal para evangelizarlos tan escaso. En 1867 se calculaba que en Cuba había 402,167 esclavos, o sea un 26.7 % de la población.[47] Los que se beneficiaban del trabajo de los esclavos veían en los sacerdotes, sus prédicas y reuniones, un peligroso catalizador que podría desencadenar fuerzas y movimientos de violencia incontrolable que repetirían en Cuba lo sucedido en Haití.[48] Era conocido que los pastores metodistas habían desempeñado un papel importante en Inglaterra en la abolición del tráfico de esclavos y de la misma esclavitud. En la década de los 1830, la legislatura del Estado de Virginia prohibió que se les en-

---

[46] Evito usar la palabra «ingenio», pues se sabe que algunos no eran más que trapiches.

[47] «Censos lato sensu. «La abolición de la esclavitud y el número de esclavos en Cuba», José Antonio Piqueras, Universitat Jaume i historia social comparada (unidad asociada del CSIC), *Revista de Indias*, 2011, vol. LXXI, núm. 251 Págs. 193-230.

[48] Ver Manuel Maza, sj., «Clero católico y esclavitud en Cuba siglos XVI al XIX. Ensayo de síntesis». *Estudios Sociales* Vol 23, Número doble 79/80, 17-60.

señase a leer y escribir a los negros y expresamente les vetó leer la Biblia (Lepore, 2018: 205).

Las zonas con una numerosa población de esclavos contaban con pocos sacerdotes. En Matanzas la proporción sacerdote/esclavo era en 1846 de1 sacerdote por cada 2,707 esclavos. En Cárdenas, un sacerdote por cada 4,786 esclavos y en Mariel, un sacerdote por cada 2,355 esclavos, en la misma fecha. A esto hay que añadir otros dos factores. Primero, que los sacerdotes preferían trabajar en La Habana. De los 438 eclesiásticos en la Isla según el censo de 1846, 171 residían en La Habana y su distrito; 101 en el Departamento Central y 86 en el Oriental, de los cuales, 46 residían en Santiago y 20 en Bayamo (Lebroc, 1976: 64). A mediados del siglo XIX, los dueños de ingenios no se sentirían muy felices de oír la campanilla del cura itinerante que podía cobrarle el equivalente a 7 dólares el entierro de un esclavo (Franklin Knight, 1970: 107-108). En 1860 en el departamento de Cárdenas contaba con 8 sacerdotes para unos 59,843 esclavos registrados en 1857. (Paquette, 1988: 62).

Un hecho que nos ayuda a comprender la actitud respecto de los esclavos y las personas de color antes de la abolición en 1886. Se trata de la solicitud del P. Jerónimo de Usera, fundador de las Hermanas del Amor de Dios, para que fuese admitida en 1871 a una congregación la Srta. Micaela Calzada, considerada por el Reinerio Lebroc, la primera cubana «de color» en ser admitida a una Congregación (Lebroc, 1976: 289 nota 833).

Joaquín Agüero

En medio de aquella situación deplorable descrita más arriba, el clero de Cuba, ya mayoritariamente español, se encontraba debilitado y como preso dentro de aquella sociedad colonial blindada a todas las influencias humanitarias. Los abolicionistas eran vistos como aliados de los ingleses. Gaspar Betancourt Cisneros pensaba que Joaquín Agüero tenía en contra, no solo al gobierno, «sino a la opinión general de los habitantes del país». Betancourt Cisneros describía así aquel ambiente en el cual el clero de la década de los 1840 realizaba su ministerio: «Hoy es delito, hasta tener o manifestar compasión a los esclavos: la humanidad, el buen trato, nada de esto se puede recomendar en el día, porque son sinónimos de abolicionismo» *(Centón Epistolario de Domingo del Monte,* Tomo III: 93).

En la producción literaria de la Isla, el negro ocupaba un lugar marginal, pero su música y sus costumbres iban mezclándose con lo blanco para ser uno de los elementos de la naciente identidad cubana. Félix Tanco Bosmeniel ya lo había notado y se lo expresaba en 1837 una carta a Domingo del Monte:

> ¿Quién no ve en los movimientos de nuestros mozos y muchachas cuando bailan contradanzas y valses, una imitación de la mímica de los negros en sus cabildos?
>
> ¿Quién no sabe que los bajos de los dansistas del país son el eco del tambor de los Tangos? Todo es Africano, y los inocentes y pobres negros, sin pretenderlo, y sin otra fuerza que la que nace de la vida de relación en que están ellos con nosotros, se vengan de nuestro cruel tratamiento inficionándonos con los usos y maneras inocentes, propias de los salvajes de África[49]

Conviene recordar que, en su visión crítica de la sociedad cubana de aquella época, Tanco sienta juntos en el banquillo de los acusados, a la élite esclavista cubana, al gobierno colonial español de ambos lados del Atlántico y al clero católico. Tanco, quien en 1838 firmaba «El Radical», reflexionando sobre las reformas que creía necesarias en las Antillas, llegó a enjuiciar así al gobierno español en su extensa correspondencia con Domingo del Monte:

> El gobierno español ahora y siempre ha sido el gobierno más inmoral y el más sinvergüenza de todos los gobiernos y por el mismo tenor

---

[49] *Centón Epistolario,* Domingo del Monte, t. VII, pp. 86-87, debo este pasaje a Karim Ghorbal, (2012) Un radical discret: l'esclavage dans la pensée singulière de Félix Tanco Bosmeniel, *Mélanges de la Casa Velázquez,* 42 – 1. Ghorbal es deudor de Adriana Méndez Rodenas, (2002), *Cuba en su imagen: historia e identidad en la literatura cubana,* Madrid.

llamó «papel de mierda», al tratado que firmara España con Inglaterra comprometiéndose, ésta vez en serio, a poner fin a la trata en 1835 (Ghorbal, 2012).

Fue este colombiano anticlerical, Félix Tanco, hijo de cubana, el intelectual residente en Cuba que más coherentemente se opuso a la esclavitud a lo largo de su contradictoria vida. En 1834, redactó una denuncia titulada: «Lamento de un cubano al ver poblada de esclavos negros a su tierra», la cual solamente fue publicada por primera vez en 1891. En ella ataca a la esclavitud, mencionando de pasada los principios cristianos, pero sobre todo, apelando a Montesquieu, Rousseau y Voltaire. El caso de Tanco ilustra lo adormecida y débil que andaba la conciencia moral católica, maniatada al carro del colonialismo español. Fue él, y no ningún católico, quien denunció la esclavitud con la más sincera compasión, dibujando uno de los cuadros más realistas de las condiciones inhumanas en las plantaciones de Matanzas:

> Sólo veo montones de hombres desnudos y mutilados que trabajan, como irracional rebaño, sin ninguna retribución, para otro hombre que se llama su dueño, porque pudo sacar de un arca infame el dinero para comprarlos. Aunque me resista a verlos, los quejidos, los gritos de dolor, penetran en el fondo de mi alma, y los estallidos del látigo que rompe las carnes de los esclavos, resuenan en todo el ámbito habitado de la Isla y en lo más profundo de mi pecho.[50]

Aquella sociedad en la que la Iglesia ejercía su misión, explotaba al negro, pero le temía, tanto encadenado como libre. A tal punto llegaba el rechazo del abolicionismo, inclusive entre el clero, que aun los pronunciamientos oficiales de los romanos pontífices eran ignorados o mal interpretados. En 1844, el presbítero Juan Gómez Pacheco, gobernador eclesiástico de la arquidiócesis de Santiago de Cuba, hombre de buena formación, creía ser un engaño la encíclica de Gregorio XVI, «*In Supremo Apostolatu*» del 3

---

[50] Tanco, 1891, p. 149, citado en Ghorbal, 2012: 33. Ya José María Heredia denunciaba en 1825 «los horrores del mundo moral» al contrastar la inmensa belleza física de Cuba que mal escondía la esclavitud.

de diciembre de 1839, condenando la trata y los horrores de la esclavitud. El Padre Pacheco escribía a la Reina: «...han intentado sorprenderme con una bula del Santo Padre, que yo supongo apócrifa, en la que se proclama la libertad de los negros y que denuncié inmediatamente» (Lebroc, 1976: 243, nota 187). ¡La encíclica era auténtica!

Con una terrible estrofa de José María Heredia, se pudiera retratar a los sectores dirigentes de la Cuba de aquella época, también a los católicos:

> Bajo el peso del vicio insolente
> la virtud desfallece oprimida,
> y a los crímenes y oro vendida
> de las leyes la fuerza se ve.
> (Himno del Desterrado, 1825)

En España y Cuba, la Iglesia estaba a la defensiva entrando en el camino integrista, a duras penas parando golpes liberales. Varela, quien era capaz de separar lo valioso de lo erróneo en las nuevas ideas, permanecería exiliado hasta su muerte en 1853. La juventud cubana con cierta educación, gradualmente vería la religión como una institución enemiga del progreso y las libertades. Los negros esclavos, los libres y mulatos apenas tuvieron eclesiásticos que les instruyesen en la fe.

La vocación al sacerdocio y a la vida religiosa, cuestionada, arrinconada de la vida pública y despojada por el liberalismo, perderán su atractivo. Apenas hay cubanos que quieran ser sacerdotes diocesanos: los que den ese paso, serán formados por una Iglesia cada vez más cerrada a la modernidad, cada vez más ranciamente pro-hispanista e interesadamente colonialista.[51]

Por otro lado, las autoridades españolas en la Isla cada vez mostraban menos respeto por los dos obispos y el clero. Cuando Narciso López desembarcó en Las Pozas, Pinar del Río en su segunda expedición armada, pronto se supo en La Habana de su

---

[51] Es uno de los temas centrales del ilustre desaparecido (2018) historiador de la Iglesia cubana Reynerio Lebroc, *Cuba Iglesia y Sociedad* (1830-1860).

prisión junto a cincuenta combatientes. El obispo Fleix y Solans formó parte de una Junta de Autoridades que buscaba salvar a la mayoría de los apresados de la pena máxima. El Capitán General, José Gutiérrez de la Concha oyó con fingido interés la petición del Obispo «prometiéndole que accedería a sus demandas» para luego ordenar el fusilamiento de todos los prisioneros en el castillo de Atares y el agarrotamiento del patriota Narciso López (Suárez Polcari, 2003 I: 402).

El caso del seminarista cubano Guillermo Arocha, nos puede ayudar a entender aquel ambiente eclesial dominado por la obsesión de mostrar a todos los interesados su fidelidad a España. Nacido en 1868, desde los 9 años, había sido seminarista en los últimos días de la Guerra de los Diez Años. En el Seminario le sometieron a consejo de disciplina por haber leído la obra de Fermín Valdés Domínguez, *El 27 de noviembre,* en defensa de los estudiantes fusilados. Pero González Arocha sería ordenado sacerdote a los 22 años por dispensa oficial de León XIII (Mesa, 1945). Nos volveremos a ocupar del P. Arocha.

Un informe de Jerónimo Usera de mediados del siglo XIX nos instruye sobre la situación de la Iglesia cubana. El P. Usera escribió: La situación ¡era lamentable! Blancos y negros pobres existían en «grosera ignorancia», vivían y morían sin conocer lo que es la familia, ni la religión. Portorriqueños [sic] y cubanos tenían, sin embargo, un trato dócil y dulce. El Seminario San Basilio estaba en manos de un anciano inepto. Usera pensaba que, si algo bueno se iba a sacar del Seminario, «ha de ser reformándolo todo». ¿Se remediarían los males de la Iglesia oriental trayendo sacerdotes de España? Los candidatos tendrían que ser de una «moralidad a toda prueba», instruidos, con buena salud, «Más será difícil encontrar eclesiásticos que, reunidas estas condiciones, se aventuren a atravesar el Atlántico para venir a perecer de hambre. ¡Tal es el estado de miseria y abyección en que están las iglesias del Arzobispado!» (Suárez Polcari I, 2003: 419).

A partir del Concordato de 1851 entre la Santa Sede y España, la Iglesia Católica en ambas localidades buscará dos objetivos:

primero, ante la embestida de masones, liberales y librepensadores mostrar a las claras, que la única España válida era la católica. En este intento, resultará muy provechoso afirmar la valía del catolicismo en garantizar la fidelidad de Cuba a la católica España de quien había recibido, así lo predicaron machaconamente desde diversos púlpitos, su civilización, su lengua y su fe. Un segundo objetivo consistía en que el catolicismo recuperase la influencia perdida en la vida pública, la moral, la educación y los sectores dirigentes de España. En el caso de Cuba, además de una labor educativa de calidad y de formación y práctica religiosa, los escolapios (1846), los jesuitas (1853), los paules (1862), y los franciscanos (1887)[52] llegarán a Cuba como parte del esfuerzo del gobierno español por aunar todas las fuerzas que pudieran apuntalar el dominio colonial de Cuba y la fidelidad a España de la juventud.

3.3 Cuatro agentes pastorales fuera de serie y dos instituciones de impacto social

Hay hombres, mujeres y ministerios que no caben en el estrecho marco de un libro introductorio a la Iglesia de Cuba, pero no pueden dejar de ser mencionados. Tal fue el caso del Arzobispo de Santiago de Cuba Antonio María Claret (1850-1859), los claretianos, la labor de los misioneros populares capuchinos como el Padre Esteban Adoáin, trabajador por la dignidad de las afrocubanas y mulatas casadas con españoles[53], el Padre Olayo y Clarissa Langue, fundadora de las Oblatas. Entre las instituciones la Escuela Normal dirigida por los Padres Escolapios y el Observatorio del Colegio de Belén.

Mons. Claret se sale de los esquemas habituales recorriendo su arquidiócesis a pie, en mulo y navegando. Claret reorganiza el Se-

---

[52] La fecha entre paréntesis es la de regreso de esas congregaciones a Cuba en el sigloXIX.
[53] Ver Lázaro Iriarte, OFM Cap., *Esteban de Adoáin. Llevó el evangelio de la paz a siete naciones. Restauró la orden capuchina en España* (Pamplona: Ediciones NAVASAL, 1985, 2da. ed.).

minario San Basilio, funda en 1856, la Asociación de las Hijas de María bajo la dirección de la Sra. Doña Bárbara de Kindelán de Semmant. Esta asociación, que se ocupaba de las niñas pobres entre los 4 y los 12 años de edad para instruirlas y prepararlas para la vida, era muy querida por la sociedad santiaguera. Narra el P. Polcari cómo en sus inicios la mulata María de la Luz González, directora de la célebre comparsa de su nombre, «rifó una muñeca», actividad que le proporcionó 400 pesos a la necesitada asociación.[54]

El colegio de María Inmaculada de Santiago de Cuba, primer colegio de esta asociación dedicado a la educación de niñas pobres, abrió sus puertas el 15 de julio de 1853. Claret invitó a Cuba a un grupo de muchachas catalanas a venir a Cuba a evangelizar. No habían tomado el hábito y ya una de ellas, había fallecido víctima de la fiebre amarilla. Este grupo de muchachas consagradas representaron la primera congregación religiosa fundada en Cuba el día 7 de junio de 1853 con el nombre de Congregación de Religiosas de María Inmaculada. Ellas combinaron la contemplación en la oración con la enseñanza de niñas y de jóvenes.

Claret evangeliza a través de decenas de folletos. No se deja manipular del hispanismo colonialista, es un obispo creíble aún para los cubanos que conspiran contra España. Claret intercedió por los cubanos separatistas condenados a muerte, concretamente cuando la conspiración de Joaquín Agüero en 1851. Aconsejó al Capitán General: usar violencia contra estos patriotas es ganarse el odio de sus hijos.[55]

Un segundo ejemplo nos permite asomarnos a la vida de la Iglesia cubana en la mitad del siglo XIX en la región oriental. A través de los diarios del siervo de Dios **Esteban de Adoáin**, capuchino, misionero en Cuba desde junio de 1851 a enero de 1856. El

---

[54] (Polcari I, 2003: 412). María de la Luz, junto a María la O, ya eran famosas en 1836, según el testimonio de Derubín Jácome, ver ttps://cubaenlamemoria.word press.com/2016/03/15/abre-que-ahi-viene-el-cocuye/

[55] R. Lebroc, *Cuba: Iglesia y Sociedad*, 89 y ss. Ver también, de R. Lebroc, *San Antonio María Claret. Arzobispo Misionero de Cuba*, (Madrid: Orinoco Artes Gráficas S.A., 1992), 529 y ss.

capuchino recorrió Oriente, cruzándola de Baracoa a Holguín, bordeó gran parte de la cuenca del río Cauto. En sus cuadernos, Adoáin iba anotando de manera fiel y pormenorizada los lugares por donde misionó. El capuchino registra decenas de nombres de poblados sonoros, recién visitados. En ellos dejó afanes y sudores: Babiney, Jimirú, Palmarito en el partido de La Concepción, enclavado entre Jiguaní, Santa Rita, Holguín y Bayamo. Misionó en Santa Cruz del Sur, Cauto Embarcadero, Guisa, el Cobre, Gibara, Manatí, Las Tunas, Bongo, Morón, San Andrés, Bolaños, Mayarí-Arriba, Enramada, Guaninicum-Lleonart y Guaninicum-Arriba, Baire, Puerto Príncipe, Sibanicú, Güaimaro, El Derrocal, Guayabal, misionó en los partidos de Blanquizal y Yaribacoa de Manzanillo... Hubo poblaciones que visitó por lo menos dos veces. Tal fue el caso de Bayamo y comarcas circundantes.

Lo que más preocupaba a Adoáin eran las parejas amancebadas, en la mayoría de los casos, uniones de un español con una cubana de raza negra. En general, las autoridades civiles y militares cooperaron con los misioneros preparando con anterioridad a su visita misionera «listas» de amancebados. Si las uniones libres eran la mayoría de los casos, resulta sorprendente la acogida a la propuesta de los misioneros para que contrajeran matrimonio ante la iglesia. En algunas zonas, pasaron de 200 los matrimonios eclesiásticos. Por ejemplo, El Caney, 40 parejas se

P. Esteban Adoáin, (1808 1880) Misionero Capuchino

comprometieron a través del sacramento del matrimonio. Por doquier se repetía la misma escena: decenas de parejas que buscaban el sacramento del matrimonio. Solamente, en la parroquia de San Fructuoso de las Piedras, Adoáin y compañeros bendijeron más de 230 matrimonios.

En sus apuntes, el P. Adoáin constata la indiferencia de la población, que no atribuye al pecado, sino a ignorancia y falta de curas que atendieran aquellos remotos parajes. El misionero pinta con estos trazos la realidad eclesial de aquellos campos: hombres de más de 30 años que jamás habían comulgado, en Guaninicum de Lleonart encontró campesinos de 70 y 80 años que no sabían lo que era un sermón.

En algunos poblados, las autoridades civiles y militares eran frías en su apoyo a los misioneros, en otros entusiastas. ¿Qué pensaba el pueblo? A través de los apuntes de Adoáin se nos presenta un pueblo de extracción campesina en la mayoría de los casos, hombres y mujeres recios que enfrentan las copiosas lluvias y los arroyos crecidos para oír de noche la Santa Misión de los esforzados capuchinos, confesarse y recibir la bendición papal. En ocasiones, los comulgantes son 4,000. En diciembre de 1852, el capuchino era consciente de haber dado hasta ese momento en Cuba, 33,448 comuniones, y realizado 3,863 matrimonios «sin haber faltado en lo más mínimo ni a las leyes divinas ni eclesiásticas ni del Estado...» (Iriarte, 1985: 45).

Hubo ocasiones que Adoáin pasó 14 horas en el confesonario. Abundaban las señoritas «principales» entre los 15 y 20 años que escuchaban las prédicas que emocionaban a todos hasta las lágrimas. A veces, hubo que pedir que cesaran los llantos, sollozos y alaridos, para que los que no estaban cerca pudiesen escuchar el sermón. La gente apreciaba y buscaba los libros, las estampas y los rosarios. Cuando el obispo Claret amenazó de excomunión a quien se opusiera a los matrimonios, las autoridades lo obedecieron. Cuando en el Zarzal de Yara excomulgó al contumaz don Agustín Villarrodona, comerciante del Zarzal, éste tuvo que ir de prisa a Bayamo a pedirle perdón humildemente al obispo, pues la gente lo evitaba y sus negocios fracasaron. Villarrodona fue perdonado e hizo pública penitencia. En Bayamo, eran tantos cientos de niños y niñas que querían hacer la primera comunión que hubo que emplear dos iglesias para las instrucciones, la Iglesia Mayor, y San Francisco, donde tuvo lugar la primera comunión «con mucho esplendor». Cuando el terremoto de Santiago de Cuba el viernes 20 de agosto 1852, los santiagueros reclamaron la presencia de su obispo.

La actitud racista y hostil a la Iglesia católica se palpa en la denuncia del gobernador de Oriente contra los misioneros y Mons. Claret: «… que los misioneros trastornan el orden establecido en cuanto a la diversidad de razas, al obligar a los blancos a contraer matrimonio con mujeres de color; que desacreditan desde el púlpito a personas respetables, por el hecho de las uniones ilegítimas, con peligro de fomentar la insubordinación contra la metrópoli...» (R. Lebroc Martínez, 1992: 201-203, 212-217).

La acusación la repitió el fiscal de Bayamo Añadía que Adoáin, presionaba a los amancebados a casarse. Acusación con fundamento, y además, que violaba el secreto de la confesión, conminando a las penitentes a revelar a su cómplice. Acusación a todas luces falsa y torpemente aviesa, a la que nadie que conociera medianamente a Adoáin dio crédito alguno. Al P. Adoáin se le acusaba de haber «…inculcado doctrinas de igualdad entre la clase blanca y raza de color, provocando así un daño inmenso al orden y tranquilidad de la isla». El fiscal del poblado de Puerto Príncipe, Oriente, señalaba que los matrimonios entre contrayentes de diversas razas podían causar «la subversión de la raza negra» (Iriarte, 1985: 44-45).

Una tercera figura de la Iglesia ilumina el catolicismo en el Camagüey del siglo XIX. **José Olallo Valdés (1820-1889).**[56] Siguiendo su deseo de servir a los pobres, entró en la Orden de los Hermanos de San Juan de Dios. Con 15 años, fue destinado al Hospital de San Juan de Dios de Puerto Príncipe, en una época en el cólera hacía estragos en Cuba. El pobre, el rico, el esclavo, el blanco, el mulato, el español y el cubano encontraron en aquel religioso incansable, un enfermero competente y dedicado, quien en múltiples ocasiones ejerció como cirujano y farmacéutico, pues en

---

[56] Francisco de la Torre Rodríguez, *El Padre Olallo. Un Cubano Testigo de la Misericordia. Biografía Documentada de Fray José Olallo Valdés, Hermano de San Juan de Dios, La Habana 1820 - Camagüey 1889,* (1994), Roma: Orden Hospitalaria de San Juan de Dios. Postulación General.

José Olallo Valdés, «el padre» Olallo (1820-1889)

su Camagüey solo había un médico para los tres hospitales de la ciudad.

La práctica médica de Olallo se apoyaba en la medicina natural y la homeopatía. Muchas veces tuvo que recurrir a la amputación para derrotar a la gangrena invasora. Olallo y el P. Manuel Martínez limpiaron el cadáver de Ignacio Agramonte el 12 de mayo de 1873. La tradición asegura que Olallo usó su propio pañuelo para limpiar el rostro de Ignacio Agramonte. Por muchas razones Olallo era el Enfermero Mayor. Así resume la Agencia Cubana de Noticias lo que enfrentó Olallo: «Lepra, mal de sueño, paludismo, tifus, difteria, hidrofobia, viruela, disentería, tisis, tétanos, fiebre amarilla, la hambruna, entre otras, fueron sus compañeras jornadas enteras, casi sin tiempo para el reposo, en vigilia permanente al lado de los enfermos, sin averiguar si eran cubanos o españoles, esclavos o libertos. Siempre encontró un momento para enseñar a leer, escribir y contar a los niños pobres de la barriada».[57]

Finalmente tenemos a la santiaguera de origen haitiano, **Madre María Isabel Langue,** nacida en 1798. En su primera infancia en Santiago de Cuba, de sus padres haitianos recibió la fe y un alto concepto de solidaridad. Era negra. Hacia los finales de los 1820, trasladada a Baltimore, empezó a enseñar catecismo a niñas negras pobres en su propia casa. Con el apoyo del sacerdote sulpiciano, Héctor Nicolás Joubert de la Muraille, francés, también huido de Haití y un grupo de muchachas haitianas, fundaron las Hermanas Oblatas de la Divina Providencia luego de

María Isabel Langue

---

[57] http://www.acn.cu/2008/noviembre/28edbiografia.htm

vencer la frialdad del arzobispo de Baltimore, que no consideraba importante educar a niñas negras. El grupo de jóvenes, entre ellas la ahora Madre María Isabel, pronunciaron sus primeros votos el 2 julio de 1829. En aquella sociedad profundamente racista, fueron despreciadas y vejadas por su color. A pesar de sus labores heroicas durante el cólera que golpeó Baltimore en 1832, fueron la única asociación no reconocida en el agradecimiento oficial.

El nuevo arzobispo no valoró a las oblatas y les aconsejó: «que busquen trabajo como empleadas domésticas». Con el apoyo del redentorista P. Thaddeus Anwander y el tesón de las jóvenes hermanas lograron perseverar y extenderse. Treinta años antes de que se aboliera la esclavitud en los Estados Unidos, la Madre María Isabel exigía el respeto para sus oblatas negras por el hábito que llevaban y el servicio que desempeñaban.

La congregación era tan pobre, que varias de las hermanas, entre ellas la propia Madre María Isabel, se emplearon, sin miedo ni complejos, como domésticas en el seminario de St. Mary para seminaristas blancos. Cuando la Madre María Isabel Lange falleció a los 98 años en 1882, las oblatas se habían extendido por 18 estados de los EE.UU., y habían fundado en Costa Rica y República Dominicana. A Cuba llegaron en el 1900. Desde 1991, los católicos la veneran como Sierva de Dios. Como nos lo recordara Rogelio Zelada, en el 2016, en toda la historia de la Iglesia, fueron la primera congregación negra al servicio de la raza negra.

Dos instituciones se destacan cuando el siglo XIX ya había cruzado su mitad. Primera, la Escuela Normal dirigida por los Padres Escolapios en Guanabacoa formó a varias generaciones de maestros. La veneración de los cubanos por sus maestros escolapios fue tal, que cuando los contingentes del ejército invasor se aproximaron a las inmediaciones de La Habana, varios mambises, arriesgando sus vidas se acercaron a la Normal a saludar a sus queridos antiguos maestros, todos ellos españoles.

Segunda, el observatorio del Colegio de Belén de La Habana. Allí realizó sus investigaciones desde 1870, el P. Benito Viñes Martorell, S.J. Ellas le permitieron publicar sus trabajos sobre las leyes de traslación de los huracanes lo que le valió ser considerado como el «padre de la ciencia ciclónica», base de los estudios de estos fenómenos en todo el planeta.[58]

Volviendo a la mitad del siglo XIX en Cuba, entre los hombres y mujeres del reducido sector medio (maestros, artesanos, abogados, notarios, médicos, pequeños y medianos terratenientes), surgirán los primeros esfuerzos independentistas que encontrarán individuos en el clero diocesano para orientarlos y apoyarlos. Las investigaciones de Francisco González del Valle mostraron que su número era importante, pero no debemos olvidar que la España liberal los persiguió y la católica tradicionalista los descalificó como ciudadanos y como católicos.[59]

Los liberales españoles cuyas ideas llegaban también a Cuba, estaban persuadidos de que la religión retrasaba el progreso de los pueblos. Los jóvenes de convicciones progresistas en ambos lados del Atlántico rechazaban los ideales espirituales por inoperantes. Por su parte, Fernando VII había usado la religión para reprimir a sus enemigos liberales, y el carlismo contaba con el apoyo de un cierto clero que aspiraba a regresar a los privilegios del orden de la cristiandad.

3.4 La Iglesia durante las guerras de independencia

Tanto Roma como los obispos españoles en ambos lados del Atlántico fueron, como era de esperarse, contrarios a la independencia de Cuba. Varios factores explican esta actitud. Durante la Guerra de los Diez Años, tanto la Santa Sede como la jerarquía española apenas lograban parar los golpes de los patriotas italianos y de los

---

[58] José Luis Sáez, S.J., (2002) ha mostrado cómo la presencia de Benito Viñes, S.J., fue la clave para «el arranque definitivo de una verdadera labor científica», *Breve historia del Colegio de Belén*, Vol 1, 1854-1861, 54. El estudio de Sáez permite captar la obra del Colegio de Belén en su contexto social y religioso.

[59] Cf., M. Maza, (1993) *El Clero Cubano y la Independencia. Las investigaciones de Francisco González del Valle* (1881-1942).

liberales españoles del 1868. Durante esa Guerra Grande, los independentistas cubanos tuvieron muchos motivos para dirigir su odio contra los voluntarios españoles. Como se verá más adelante, durante la contienda del 1895, ambas, la Santa Sede y la jerarquía española, tomarían iniciativas contra la independencia de Cuba. Desafortunadamente, tanto la Santa Sede, como los obispos de España y de Cuba dieron sobrados motivos a los separatistas cubanos y al pueblo en general para rechazar sus personas y su ministerio. Durante la República, será fácil meter en el mismo saco a todo el clero y reducir toda la actividad de la Iglesia a un servil e interesado apoyo a la causa colonialista española.

3.4.1 La Iglesia católica durante la Guerra de los Diez Años

Ya hemos visto cómo el catolicismo español luchó durante todo el siglo XIX contra el liberalismo por adueñarse del alma de España. Era una lucha a muerte por mostrar que la única España verdadera era la católica. Este afán por mostrar la valía del catolicismo se recrudeció luego del concordato de 1851.

Luego de la aplicación en Cuba de la llamada desamortización, el clero de la isla era mayoritariamente español. El clero español de la época, según Vicente Cárcel Orti, era un clero mediocre, mal seleccionado y peor formado en planes de estudios deficientes, con pocos medios económicos y desorientación pedagógica. A muchos se les ofrecía una carrera breve. Se aceptaba sin mucha discriminación a todo el que aplicaba. En España había 25,000 seminaristas en 1869. Muchos candidatos eran hombres ya maduros que no encontraban trabajo en otras profesiones. Ninguno desempeñó cargos civiles, ni tuvo mayor contacto con el quehacer universitario.

Los datos que manejó Cárcel Orti, presentan al clero español de las Filipinas como mayoritariamente concubinario. Hacia 1868, el clero español llevaba una vida acomodada, con un sueldo asegurado en virtud del Concordato, le preocupaba poco la pastoral que se reducía a sacramentos, prédicas y devociones. Gozaban de un cierto reconocimiento social ante el pueblo. No faltaron figuras que se destacaron. Contrariamente a lo que pudiera pensarse, este clero, en general, no apoyó a la reacción carlista contra los liberales del 1868. Tan identificados estaban algunos obispos con el gobierno, que hasta pidieron se castigase a los eclesiásticos cooperadores del bando carlista. La mayoría del clero de la península, se mantuvo en sus parroquias, en su quehacer religioso. Algunos sirvieron de mediadores. Ya para agosto del 1868 la reacción carlista había sido derrotada.[60]

La Iglesia católica española que presencia el alzamiento del 10 de octubre de 1868, inicio de la Guerra de los Diez Años, fue una Iglesia adversada por el nuevo gobierno liberal.

En España, los revolucionarios del 1868 suprimieron la Compañía de Jesús e incautaron todos sus recursos. De nuevo se prohibió a las comunidades religiosas adquirir y poseer bienes. Fueron extinguidos todos los monasterios, conventos, colegios congregaciones y demás casas de religiosos fundados desde el 29 de julio de 1837. Solo se salvaron las congregaciones religiosas femeninas dedicadas a la beneficencia y la enseñanza. Pronto, fueron suprimidos, los religiosos de San Felipe Neri, las Conferencias de San Vicente Paúl, los redentoristas y los claretianos. Se privó de ayuda estatal a los seminarios. Se cerraron las facultades de teología en las universidades. Eventualmente se permitió el restablecimiento de las Conferencias de San Vicente de Paúl. Para espanto de la jerarquía católica, se garantizaba la libertad religiosa, de enseñanza, imprenta, reunión y asociación. Por fin, se derogó el fuero eclesiástico en material civil y criminal. Los decretos identificaban a la Iglesia con aquél régimen monárquico que habían derrumbado, es decir, que los eclesiásticos serían procesados en los mismos tribunales que cualquier otro ciudadano. En enero de 1869, durante una manifestación en Madrid, se dieron vivas a la libertad y se pidió la muerte del Nuncio. No es de extrañar el apoyo de la jerarquía espa-

---

[60] Vicente Cárcel Orti, «El Clero durante la revolución de 1868 y la primera república española». *Analecta Sacra Tarraconensia*, 1975, 48: 149-191. Se basa en la *Guía del estado eclesiástico de España para el año de 1865* (Madrid, 1865)

ñola a la restauración monárquica de 1874. Los carlistas, por su parte, fundaron la Asociación de Católicos Españoles con el fin de recuperar la incidencia del catolicismo en la vida pública española.[61]

Pío IX, papa (1846-1878)

Mientras en Cuba se iniciaba, la Guerra de Los Diez Años (1868-1878), la Santa Sede trataba en vano de salvaguarda la ciudad de Roma, último resto exiguo de los Estados Pontificios cuya propiedad databa desde los tiempos de Pipinio el Breve y Carlomagno, en los siglos VIII y comienzos del IX, respectivamente. En 1860, la Santa Sede ya había perdido la Romaña, Umbría, Las Marcas, La Toscana, Parma y Módena Finalmente, el 20 de septiembre de 1870, en plena guerra de los Diez Años, perdió Roma. La Santa Sede quedó reducida a su estado actual, unas manzanas en la colina vaticana. El estado más pequeño del mundo.

Por su parte, los obispos españoles, atrapados en la lucha contra las secuelas de la Revolución del 1868, el experimento republicano y la última contienda carlista (1872-1876), no se ocuparon del tema cubano durante la Guerra Grande. En lo que toca al clero, tanto el que residía en España como el clero español que ejercía en Cuba, tenía como una de sus metas primerísimas probar su valía como los garantes de los mejores intereses españoles y los abanderados del más firme soporte de la verdadera España: ¡la religión católica! En lo que respecta a los gobernantes liberales españoles durante los años 1868-1874, su desprecio por la Iglesia y la religión católica fue tan grande, que ni se molestaron en usar la religión contra los esfuerzos independentistas cubanos, ni se cuidaron de

---

[61] Antonio Moliner Prada, *Algunos aspectos del anticlericalismo español en la revolución de 1868,* (Universidad de Barcelona).

ganarse la adhesión del sector eclesiástico para descalificar a las fuerzas separatistas.

La rabia de la población habanera se concentró en la ira contra los voluntarios cuyos desmanes indignaron hasta a los indiferentes. En La Habana el sentimiento pro independentista encontraba cualquier pretexto para expresarse. En una función teatral del Teatro Villanueva, el 22 de enero de 1869, los asistentes aprovecharon una línea, «¡viva la tierra que produce la caña!», para lanzar vivas a la independencia de Cuba y a Céspedes. Los voluntarios irrumpieron en el acto, desalojando el local a golpes y disparos con un saldo de tres muertos y heridos.

Fueron también, los voluntarios quienes al registrar la vivienda de Fermín Valdés Domínguez encuentran una carta firmada por él y José Martí, acusando de apóstata a un amigo que se había alistado en el ejército español. El hecho le ganó una condena a seis años de privación de la libertad. Desde el 4 abril hasta el 11 de octubre de 1869 en que fue trasladado a Isla de Pinos, Martí cumplió su condena a trabajos forzados en una cantera, picando piedras durante doce horas diarias en condiciones infra humanas. Hasta la muerte llevaría la marca de la argolla que sujetaba su tobillo a una bola de hierro. El 15 de octubre de 1871 fue desterrado a España, donde escribió una desgarradora denuncia en *El Presidio Político en Cuba*. Al lado de la acusación implacable de un régimen colonial que martiriza niños, campea victoriosa la convicción de Martí de que el bien y la justicia de su causa vencerán.

También en plena Guerra de los Diez años, los voluntarios y el Gobernador de La Habana impidieron por la fuerza el desembarco en La Habana del Obispo Jacinto María Martínez Sáez, fraile capuchino y obispo de La Habana (1865-1873). El obispo regresaba del Concilio Vaticano I y se había atrevido a criticar al recién instalado gobierno liberal.[62]

---

[62] Ver ttps://www.monografias.com/trabajos108/jacinto-maria-martinez-y-saez-obispo-habana-historia-que-no-debe-ser-olvidada/

Jacinto María Martínez había reconstruido muchas iglesias parroquiales, que encontró abandonadas. Se quejaba de la indiferencia del pueblo: en una ciudad como La Habana de 200,000 habitantes, señalaba que no iban a misa ni 15, 000. Ni siquiera los empleados de su Majestad Católica comulgaban los jueves santos. El gobernador le armó pleito, porque el obispo quería limitar los repiques de campanas en los pueblos. El Capitán General, Francisco Lersundi y Ormachea, hasta mandó tumbar las puertas de una parroquia en Sancti Spíritus para que sus soldados repicaran las campanas que el párroco se había negado a tocar. El obispo Jacinto María intercedió por los insurrectos cubanos condenados a Fernando Poo, junto con más de 200 cubanos luego de malpasar en los calabozos de la Cabaña. Muchos de los condenados morían en el trayecto o no sobrevivían la terrible existencia de aquella infecta isla. Entre los condenados había cinco sacerdotes. El obispo Jacinto María Martínez no pudo impedir el fusilamiento del P. Francisco Esquembre, párroco de Yaguaramas.

Los voluntarios españoles de La Habana acusaron, al obispo Jacinto María, un eclesiástico ultra conservador y fiel servidor del gobierno de España, de ¡simpatizar con la causa independentista! Cuando iba camino del Concilio Vaticano I, el obispo estuvo preso en un convento madrileño por seis días. Luego de su participación en el Concilio Vaticano I, a su regreso a La Habana, en el vapor Missouri, el 12 de abril de 1871 los voluntarios con la anuencia de Blas Diego de Villate y de la Hera, segundo Conde de Valmaseda, Capitán General, ¡le impidieron desembarcar! Como era su derecho, el Obispo había tomado en préstamo parte de los recursos del Cementerio General para emplearlos en reparar iglesias en muy mal estado. Entre otras: Jesús del Monte, Jesús, María y José, las iglesias parroquiales de Bainoa, Matanzas, Cienfuegos, Santa Isabel de las Lajas y Trinidad. En el pasado, el obispo había acordado conceder la sexta parte de los fondos del cementerio, como parte del sostén de los voluntarios que defendían la patria. Viendo disminuir sus fondos, los voluntarios se indignaron y acusaron al obispo de robar. Jacinto María Martínez pudo probar su inocencia ante varios miembros del clero y su propio Provisor en el puerto de La Habana, blandiendo una serie de documentos, prudentemente guardados por la Superiora de las Madres Teresianas. Pero de nada le valió, tuvo que regresar a New York sin pisar su diócesis. Murió en Roma en 1873.

El 27 de noviembre de 1871 los voluntarios lograron que fueran fusilados, luego de juicio sumarísimo, ocho estudiantes de medicina, acusados de violar la tumba del periodista Gonzalo de Castañón Escaro. El periodista español, coronel de los voluntarios y editor de *La Voz de Cuba* había muerto en Cayo Hueso a resultas de una trifulca a balazos. En sus artículos, Castañón insultaba a los rebeldes cubanos y sus mujeres. Había ido a Cayo Hueso a desafiar a un periodista rival. Fusilando sumariamente a los inocentes estudiantes, los voluntarios vengaron la muerte de su coronel Castañón. El capellán del cementerio, el presbítero cubano, José Mariano Rodríguez y Armenteros se negó a refrendar la versión de los voluntarios que acusaba a los estudiantes de haber profanado la tumba del periodista español, hecho que sirvió de base para condenarlos a la pena máxima. Su valiente testimonio le valió ser suspendido de sus funciones durante tres meses (Leroy y Gálvez, 1971: 112).

Desde el 24 de septiembre de 1868, el arzobispado de Santiago había quedado sin obispo por el fallecimiento de Mons. Primo Calvo y Lope. En medio de la guerra, el 5 de agosto de 1869, el P. Ciríaco Sancha y Hervás, junto a cuatro muchachas de Santiago de Cuba: María Caridad Flores, Concepción y Asunción Domingo y Josefa Fernández, fundaron el asilo San José y crearon la congregación de las Hermanas de los pobres inválidos y de los Niños Pobres, hoy conocidas como las Hermanas de la Caridad del Cardenal Sancha (Suárez Polcari I, 2003, 469).

También durante esta guerra, la diócesis de Santiago de Cuba conoció el irrespeto para la religión de las fuerzas liberales: el Padre Pedro Llorente fue nombrado obispo de la sede de Santiago de Cuba por el rey Amadeo I, en una cédula recibida en Santiago de Cuba, el 11 de agosto de 1872. El rey había actuado sin consultar a la

Santa Sede, creando un verdadero cisma entre el clero de esa diócesis. El cisma se prolongó hasta marzo de 1874. Por negarse a aceptar el nombramiento irregular del P. Llorente, el P. Orberá fue condenado a 9 años de prisión y al P. Sancha, 20 meses. Ambos fueron suspendidos de su ministerio y privados de sus sueldos. Desde La Habana donde cumplía destierro por sus simpatías y labores independentistas, el P. Ricardo Arteaga y Montejo, tío del futuro Cardenal Arteaga, defendió al P. Orberá, conocido partidario de España, cuando éste se encontraba preso en el Morro de Santiago de Cuba. El 29 de marzo de 1874, el cismático Pedro Llorente fue enviado a La Habana y 33 de sus partidarios fueron removidos de sus cargos. Para 1875, los PP. Orberá y Sancha habían sido nombrado obispos. Sancha, llegaría a ser el arzobispo de Toledo, Cardenal Primado de España. Le tocó representar al papa León XIII en el bautizo de Alfonso XIII. La Reina de España, María Cristina de Habsburgo-Lorena y el papa, ¡eran compadres! Sancha fue beatificado el 18 de octubre del 2009 por Benedicto XVI.

El gobierno español no se molestó en buscar el apoyo de la jerarquía durante la Guerra de los Diez Años. Más tarde, informando sobre la Guerra de los Diez Años, Antonio Pirala en su *Historia Contemporánea*, se ocupó de presentar la quema de las iglesias de Guáimaro y Sibanicú como atrocidades de los insurgentes cubanos, pero registró puntualmente la ocupación por parte de tropas españolas de las iglesias de San José en Holguín, San Isidro y la iglesia de Las Tunas. Pirala hace esta afirmación: «Religión: En las filas insurrectas completa negación del culto interno y externo... Ha habido muchos matrimonios civiles que se celebran ante los prefectos o subprefectos, con dos testigos por cada contrayente» (1893, Vol IV: 745, 321, 323 y 493).

El General Valmesada organizó un Te Deum en la Catedral de Santiago de Cuba para agradecer al Altísimo sus éxitos militares, pero las noticias de los destrozos causados por las contingentes de Máximo Gómez le obligaron a darle otro sentido a la ceremonia, aquel 18 de diciembre de 1870 (Bouza, 1936: 56-57).

Recientemente, Andreas Stucki, investigador suizo de la Universidad de Berna, ha mostrado cómo ya durante la Guerra de los Diez Años muchos cubanos buscaron refugio en las ciudades huyendo de la violencia de los voluntarios y del General Valmaseda (Stucki, 2017: 27, 30-31). Así lo vivió el P. Orberá en Santiago de Cuba:

> ...Estamos esperando las tropas españolas como quien espera la venida del Mesías. Muy mal se pone esto. Se han levantado ya en dos haciendas los negros. El gobierno de Madrid no puede pensar lo malo que está esto; cada día emigra más gente. Es tal la miseria, que se reparten cada día más de mil raciones de sopa a los pobres, en las parroquias. No pagan los sueldos; todo está parado. No hay entradas de aduanas, ni quien preste una peseta. No sé a dónde vamos a ir a parar...[63]

Del lado cubano, en esta guerra de Los Diez Años tuvo lugar la mayor participación del clero nativo en los esfuerzos independentistas. La resumo, apoyándome en los datos de Francisco González del Valle: se alzaron siete sacerdotes y un seminarista, el futuro Padre Desiderio Mesnier; dos sacerdotes recibieron amenazas contra su vida, uno murió en prisión, cinco fueron desterrados a la Isla de Fernando Poo, nueve enfrentaron procesos judiciales en cortes militares, seis en cortes eclesiásticas, ocho fueron al exilio, uno fue removido de su parroquia, y uno, el Padre Francisco Esquembre y Guzmán, cura párroco de Nuestra Señora del Rosario en Yagüaramas, fue fusilado el 30 de abril de 1870 en Cienfuegos.[64] Esquembre era «culpable» de haber bendecido la bandera independentista y haber exhortado a los combatientes a no cejar en su empeño.

Entre los sacerdotes que más se distinguieron en la Guerra de los Diez Años tenemos al Cura Párroco de Manatí, el P. Braulio

---

[63] J. M. Solá, S.J., (1914), *El Mártir de Cuba y Obispo de Almería: Ilmo. D. José Orberá y Carrión*, Madrid.

[64] Ver, F. González del Valle «El Clero en la Revolución Cubana», en Maza, *El Clero Cubano y la Independencia*, 116-143.

Odio y Pécora. A los pocos días del Grito de Yara le habían quemado la iglesia parroquial durante el asalto del pueblo por las tropas españolas. El General Collazo recogió este testimonio del P. Braulio: iba al campo de batalla pues «allí era donde más falta hacía para recoger y auxiliar material y espiritualmente a los que caían». Fue el P. Braulio, ya con el grado de Coronel, quien le celebró una misa de campaña a las fuerzas que habían capitulado en Zanjón (Suárez Polcari II, 2003: 19).

Salvador Larrúa relató la desaparición durante la guerra de los Padres Benito Castro, Pedro Soler, párroco de la Iglesia de San Agustín de Las Tunas y Miguel A. García, párroco de la Iglesia de Santa Margarita de Cacocún. Nunca más se supo de ellos, luego de caer presos a manos de los españoles[65].

La mayoría de los cubanos que lean estas líneas se impresionarán de la intensa participación del clero cubano en esta contienda, pero no debemos olvidar lo limitado de esta guerra, que nunca llegó a afectar el Occidente. Un dato nos puede ayudar a situar en una proporción más exacta los heroicos esfuerzos del clero nativo cubano. En la guerra de independencia de México, cuando el 30 de julio de 1816, las tropas realistas españolas fusilaron al sacerdote mexicano José María Morelos y Pavón, ya sumaban ¡125 los sacerdotes mexicanos fusilados por militar en la causa independentista! La población de México, entonces pasaba de los 5 millones de habitante y contaba con 10 diócesis. La Comisión para la Historia de la Iglesia en América Latina calculó que había no menos de 8,000 eclesiásticos, de los cuales 2,657 sacerdotes residían en el Arzobispado de México. En toda Texas, todavía mexicana, sumaban 13, todos franciscanos.[66]

La bandera de Carlos Manuel de Céspedes también había sido bendecida por el Padre Jerónimo Emiliano Izaguirre, párroco de

---

[65] *Baracutey cubano*, domingo 13 de marzo, 2011, http://baracuteycubano.blogspot.com/2011/03/salvador-larrua-guedes-el-clero-cubano.html

[66] CEHILA, (1984), *Historia General de la Iglesia en América Latina, Vol V, México*.

Barranca, el 14 de octubre de 1868. Al cumplirse el primer año de la insurrección, Izaguirre elevó una acción de gracias al Altísimo. En Bayamo, los Padres Diego Joseph Baptista y Juan Luis Soleliac también bendijeron la bandera.

No faltaron las denuncias contra sacerdotes cubanos de parte de sus propios hermanos en el presbiterado. Tal fue el caso de los sacerdotes españoles Dionisio González, Teniente Cura de la parroquia del Pilar de La Habana y el padre Francisco Ceballos, Capellán del Batallón de Escribientes y Ordenanzas de la capital. En una carta dirigida a un oficial español cercano al Capitán General Jovellar pedían que se fusilase o por lo menos desterrase al P. Francisco de Paula Barnada y al P. Ricardo Arteaga. También se dio el caso de sacerdotes españoles que con las armas en la mano combatieron junto a los soldados españoles. Tal fue el caso de Manuel González Cuervo, quien se libró de ser fusilado gracias a los buenos oficios del sacerdote cubano José Joaquín Carbó (Suárez Polcari II, 2003, 24-25).

Varias de las conspiraciones a la base de la lucha armada en la Guerra de los Diez Años se gestaron en las logias masónicas, sobre todo en Oriente. ¿Hasta qué punto los conspiradores cubanos abrazarían las convicciones anticlericales y anticatólicas de las logias, tantas veces condenadas por los papas, y tan comunes en otras latitudes? La participación de revolucionarios cubanos masones en ceremonias religiosas fue un hecho constatable. ¿Qué pensaban aquellos insurgentes cubanos de Bayamo, tan vinculados a la masonería, cuando a riesgo de su integridad física, se ocuparon de salvar la imagen de San Salvador, amenazada por las llamas que, redujeron a cenizas su heroica ciudad y todavía arden en nuestro himno nacional?[67]

---

[67] Flora Mora (1974), *Biografía de Perucho Figueredo*, Miami, Florida, 107-108. Fue mi recordado Profesor, el Dr. José Manuel Hernández quien me proporcionó este dato.

El pueblo sencillo se habrá apoyado en su fe para enfrentar esta guerra, valgan dos ejemplos. Años después, todavía la esposa de Antonio Maceo, María Cabrales en una carta del 6 de mayo de 1897 a Francisco de Paula Coronado, le contó cómo su suegra, Mariana Grajales reaccionó ante el alzamiento de octubre del 1868: «La vieja Mariana, rebosando de alegría, entra en su cuarto, coge un crucifijo que tenía y dice: —De rodillas todos, padres e hijos, delante de Cristo, que fue el primer hombre liberal que vino al mundo, juremos libertar la patria o morir por ella».[68]

Mariana Grajales (1815-1893)

Gabriela de Varona y Miranda, cuyo nombre de guerra era La Golondrina, quedó viuda, huérfana de padre y enterró a tres de sus hermanos. Al concluir la Guerra de los Diez años no quedaba un hombre vivo en su familia. Era una mujer de fe viva, «siempre tenía encendida una lámpara votiva en el altar de la Virgen de la Caridad del Cobre en la Iglesia Mayor de Camagüey, hoy Catedral, rogando por los cubanos para que ganasen la guerra» (Fernández Soneira, 2014: 343).

La Guerra de los Diez Años costó unos 300 millones de dólares. Del lado español, las víctimas se calculan en 200,000 y del lado cubano, en unos 50,000. Al decir de Hugh Thomas, falló, porque no logró extenderse hacia el Occidente por miedo a destruir los inmensos cañaverales y por no querer liberar los esclavos. Los mayores desacuerdos entre las filas mambisas giraron sobre qué hacer con los esclavos. Según Thomas, mucha de la ayuda que sostuvo la guerra del lado cubano provenía de los terratenientes de Occidente y sus plantaciones cañeras en manos de esclavos. Los Estados Unidos nunca concedieron el reconocimiento como beligerantes a los mambises. España venció, pero las violencias desmedidas de su ejército y sobre todo de los vo-

---

[68] En *Papeles de Maceo*, T. II, Editorial Ciencias Sociales, La Habana, 1998, citadopor Teresa Fernández Soneira, (2014), Vol., I: 211.

luntarios fueron aunando a chinos, negros, mulatos, campesinos pobres, obreros, muchachas de La Habana y guajiras de la manigua en una pasión común por derrotar a España. Estaba fraguando la identidad cubana y no importaba el dinero ni la raza y en ese esfuerzo, estaba ausente la jerarquía católica, pues muchas veces no había obispo y gran parte del clero era español. Un puñado de sacerdotes diocesanos, de muchachas y jóvenes católicos entraron por la puerta estrecha y desautorizada, pagando con su sangre y más de una vez con su vida la apuesta inédita de ser creyentes y fieles a la patria.

La Guerra de los Diez Años, que terminó con la paz del Zanjón de 1878, aceleró el fin de la esclavitud. Para 1886 ya era un hecho y en 1893 se había decretado la igualdad entre blancos y negros. Del lado cubano se habla de 200,000 mil bajas. ¿Quién podría contabilizar las fincas, los ingenios, el ganado, y las siembras destruidas? Terminó la ilusión de que los americanos reconocerían a los cubanos como beligerantes. El 15 de marzo de 1878 Antonio Maceo protesta en Baraguá. Hay cubanos que se lanzan en la manigua de nuevo en La Guerra Chiquita, pero para finales de 1877 solo un puñado pelea. Los insurrectos cubanos llegaron a la paz divididos por regionalismos y caudillismos desbordados. Como se ha visto, la Santa Sede no se ocupó de la Guerra de los Diez Años. Tampoco le interesó al gobierno de España ni a la Iglesia española usar a la Iglesia para descalificar a los cubanos independentistas y su causa. Todo esto iba a cambiar en guerra de 1895.

3.4.2 La Iglesia cubana entre dos guerras, 1878 a 1895

El obispo de Santiago de Cuba, Martín Herrera (1875-1889) escribiendo en 1878 a Lorenzo Cardenal Nina, Secretario de Estado de León XIII, le contaba los retos que enfrentaría quien fuese obispo de La Habana: perdonar a los sacerdotes que habiendo faltado a sus deberes, se arrepintiesen, vigilar las ambiciones de los curas del Capítulo Catedralicio y sus profundas divisiones y mantener relaciones excelentes con el gobernador de Cuba, quien era a su vez el Vice – Real Patrono de la Iglesia.

Martín Herrera volvió a escribir, ocho años más tarde, el 31 de agosto de 1886, esta vez al Nuncio de Su Santidad en Madrid, Mariano Rampolla Tindaro[69]. La carta pasaba revista a cinco aspectos fundamentales de la Iglesia Católica en toda Cuba a fines del siglo XIX. Primero, ¡qué penuria de personal experimentaba la Iglesia cubana! Martín Herrera buscaba y rebuscaba candidatos al sacerdocio y hasta para obispo. Le daba trabajo hallarlos. Segundo, se había acrecentado la necesidad de misionar las zonas rurales como ya lo habían manifestado Antonio María Claret y los santos misioneros capuchinos, hombres de la talla de Esteban Adoáin. Los mismos obispos debían de ser misioneros apostólicos. Tercero, Martín Herrera criticaba a las cuatro congregaciones religiosas presentes en la Isla, jesuitas, paúles, franciscanos y escolapios por ocuparse muy poco de las misiones populares rurales. En cuarto lugar, las autoridades religiosas vivían en continuos dimes y diretes con las autoridades civiles. Finalmente, Martín Herrera señalaba con su dedo un defecto de los curas cubanos: se envolvían en negocios, era el caso de un posible candidato a obispo, atendía a negocios de minas de cobre.

Desde la sede de La Habana, su obispo, Ramón Fernández Piérola y López (1879-1887) relató pormenorizadamente la situación de su diócesis en una carta al Ministro de Ultramar, Cayetano Sánchez Bustillo, el 4 de agosto de 1880. En dos palabras: el clero diocesano no estaba en capacidad de proveer a las necesidades espirituales de la diócesis. La población de La Habana estaba desperdigada en innumerables poblados que las frecuentes lluvias incomunicaban. Los eclesiásticos de la diócesis de La Habana eran un conjunto abigarrado proveniente de las localidades más diversas. Pocos tenían celo y los que intentaban la labor pastoral, se estrellaban contra el muro de la indiferencia religiosa:

---

[69] Archivo Secreto Vaticano, Archivo de la Nunciatura de Madrid (AVS/AN) 544, Título VII.

> En esta ciudad y otras poblaciones importantes de la Isla no sucede lo mismo; no carecen de pasto espiritual, pero el estado de indiferencia por no llamarlo de otra manera, es tal, que ocupándose todo el mundo del alma del negocio, nadie piensa en el negocio del alma y de las doscientas mil almas que cuenta La Habana, no oyen Misa ni tres mil. Añádase a esto que hay dentro de la población más de cincuenta logias masónicas y se tendrá idea exacta del estado del país bajo el punto de vista moral y religioso.[70]

Piérola sugería traer misioneros redentoristas para evangelizar a los campesinos y a los negros. Que el Ministro no pensase que esto podrían llevarlo a cabo individuos aislados. Hacía falta corporaciones de frailes. Incluso, ellos serían hasta el mejor sostén material de España en Cuba.

Con audacia revisionista, Fernández Piérola afirmaba, «los españoles no llevaron a Cuba la religión como la habían llevado a otras partes». La evangelización de los campos de Cuba en la región de Occidente encontraba retos enormes. Juan Bautista Casas, quien fuera gobernador eclesiástico de la diócesis de La Habana para los años 1893-1894 describió así en 1896 qué era ser párroco en Cuba en la segunda mitad del siglo XIX:

> … Un europeo trasladado de repente a cualquiera de la mayor parte de los llamados pueblos cubanos, huiría al instante y se volvería a su tierra, porque ni aquello son pueblos, ni sus viviendas son casas…
>
> …¿qué relaciones establecerá el pobre Cura con sus más pobres feligreses que solo saben hablar de corridas de gallos o de cosas parecidas? No busquéis allí el pan y los alimentos que se adquieren ordinariamente en los pueblos que conocéis: boniato, yuca, bacalao, tasajo, y a lo sumo gallinas, es lo que se encuentra y durante años y años siempre la misma lista…
>
> … Ni los templos ofrecen atractivo al Párroco, porque son muy pobres y porque no concurre a ellos casi nadie, ni a oír Misa, ni a confesar, ni a rezar, si no es la noche de Navidad, el Jueves y el Viernes San-

---

[70] Archivo Secreto Vaticano, Archivo de la Nunciatura de Madrid (AVS/AN) 544, Título VII.

to y el día de la fiesta del Santo patrono del pueblo, y esto por la novedad... (Maza, 1990, 42-43).

Las Casas completa señalando cómo la falta de respuesta de los feligreses provoca el desaliento y sus consecuencias, «tristeza, aburrimiento y dolor que causa la esterilidad de los esfuerzos hechos». Casas juzgaba que estos párrocos eran «héroes». Recuérdese que la información de Casas provenía de las zonas rurales de Occidente, en vivo contrate con la entusiasta respuesta que encontró el P. Adoáin, en la mitad del siglo XIX en Oriente, en noches de aguaceros orientales interminables.

Reducir a una sola actitud el catolicismo cubano del siglo XIX no responde a la realidad. No se puede sostener con verdad que todo varón cubano educado en el catolicismo fuera pro español. Ni siquiera en el caso de los hijos de españoles. Otros factores condicionaban su respuesta. Valga este ejemplo: por más que los religiosos españoles de Cuba, en este caso, los jesuitas, quisieran inculcar la fidelidad a España junto a la fe católica, su esfuerzo estaba destinado al fracaso. Escribiendo el 24 de noviembre de 1880 desde La Habana al Padre General de la Compañía de Jesús, Piet Beckx, S.J., el rector del Colegio de Belén, Padre Ángel Rudesindo Gallo, S.J.:

> ...se quejaba de que los alumnos de Belén despreciaban a sus padres españoles, en muchos casos rudos campesinos de escasa formación, y amaban a sus madres cubanas, más educadas y de mejor posición social. Analizando los efectos de la Guerra de los Diez Años en el estudiantado betlemita, añade: —[la rebelión] encontró, en muchos de nuestros estudiantes, y quizá en la mayoría, «a simpatizantes de los rebeldes desde los tiempos en que usaban pañales y por lo tanto [estos alumnos son] contrarios a nosotros...» (Maza, 1993, 64-65).[71]

Desde el 5 de diciembre de 1887, ya estaba en La Habana el sucesor de Piérola, Manuel Santander y Frutos. En una carta del 5 de junio de 1888 para el Ministro de Ultramar con copia al Nuncio de Su Santidad en España, Santander denunciaba cómo las autori-

---

[71] La traducción del latín es mía.

dades civiles lo irrespetaban. Aquí no hay vocaciones, ni recursos para mantener a los sacerdotes españoles que desean ejercer su ministerio en Cuba. Protestantes y espiritistas campean por sus respetos, «...los sacerdotes han sido y son insultados sin que nadie los defienda: se ha hecho creer al pueblo que los sacerdotes son criminales y lo más abyecto [sic] de la sociedad. Yo no puedo ir nunca a pie. Se ataca el dogma y se ridiculiza lo más sagrado...»[72]

Santander añadía un dato que revelaba por lo menos cómo se sentían los eclesiásticos españoles ante los cubanos: «La Religión es el fundamento de todas las sociedades, pero en Cuba es, además el único lazo que la une con España. Aquí se persigue a la Religión, porque viene [esta última palabra está tachada] la trajo España, y porque somos españoles la mayoría de los sacerdotes. Si no se pone pronto remedio, esto se acaba».[73] Que Santander considere que la religión es «el único lazo» que une Cuba a España, le retrata de cuerpo entero. El obispo reducía a la nada, la lengua, las instituciones fundadas durante cuatro siglos, la cultura y la misma raza, en una Habana atestada de españoles y de hijos de españoles, a donde habían emigrado junto con él varios de sus propios familiares.

En 1894 la diócesis de La Habana constaba de ciento cincuenta parroquias.[74] Las siguientes órdenes religiosas compartían las tareas pastorales de la diócesis: los jesuitas (1853) en el Colegio e iglesia de Belén; los escolapios (1857) al frente de su Instituto en

---

[72] Ibid.

[73] Ibid.

[74] Estas parroquias podían dividirse en tres categorías: 19 «de término», —las más prósperas y con mejores sueldos—; 29 «de ascenso», —significaban una promoción respecto de la categoría que a continuación se explicará y que era el peldaño inicial en el escalafón eclesiástico—; finalmente se contaban 102 parroquias «de entrada» con frecuencia confiadas a clérigos al comienzo de su ministerio pastoral. Ver Ritzler-Sefrin, *Hierarchia Catholica Medii et Recentioris Aevi*, 1978, Padua: «Il Messagero di S. Antonio», 202 y *Presupuesto de la Diócesis de la Habana para el Año Económico de 1894-1895*, febrero 12, 1894, ASV/AN Madrid 614, Tit. X, R.II, Sección una, nro. 1.

Guanabacoa; los carmelitas de Santa Teresa (1880), a cargo de la iglesia de San Felipe; los paules (1861), en la Merced; los franciscanos observantes (1887), encargados de la iglesia de Santo Domingo en Guanabacoa; la tercera orden de San Agustín en la iglesia del mismo nombre; los pasionistas que se localizaron en Santa Clara (1891); los trinitarios (1895) en Cárdenas (desde 1898); finalmente regresarán los dominicos (1897) y harán cargo del Convento de Santo Domingo en La Habana.

En 1895 el Seminario San Carlos formaba entre 50 y 60 alumnos, todos ellos pupilos. Además, también laboraban arduamente en la diócesis varias congregaciones religiosas femeninas, entre ellas, las ursulinas (1808), las hermanas de la Caridad (1847), las del Sagrado Corazón (1858), las criollas (fundadas por el Cardenal Sancha en 1869), las siervas de María (1875), las hermanas del Buen Pastor (1879), las hermanitas de los ancianos desamparados (1886), las dominicas francesas (1891), las apostolinas (fundadas en Cuba en 1891 por el Padre Valentín Salinero, S.J.), y las hermanas de la caridad del Sagrado Corazón de Jesús (1894).[75]

Si la posición de la Iglesia católica habanera era débil dada la falta de personal y la indiferencia religiosa de los cubanos, los muchos pleitos del obispo Santander todavía la debilitaron más. Santander entró en conflicto con sus feligreses por exigir contribuciones abusivas como estipendios de los diversos ministerios; peleó con sus propios sacerdotes diocesanos por diferencias respecto a las capellanías y por la falta de transparencia de los párrocos en la rendición de cuentas; suspendió a divinis al superior de los paúles; se enemistó con las Hermanas de la Caridad del Hospital de San Lázaro y les entabló pleito por lo corto de algunos

---

[75] Las fechas entre paréntesis a continuación del nombre de las órdenes y congregaciones religiosas se refieren al año de su llegada a la isla. Ver Reynerio Lebroc Martínez, 1985, *Episcopologio*, Miami: Ediciones Hispamerican Books, 20-22 y *Almanaque de la Caridad* Año 73, 1955, Habana, Cuba: Iglesia de la Merced, dirigido por el P. Hilario Chaurrondo, C.M. En caso de discrepancia he preferido las fechas de Lebroc en su *Episcopologio*. Toda esta sección en el presente estudio sobre la Iglesia entre 1878 y 1895 se basa en Maza, 1997: 101-146.

ropones de los enfermos; el obispo Santander y el Secretario de la Diócesis, Juan Bautista Casas chocaron contra la autoridad civil, por negarse a facilitar actas bautismales, el único registro disponible para establecer la identidad de una persona, para fines de matrimonios civiles; el gobernador de Cuba se quejaba ante el Ministro de Ultramar, porque Santander ponía al frente de algunas parroquias a sacerdotes ignorantes, como el de Guanajay, o inmoral, para Jagüey Grande, o «reconocidos insurrectos, separatistas, entusiastas, que no dejan de trabajar ni un solo momento por la causa [independentista] a que consagran todos los esfuerzos imaginables». Investigando en el Archivo Secreto Vaticano, he tenido en mis manos el voluminoso expediente de cartas contra el obispo Santander plagado de quejas indignadas.

Desde La Habana sus propios sacerdotes se quejaban de que Santander y familia habían monopolizado las dignidades eclesiásticas por ambición. En alguna misiva, se insinuaba que Santander podía correr la suerte del obispo de Alcalá asesinado el 18 de abril de 1886.

Tres años antes de la guerra de independencia, el 30 de julio de 1892, el Nuncio de su Santidad, Di Prieto, se habrá estremecido con esta carta firmada por varios eclesiásticos de La Habana que le comunicaban la situación de dicha diócesis:

> ... El obispo de La Habana [es decir, Santander] no tiene fuerza moral: porque ninguna de las autoridades le hace caso y se ríen y lamentan sus desaciertos... es simoníaco... Aquí... ... está todo desvarajustado [sic] y es imposible que pare en bien... ... El obispo no se consulta más que con el Secretario, Vice-Secretario y Provisor, todos chiquillos, sin ciencia ni vergüenza... ... se dice que el dinero tiene tapada la boca en Roma... ... no se ha visto en La Habana jamás mayor desacierto... ... mire su E. si es posible poner algún remedio para evitar la gran catástrofe que de un día a otro les espera (Maza, 1997: 134).

Todo lo anterior era cierto, pero no menos la unidad de clero ante las insidias del gobierno de la metrópolis. Cuando el Secretario de Santander, Padre Juan Bautista Casas fue sometido a la justicia por fomentar la desobediencia al negarse a suministrar partidas de bautismo para matrimonios civiles, el clero de La Habana se unió como un solo hombre para apoyar al súper hispanófilo Casas. Sorprende ver, en el mismo documento apoyando a Casas, la firma de Caballer, que se batió a tiros contra los insurrectos cubanos, al P. Arocha, ferviente patriota, futuro espía de Antonio Maceo, a Braulio Orúe, que se alzó con los insurrectos durante la Guerra de los Diez Años y otros. Remitido a España, el caso de Casas fue uno de los campos de batalla en el que chocaron los carlistas e integristas contra los liberales que sostenían el gobierno de María Cristina. El P. Casas fue absuelto el 28 de marzo de 1895. Ya para entonces había estallado la guerra del 1895 en Cuba.

La mentalidad del P. Casas respecto de Cuba y su futuro se manifestó en una serie de artículos publicados en el periódico conservador *El Siglo Futuro*, más tarde, en 1896, los reunió en el libro *Estudios acerca del Régimen y Administración de España en Ultramar, seguidos de una disertación sobre los caracteres de la Civilización Hispano-Americana. La Guerra Separatista de Cuba sus causas, medios de terminarla y evitar otras*.

En plena guerra de independencia, el integrista P. Casas desde España, se afincaba en su catolicismo para ofrecer soluciones concretas que nadie le pedía y poner fin alzamiento separatista cubano, esta fue una de ellas:

> De los partidos políticos puros sacar hombres competentes, probos, devotos y piadosos, de antecedentes limpios e historia inmaculada, amigos decididos de la equidad y de la justicia y enemigos declarados de judíos, masones y liberales y nombrarlos gobernadores de las distintas provincias cubanas, dándoles como consejeros coadyuvantes uno o dos religiosos capaces, prudentes y experimentados, escogidos por los Superiores generales de los diversos institutos monásticos a petición del Gobiernos (Casas, 1896: 227).

Genio y figura hasta la sepultura, Casas seguía cifrando la solución al alzamiento cubano en la religión, y dentro de la religión, en la asesoría de los religiosos. No en balde aborreció las ideas de

Varela, quien denunciara vehementemente la nefasta alianza entre el trono y el altar.

3.4.3 León XIII, la Curía Romana ante la guerra de independencia del 1895

Giácomo Martina resumió así lo que verdaderamente interesaba al papa de León XIII (1878-1903) en asuntos de política: «El restablecimiento del poder temporal [*léase, la recuperación de Roma*] en una mayor o menor medida, era pues el postulado irrenunciable a donde se encaminaba toda la actividad política de la Santa Sede» (1974: 14-15). Esto explica la postura de León XIII y la Santa Sede ante la guerra que de nuevo ardía en Cuba en febrero de 1895. El conflicto era un peligro para la dinastía española, y ésta a su vez era una pieza importante en el ajedrez pontificio encaminado a recuperar Roma de las garras del Reino de Italia. Tan determinado estaba el papa en este asunto, que hasta dejó una carta para ser leída en el cónclave después de su muerte: en Roma no podían existir dos autoridades.

Una segunda preocupación ocupaba la mente del papa: las sectas masónicas que urdían una conspiración internacional contra el catolicismo. Su primera fase había sido despojar al papa de su soberanía temporal, su segunda apuntaría a despojarle de la soberanía espiritual. Varias encíclicas papales, desde el inicio de su pontificado en 1878 hasta la década de los 1890, dispararon sus flechas contra la masonería.

Respecto de la monarquía española, León XIII caminó el filo de la navaja. Por una parte, no cedió a las instancias carlistas conservadoras, que aspiraban a una Iglesia privilegiada en una sociedad intolerante y tradicional como la creada durante las restauraciones de Fernando VII, y por otra, pedía unidad para enfrentar los embates del liberalismo. Mariano Rampolla Tindaro, Nuncio en España de León XIII durante los años 1882-1887, y más tarde Secretario de Estado, tuvo que confesarle al papa que sus esfuerzos por la unidad no habían logrado calmar y traer a la unidad las pasiones católicas hispanas.

A lo largo del 1897, la Santa Sede recibió peticiones cada vez más insistentes para que interviniera a fin de poner fin al conflicto en Cuba. Luego de la explosión del Maine el 25 de enero de 1898, a medida que la guerra se acercaba, la Santa Sede movió todas sus teclas para evitar la intervención norteamericana. Mons. John Ireland, obispo de St. Paul Minnesota, fue encargado de la Santa Sede para interceder ante el Presidente McKinley para evitar la guerra. La Reina de España le pidió al papa que interviniera para logar un armisticio entre las fuerzas españolas y los mambises y retirar la flota americana de las aguas cubanas.

En su mensaje al Congreso, McKinley exhortaba a un tiempo, buscar el cese de las hostilidades, y desconocer la propuesta independentista de los insurrectos (Maza, 1997: 292). El 25 de abril de 1898 el Congreso estadounidense declaraba que había existido un estado de guerra con España desde el 2 de abril.

3.4.4 La Iglesia católica española y la independencia de Cuba

En los días de la guerra del 1895, más de un español compartía estas ideas de Paulino Álvarez en su «Oración fúnebre por los Reyes Católicos»: «…Tienen los pueblos como los individuos, su predestinación gloriosa por bondad espontánea de Dios. Entre los pueblos por Dios elegidos, débese contar España». Para muchos era indiscutible que religión y patria van unidas íntimamente «en la historia española» (Portero, 1978: 148).

Para los católicos españoles, los enemigos eran el liberalismo y la masonería. A la hora de combatir el liberalismo, la única postura válida era la integrista, el carlismo se quedaba corto a la hora de odiar a los liberales. Así lo proclamaba el más célebre predicador de la época, Féliz Sardá y Salvany en sus célebres conferencias, más tarde recogidas en su éxito editorial, *El liberalismo es pecado* (Payne, 1984: 107).

Era moneda corriente en el pensar de la jerarquía católica, desde el papa hasta el último sacerdote, que a la masonería no se le podía temer los suficiente, tan diabólicas eran sus insidias. Cómo sería la histeria anti masónica española en la época de la guerra de independencia de Cuba, que hasta la Reina Regente, su Majestad Católica fue acusada por las publicaciones *El Eco de Albacete* y la *Concordia* de Barcelona, ¡de ser cómplice de una conspiración masónica! Así lo relató a León XIII el Nuncio Angelo di Pietro en una carta del 1897. El indignado gobierno español le entabló un proceso al *Eco de Albacete (*Maza, 1997: 51, nota 49).

El Papa León XIII era padrino de bautizo de su majestad el futuro Alfonso XIII y le seguía los pasos. Al papa hasta le avisaron de la primera confesión de su ahijado. Para marzo de 1895 Cretoni conocía, que la guerra de Cuba se iba extendiendo. Mientras Maceo recorría el occidente cubano en agosto de 1895, el Nuncio Cretoni recorría el norte de España con la familia real.

En los inicios de la guerra, la Santa Sede se cuidó de que la jerarquía en América Latina apoyase la causa española, «España, que por ser eminentemente católica es acreedora a toda clase de consideraciones». Igualmente, la Secretaría de Estado del Vaticano les pidió a las Asociaciones irlandesas de Jacksonville que no apoyasen la causa cubana, señalando «la inconveniencia para los católicos de contribuir la dificultad en la que se encuentra un gobierno católico como el de España». La Santa Sede extendió un permiso dado en 1894 a la Corona española para disponer a su discreción de los fondos destinados al clero.

Néstor Leonelo Carbonell se quejaba en *Patria* el 5 de febrero de 1895, que las organizaciones católicas no socorrían a los muchos desempleados cubanos, víctimas de las leyes arancelarias. Carbonell tildaba a los representantes del catolicismo cubano, «aves de rapiña siempre reñidas con la luz» (Maza, 1997: 184, 185).

El 15 de agosto de 1895, a petición de la familia real española, León XIII autorizó el Nuncio Serafino Cretoni de impartir la bendición apostólica a los cuerpos castrenses destinados a Cuba. En su discurso, Cretoni arengó así a las tropas: «vais a combatir a los que han levantado el estandarte de los parricidas, e intentan quitar a la Corona de España una de las más espléndidas perlas, la perla de las Antillas». Toda la prensa española, sin importar su tendencia, se alegró con la bendición. El gobierno español le concedió la Gran Cruz de Carlos III por decreto firmado el mismo día de la bendición en Vitoria a las tropas destinadas a Cuba. Según Francisco González del Valle, estas bendiciones eran conocidas en Cuba. Durante años, he creído que en aquellos momentos, la dirigencia de la insurrección cubana no hizo comentario alguno de esta bendición (Maza, 1997: 176 y ss), sin embargo, el historiador José Luciano Franco ha recogido[76] este testimonio:

> Manuel Sanguily, en un acto público celebrado en New York el 10 de octubre de 1896, consideró que «... el episcopado español, desentendiéndose de los intereses del cielo y los sagrados votos de su ministerio de amor y de piedad cristiana, atiza contra nosotros las pasiones inclementes de la plebe; mientras el vicario del Cristo dulcísimo que murió perdonando a sus mismos enemigos, bendice desde la Silla de San Pedro a los bárbaros que se aperciben a la matanza de gente que ni siquiera conocen, como si fantástico y sepulcral, entre los pliegues de su blanca túnica, reapareciese aquel Pontífice mundano y depravado que se atrevió a santificar la carnicería de los Hugonotes». José Luciano Franco, 1975, tomo 3, p.37, citado en Torreira, 2004: 22).

Desde Cuba, la Santa Sede recibió cartas que pedían la intervención del papa para detener «los horrores» perpetrados «por las hordas del Ejército Español». No encontré ninguna respuesta a estas peticiones (Maza, 1997: 232-234).

Los obispos que pastoreaban las 51 diócesis españolas, ahora a la ofensiva contra los liberales y masones, vieron en la guerra una

---

[76] Puede que el papa Gregorio XIII fuera mundano, pero ciertamente no he leído enningún autor serio que fuese depravado. Es conocida su satisfacción por la represión contra los hugonotes en la noche de San Bartolomé, 23 al 24 de agosto, 1572. Le presentaron el hecho como un fallido atentado contra la familia real del cual había salido ilesa. La reina Madre, Catalina de Medici, tenía múltiples relaciones sociales y vínculos de sangre con la nobleza romana y el papa. Un año antes, el manso y dulce San Pío V se había alegrado de la victoria cristiana en Lepanto. Hasta el día dehoy, cada 7 de octubre se celebra en la Iglesia universal, Nuestra Señora del Rosario. Sin contar los presos y heridos, en Lepanto perecieron más de 7,000 católicos y 25,000 musulmanes.

magnífica oportunidad para mostrar la relevancia social del catolicismo como galvanizador de las energías políticas hispanas y garante de su verdadera identidad. Los obispos españoles pidieron que en todas las misas se orase por las tropas que luchaban contra los insurrectos. Algunos obispos, por ejemplo el de Palencia, vieron en el avance incontenible de las tropas cubanas un castigo de Dios. Por eso había que desagraviar al Señor con «la oración, penitencia y una vida de piedad» (Maza, 1997: 180).

Cuando el Senado norteamericano consideró otorgarles el carácter de beligerantes a los independentistas cubanos, el Consejo Nacional de las Corporaciones Católico Obreras de España se pronunciaron el 7 de marzo de 1896 a favor del gobierno español atacando a los Estados Unidos y sus «groseras injurias», calificando a los insurrectos cubanos de «hijos espurios de la Patria» (Maza, 1997: 221).

El obispo de Santiago de Compostela bendijo el 21 de agosto de 1896 a cuatro compañías del «Batallón de Cazadores de La Habana». Copiamos las palabras del Obispo, porque ellas recogen cómo la jerarquía españolara interpretaba la guerra de Cuba:

> ...¿a qué vais a la Isla de Cuba? A combatir contra todos los enemigos de España, lo mismo contra los negros y mulatos, que contra los blancos y criollos; contra los que ingratos a la madre Patria y abusando de la libertad, que ésta les ha concedido, le hacen una guerra cruel... sin reparar que separados de España, bajarían al nivel de Haití y de Santo Domingo; contra los que pretendiendo cortar par siempre los vínculos que unen a Cuba con la Península, favorecen el protestantismo, el masonismo [sic], el librepensamiento y la libertad de cultos.
>
> Vais, por lo tanto, a sostener una guerra de Religión, porque los insurrectos destruyen las iglesias, impiden el culto divino y favorecen todo cuanto es contrario a la católica España...[77]

---

[77] *Boletín Oficial del Arzobispado de Santiago [de Compostela],* Año 35, Nro. 1439 (10de agosto de 1896), 401-402.

Hubo obispos que organizaron batallones de voluntarios para pelear en Cuba o sirvieron de tesoreros para esos esfuerzos. Así los obispos de Oviedo, Valladolid, Sevilla, Granada, Zaragoza, el Arzobispo de Madrid, José María Cos y Macho, que había servido en Cuba y también José Martín Herrera. En el Congreso Eucarístico de Lugo, el 29 de agosto de 1896, se pidió «por el triunfo definitivo del ejército español» bendecido por el Papa (Maza, 1997: 227). El Cardenal Cascajares culpaba el 18 de septiembre de 1896, a las logias de «las insurrecciones separatistas» y aprovechó para pedirle al gobierno español que arrancara de cuajo ese árbol «de tan amargos frutos». Su carta al gobierno tenía el apoyo de otros 22 obispos. El encargado de la Nunciatura de España, Mons. Francica Nava de Bontifé reportaba que la muerte de Maceo ha sido un hecho «atribuido por todos a la obra de la Providencia» (Maza, 1997: 230).

Los contingentes españoles contaban con sus capellanes militares. Había tantos capellanes, que cuando los jesuitas ofrecieron enviar los suyos, el General Valeriano Weyler rechazó la oferta diciendo que ya tenía demasiados curas (Maza, 1997: 219). Se multiplicaron las rogativas, los triduos, novenas, Te Deum y bendiciones apostólicas a las tropas que iban a Cuba. Vinieron también las heroicas hermanas de la Caridad a acompañar a los heridos y moribundos. Algunas hermanas de la Caridad cayeron muertas, exhaustas al pie de las camas de los enfermos que atendían.

No siempre la respuesta del clero de Cuba fue la deseada por las autoridades españolas. El Padre Alberto Chao y Olaortua, oriundo de Vitoria, España, sirviendo como Vicario eclesiástico foráneo en el área de Santa Clara, socorrió a los reconcentrados. En una reunión, le rogó al General Weyler que los dejara salir a buscar comida y sembrar en las inmediaciones. Weyle le respondió: «—Se equivoca el Sr. cura. Lo que hay que hacer, es agrandar los cementerios y acabar con esta raza maldita, que nos está arruinando—». El P. Chao pidió permiso para ausentarse del salón. Más tarde, el P. Chao se negó a cantar un Te Deum por la muerte de Maceo. (Fermín Peraza Sarausa, 1951, I, 103-104).

Siendo Capitán General de Cuba, Valeriano Weyler asistió a las honras fúnebres de varios militares españoles muertos en combate. El General Weyler encargó al padre escolapio, Pedro Muntadas, el elogio fúnebre de los españoles caídos. El P. Muntadas pidió lágrimas y oraciones por las «víctimas de aquella guerra civil» pero también pidió oraciones y lágrimas por los caídos del bando cubano que, al fin y a la postre, también son hermanos nuestros y por todos rezó el Padre Nuestro. Weyler se estremeció. A despedirse le espetó al P. Muntadas a quemarropa: «*—Si no fuera porque conozco bien al P. Muntadas, ahora mismo le mandaba fusilar. No quiero compasión para los enemigos de España».*[78]

El P. Muntadas también intercedió por Gabriela de Varona Miranda, La Golondrina, héroe de la guerra de los Diez Años, y ahora presa en la Casa de Recogidas en La Habana, luego de haber estado encarcelada e incomunicada en la cárcel de Camagüey por colaborar con Salvador Cisneros Betancourt y confeccionar hamacas, pantalones y chaquetas para los mambises. La Golondrina estaba condenada a las terribles Islas Chafarinas, pero le conmutaron la pena por la de deportación a New York gracias a los buenos oficios del insigne escolapio (Fernández Soneira, 2014: 343).

3.4.5 El Arzobispo de Santiago de Cuba Francisco Sáenz de Urturi y Crespo y la guerra del 1895

En 1895 lo que inquietaba al Arzobispo de Santiago de Cuba era por qué el obispo de La Habana no tramitaba los asuntos ecle-

---

[78] C. Bau, *Historia de las Escuelas Pías en Cuba*, p. 274, la anécdota puede leerseen el *Libro de Secretario de Guanabacoa; la Memoria de las Escuelas Pías de la Habana*, 1935-1936, también se hace eco del hecho. Ver Juan Florenza, schp, «Labor educadora y evangelizadora de los Escolapios en Cuba», en *Iglesia Católica y Nacionalidad Cubana*, Tomo I, 123-142. Weyler tenía sus hijos internos en las Escuelas Pías de Sarriá, Barcelona. Muchos miliares españoles que fueron a Cuba, tuvieron como profesor de matemáticas en la Academia Militar de Segovia, al competente escolapio Padre Jacinto Feliú durante los cursos 1825-1845. José Martí «confió a su hijo José Francisco Zayas, a los escolapios de Camagüey en 1889», como consta en las Memorias del colegio escolapio de Camagüey (Florenza, 2005: 138).

siásticos respetando los debidos canales. Se alegraba de que el espinoso conflicto sobre las partidas bautismales y su uso en matrimonios civiles se fuera solucionando. Sáenz de Urturi, el arzobispo de Santiago de Cuba esperaba que la insurrección fuera «sofocada y vencida» pero temía que volviera pronto a «retoñar». El arzobispo asistió a una reunión de la Cruz Roja pues consideraba «todos los heridos y enfermos» como sus «hijos, lo mismo insulares que peninsulares». En el fondo, Sáenz no le dio mucha importancia a la insurrección, pues la tarde del 14 de septiembre de 1895, en plena guerra, se embarcó para México a fin de asistir a la coronación de Nuestra Señora de Guadalupe. A inicios del 1896, lo que le preocupaba era el caso de un falso sacerdote, «el Padre Chileno» que contaba con un enjambre de admiradoras en aquella urbe.

De mayo a noviembre de 1896, el arzobispo de Santiago de Cuba permaneció en España ocupando en Madrid su asiento en las Cortes como senador del reino. Desde Madrid escribía al Secretario de Estado informándole que «La desgraciada insurrección ha convertido en escombros y cenizas gran parte de las parroquias que allí existían». Los sacerdotes de los poblados pequeños habían buscado refugio en poblaciones de alguna importancia. Sáenz le contaba al Secretario de Estado los efectos de la reconcentración: «...Las enfermedades se han aumentado y desarrollado, mucho más que de ordinario, por la aglomeración de tanta gente y la miseria es espantosa. Dios se apiade de aquella pobre isla y de España». Rampolla le comunicaba el ánimo de León XIII por estar cerca del pueblo cubano que padecía tantos infortunios.

En febrero de 1896, luego de un año de contienda, desde Santiago de Cuba, el Conde Camilo Pecci, sobrino de León XIII, casado con una cubana, Sylvia Bueno y Garzón, informaba al Nuncio, que todas las plantaciones habían sido quemadas, los ingenios no molían por miedo a represalias y maquinarias costosas importadas habían sido destruidas con la dinamita. Ningún colono se atrevía a desobedecer las órdenes de Máximo Gómez.

El real decreto del 6 de marzo de 1896 sobre la reorganización de los capítulos catedralicios ultramarinos, fue una clara muestra de lo poco que le interesaba entonces al gobierno español el apoyo de la jerarquía católica para contener el alzamiento de Cuba. El gobierno español le estaba dictando a la Iglesia, ¡los criterios para organizar los capítulos catedralicios!

Escribiendo el 14 de marzo de 1896, Camilo Pecci no se medía en sus críticas a España por la situación que se vivía en Santiago de Cuba: «...Yo no sé verdaderamente hasta qué punto España querrá que se destruya completamente un país, el cual ella ha demostrado y demuestra diariamente no querer y no saber gobernar...» (Maza, 1997: 198).

El 4 de mayo del 1897, Sáenz de Urturi le comunicaba al Nuncio de Madrid: «En esta Capital [*Santiago de Cuba*] hay una miseria espantosa; la gente del campo se ha reunido aquí [alude a la reconcentración] y no hay a qué poder dedicarse...» ... El 2 de agosto: «... doquier se encuentran cadáveres hacinados y soldados heridos o enfermos... epidemias sin cuento...». En medio de aquella situación desesperante, Sáenz se quejaba de que el Ministerio seguía importunándolo con «cuestiones ridículas y bizantinas» (Maza, 1997: 246-248).

Igual había sucedido más al oeste, en Puerto Príncipe. Cuando los pueblos de Cascorro, Sibanicú, San Jerónimo, San Miguel, Guáimaro y Las Yeguas fueron destruidos, Puerto Príncipe recibió una avalancha de refugiados. Allá también llegaron uno 2,248 procedentes de Ciego de Ávila, Morón, Santa Cruz del Sur y las mismas inmediaciones de la ciudad. Andreas Stucki señala que «el alcalde y los sacerdotes empezaron a confeccionar relaciones de personas reconcentradas y vecinos pobres» (2017: 246, 251).

Camagüey y Oriente también contaron con su cuota de sacerdotes diocesanos patriotas. Probablemente, Desiderio Mesnier (1852-1913) fue el más destacado. Hijo de francés y de cubana, con diez años ingresó en el Colegio Seminario «San Basilio El Magno» donde cursó el bachillerato y la filosofía entre 1862 y 1869. En

1869, cuando lleva 7 años en el Seminario, fue expulsado junto con otros compañeros por simpatizar con la causa independentista durante la Guerra de los Diez Años 1868-1878. El ex-seminarista Mesnier se unió a las fuerzas del General Silverio del Prado, pero debido a su corta edad, los insurrectos lo devolvieron a su familia. El sacerdote español de la Iglesia de Dolores, Juan Torres Martínez, logró su readmisión en el Seminario. En 1880 Mesnier ya era sacerdote. Luego de ejercer su ministerio en varias parroquias de la Arquidiócesis de Santiago de Cuba, con fecha 30 de agosto de 1891, Mesnier empezó a servir como párroco de Nuestra Señora de los Dolores y también Capellán castrense en Santiago de Cuba, cargo que le permitiría prestar grandes servicios al General Calixto García y la causa independentista.[79]

3.4.6 El obispo de La Habana, Manuel Santander y Frutos y la guerra del 1895

En la cuaresma del 1895, el obispo de La Habana, Santander veía en la guerra un llamado de Dios a los cubanos para convertirse de su vida descarriada. El 23 de junio de 1895 autorizó a los párrocos a entregar los templos al ejército para que fueran usados como

---

[79] Las palabras de Mesnier aparecen en un recorte de periódico del *Diario La Independencia* del 27 de noviembre de 1898 junto con otros materiales. El Arzobispo acompaña el escrito de Mesnier con otro recorte del mismo periódico y día, en él se conmemora el fusilamiento de los estudiantes. Se sabe que éste ocurrió el 27 de noviembre de 1871. Estos recortes de periódico fueron enviados como material de apoyo junto con una carta del Arzobispo Sáenz de Urturi al Cardenal M. Rampolla, Santiago de Cuba, 28 de noviembre, 1898, Archivo de la Congregación de Asuntos Eclesiásticos Extraordinarios (Roma) AA.EE.SS. [Archivio della Sacra Congregazione per gli Affari Ecclesiastici Straordinarii] Spagna, [España] Fascículo 309, 82-84. Los datos de Mesnier se basan en unos «Apuntes Biográficos de Desiderio Mesnier Cisneros» elaborados por un Equipo del Museo Eclesiástico vinculado a la Catedral Metropolitana de Santiago de Cuba, (copia dactilografiada), con fecha 1982. Agradezco a este Equipo el haberme facilitado un ejemplar de su estudio. Ver además, Francisco González del Valle, «El Clero en la Revolución Cubana», *Cuba Contemporánea*, Tomo 18, Nro. 2, octubre de 1918 y Maza, 1993.

fortalezas, cuidando de retirar las imágenes. Su pastoral del 10 de octubre de 1895 asumió un tono de condena dramática contra las partidas de Máximo Gómez y Antonio Maceo:

> Ocho meses hace que la guerra, ese castigo providencial con que Dios suele visitar a los pueblos prevaricadores, viene haciendo víctimas y causando estragos en este hermoso país. Un genio maléfico parece haber encarnado en esos hombres que hacen el mal sin objeto definido, porque nadie sabe lo que se proponen, como no sea la ruina de esta rica porción de tierra española, y el exterminio de sus habitantes. Por donde ellos pasan no quedan sino cenizas, ruinas, cadáveres horriblemente mutilados o entregados a las llamas, sangre y luto, degradación y miseria. No tienen corazón, no se detiene su arma homicida ni su tea incendiaria, ante la majestad del infortunio, de la orfandad, de la inocencia o de los años. El pobre, el niño, el anciano, la débil mujer no les inspiran sentimientos de compasión. No parece sino que una mano invisible los arrastra y empuja, una voz les dice: --Adelante, vosotros sois el azote de Dios, como confesaba de sí propio en el quinto siglo el feroz salvaje Atila...[80]

Pero las autoridades españolas tampoco se salvaban de las soflamas de Santander. Les acusaba de tolerar opiniones contrarias al catolicismo y esto atraía la ira divina sobre Cuba. Por su parte, las autoridades españolas lo acusaron de no tener buenas relaciones con el gobierno. Santander tuvo que defenderse y asegurar que «nunca ha habido más armonía entre las dos autoridades» (Maza, 1997: 166). El obispo apoyó las iniciativas de la cruz roja.

La invasión del Occidente cubano, había sido un éxito. Lo que sucedió en Sabanilla del Encomendador (Matanzas) pasó en muchos pueblos: los voluntarios, sorprendidos, se refugiaron en el edificio más sólido, mejor ubicado y con mayores posibilidades de defensa y ataque: la iglesia del pueblo. A pesar de que los insurrectos quemaron y se llevaron el dinero en efectivo, armas, víveres y ropa no lograron capturar la iglesia desde la cual les dispara-

---

[80] *Boletín Eclesiástico del Obispado de la Habana*, (1895), 430.

ban los 30 o 40 voluntarios que allí se habían parapetado (Stucki, 2017: 87).

Un real decreto del 19 de enero de 1896 nombraba Capitán General de Cuba al General Valeriano Weyler. Por experiencias tristes en las Filipinas y Catalunya, los entendidos le calificaban como «un profesional de la violencia». Triste y cansado Martínez Campos reconocía su derrota. Recién llegado a Cuba, Weyler implementó la reconcentración en Oriente. Seguiría Pinar del Río en octubre de 1896 y luego en las demás provincias. La reconcentración fue una medida desesperada. El gobierno de la Restauración necesitaba conservar Cuba, aunque el precio fuera comprometer «hasta el último hombre y la última peseta». El censo de 1887 informaba que en Cuba, incluyendo la Isla de Pinos, vivían 1, 632, 687 personas. Uno de los últimos estimados de las víctimas de la reconcentración avanza la cifra aproximada: entre 155,000 y 170,000 víctimas. Está claro que Weyler quería despoblar y arrasar los campos cubanos a fin de negarles recursos a los insurrectos. Ninguna de las ciudades que albergaron a los reconcentrados estaba preparada para esa tarea. Por eso, en las poblaciones, el factor que más muertes causó fueron las epidemias. También en los campos de batalla, al decir de Calixto García, la viruela le mataba más hombres que los españoles (Stucki, 2017: 87-106).

Durante la cuaresma del 1896, Santander volvía a usar aquella guerra «sin paralelo en los anales de la historia» para llamar a los fieles cubanos a la conversión. El 16 de mayo de 1896, le escribía al Cardenal Secretario de Estado:

> ...Diez y ocho iglesias parroquiales han sido quemadas por los insurrectos y si alguna imagen se ha salvado de las llamas la han destruido con los machetes. Cuando no se han podido sacar las vestiduras sagradas se las han puesto por irrisión, blasfemando al mismo tiempo de todo lo más sagrado. Se han atrevido a publicar que ellos los insurrectos estaban autorizados para hacer matrimonios.[81]

---

[81] Santander a Rampolla, La Habana, 16 de mayo de 1896, AVSS 1901, R. 249, Fasc. 3, 41-42.

Las violaciones de mujeres han sido muchas, y con circunstancias muy agravantes, como hacerlas presenciar a los padres y a los maridos de las víctimas, pereciendo algunas de éstas efecto de la violencia brutal que con ellas usaron.

Los robos, los incendios de los frutos del campo, y de casas, a veces de pueblos enteros, y los asesinatos de gente inofensiva e indefensa son innumerables (Maza, 1997: 205).

Probablemente Santander sacaba sus acusaciones de eclesiásticos españoles, como el obispo Oviedo que acusaba a los insurrectos de «violadores de tumbas», (*Blanco y Negro* No 254, 14 de marzo de 1896), o este reportaje de la revista *Blanco y Negro*, «las negradas de Maceo son anárquicas, los blancos acaudillados por Máximo Gómez y Roloff son gente sin conciencia, ni fe, fanáticos del libre pensamiento y enemigos jurados de la religión cristiana, aunque solo sea por ser españoles» (*Blanco y Negro* No. 262, 9 de mayo de 1896).

En 10 de junio de 1896, Toribio Martín, secretario de la diócesis, informaba al Cardenal Rampolla que «muchos curas asustados se han marchado de sus parroquias». Para el 23 de julio de 1896 Santander daba al Cardenal Rampolla otra visión de la guerra: «...tengo la satisfacción de decir a V. Ema. Rma., para que se lo haga presente [al Papa], que los párrocos se han conducido admirablemente. Sin temor a la muerte han permanecido al frente de sus parroquias, y por su virtud y prudencia han sido respetados de los insurrectos, no habiendo estos maltratado a ninguno...» (Maza, 1997: 209). Las versiones de Santander suscitan dudas, pues difícilmente unos violadores se conmoverían antes la prudencia de unos sacerdotes.

Es difícil poder aquilatar la verdad de estas dos afirmaciones tan contradictorias del párrafo anterior, pero es cierto que en enero de 1896, ante la miseria de las poblaciones, se les pedía a los curas que donasen mensualmente el sueldo de un día. El propio Weyler, autor de la infausta reconcentración, solicitó a los funcionarios públicos y a los eclesiásticos «que presentaran propuestas para solventar la catastrófica situación de las familias». En las inmediaciones de Mantua y otras localidades de Pinar del Río, unas comisiones organizaron subastas a fin de poder construir «barracones sanitarios» para los reconcentrados. Invariablemente, los curas y ciudadanos solventes eran parte de esas comisiones (Stucki, 2017: 87, 192, 204).

El Padre Viladomat permaneció junto a sus fieles pasando hambre y toda suerte de privaciones en Mantua, quemada por los patriotas cubanos al no poder mantenerla bajo su control. Igual que el P. Villadomat actuó el P. Pedro Estrada, futuro obispo de La Habana.

Padre Guillermo Eloy González Arocha (1868-1939)

El P. Guillermo Arocha fue espía para las partidas de Antonio Maceo con el nombre de guerra de Favio Rey y fue delatado al General Arolas por el sacerdote español, Manuel Menén. Arocha le enviaba información y pertrechos cada vez más apreciados a Antonio Maceo, en un Pinar del Río arrasado, reconcentrado y partido por la trocha de Mariel a Majana. El obispo Santander logró salvarle la vida al P. Arocha a quien Weyler quería fusilar. Arocha permaneció dentro del obispado hasta que pasó la tormenta. Ya para septiembre de 1896 le vemos de nuevo en Artemisa sirviendo a unos 8,000 reconcentrados en aquella localidad. Manuel Valdés, joven de 16 años, estrecho colaborador de Arocha en el laborantismo, fue fusilado. Este hecho confirma la excelencia del patriotismo del Padre Arocha ante las personas más cercanas al Titán de Bronce: el valiente sacerdote diocesano se contó entre los poquísimos cubanos que recibiera un puñado de tierra bañado con la sangre de Antonio Maceo (Mesa Rodríguez, 1945).

Por su parte, el obispo Santander atacó a los insurrectos cubanos por sus propias convicciones y las lecturas de la desmesurada propaganda hispanófila. Sus ataques no se debieron a que fuera aliado o instrumento de España. En plena invasión de Occidente, el

General Valeriano Weyler se peleó con Santander, porque éste se negó nombrar al P. Pedro Caballer a Maestre Escuela de la Catedral de La Habana. Caballer había defendido a tiros la población de Esperanza junto a los combatientes españoles. Era público que Caballer vivía con una mujer con la que tenía varios hijos. Ya Caballer había dirigido a un grupo de sacerdotes contra el obispo Jacinto María Martínez en 1870 y se dudaba hasta de su fe. Luego Weyler nombró al Padre Manuel Cuervo para la dignidad Catedralicia. El P. Cuervo también había participado en la guerra del lado español. Ninguna de las dos candidaturas fue aceptada por el obispo Santander, pues era tan enemigo de la insurrección como de las intromisiones civiles en asuntos eclesiásticos (Maza, 1997: 215). Weyler respondió a la negativa del obispo rebajando el sueldo de Santander en aquella misma cantidad que debería de haberle asignado a su protegido, el P. González Cuervo.

Al conocerse en La Habana la muerte de Maceo, se oyeron las campanas repicar, probablemente por instrucciones del obispo Santander, y «Weyler fue recibido en las calles de la capital por una masa entusiasmada» (Stucki, 2017: 173). «En el poblado de Cárdenas, provincia de Matanzas, el vicario Antonio Pascin, al conocer tan irreparable suceso, bailó de alegría en presencia de centenares de voluntarios, en el casino español de esa localidad, festejando su muerte» (Torreira Crespo, 2004: 22, nota 43).

Durante los meses de enero a agosto de 1897, Santander seguía viendo en la guerra un llamado del Señor a los cubanos para que se convirtieran, «…Vienen la guerra, y la peste y el hambre, y la sociedad no se conmueve, no pide a Dios, no se enmienda» (Maza, 1997, 249).

Luego del asesinato de Cánovas del Castillo, el 8 de agosto de 1897, el réquete hispanófilo, Santander prohibió que, en medio de aquella guerra, ¡se llevaran a cabo oraciones fúnebres por Cánovas! para no dar «lugar a cuestiones desagradables» (Maza, 1997: 254).

Escribiendo el 12 de diciembre de 1897, Santander narraba así la situación: «… La miseria y la mortandad en esta Diócesis llena de terror. El número de defunciones, oscila de ordinario de veintidós a veintitrés mil personas. Este año han muerto más de cien mil sobre el número ordinario. Mucha gente muere de hambre...» (Maza, 1997: 256). Recordemos que la Iglesia registraba las defunciones.

En los últimos 9 meses del 1897, solamente en el cementerio de Santa Clara se enterraron unas 9,000 personas. Hubo días de 70 entierros. Imposible analizar los efectos de la reconcentración, provincia por provincia, pero podemos concentrar el estudio en una localidad. Tomando Las Villas como muestra, y contabilizando los fallecimientos de los siguientes pueblos: Abreus, Caibarién, Calabazar, Camajuaní, Cartagena, Ceja de Palo, Cienfuegos, Cifuentes, Cruces, Esperanza, Güines, Lajas, Palmira, Placetas, Rancho Veloz, Ranchuelo, Remedios, Rodas, Sagua la Grande, San Diego, San Fernando, San Juan, Sancti Spíritus, Santa Clara, Santo Domingo, Trinidad, Yaguajay, tenemos para 1894 un total de 7, 713 fallecimientos, que casi se duplican en 1895 para un total de 13, 607 y alcanzan la cifra espantosa de 48,098 en el fatídico 1897 (Stucki, 2017: 253, 255).

Presionado por los Estados Unidos y la indignación americana ante el desastre humano de la reconcentración, expuesto a diario por la prensa de ese país, España le concedía ahora la autonomía a Cuba que entraría en vigor el 1º de enero de 1898. Al nuevo Capitán General, Ramón Blanco y Erenas, el flamante gobierno liberal de Práxedes Mateo Sagasta le instruía: anuncie al pueblo cubano que su gestión será diferente de la de Weyler, «... la guerra se ha de conducir con espíritu cristiano y con vivo empeño de reducir lo más posible sus inevitables males...» (Stucki, 2017: 219-220).

Fue en este momento que la Santa Sede reclutó a los dos obispos de Cuba para lograr la suspensión de las hostilidades de parte de los insurrectos. Todas estas gestiones fracasaron. El obispo de La Habana, Manuel Santander no perdió la ocasión de expresar al Nuncio de la Santa Sede en España, Francica Nava di Bontifé, su visión de los independentistas:

> ...Por último creo mi deber hacer presente a V.E. que cerca de los insurrectos carezco de toda influencia no ya porque lejos de pelear por

el triunfo de una idea política solo se dedican al bandolerismo y al pillaje, sino también porque demuestran en todos sus actos que al mismo tiempo que la separación de la patria común alimentan un odio satánico contra la Religión y de ahí la destrucción y profanación de las Iglesias y de sus archivos (Maza, 1997: 302).

León XIII y el Cardenal Rampolla lo intentaron todo: procuraron diligentemente que Estados Unidos no entrase en la guerra, propiciaron un armisticio cuando la guerra era inevitable y firmado el armisticio, enviaron como Obispo de La Habana a un brillante diplomático de la legación apostólica de Washington D.C., Donato Sbarretti de 43 años, auditor de la legación apostólica en Washington, hombre de múltiples contactos y relaciones en la administración de William McKinley. Sbarretti tenía el encargo de defender los intereses de la Iglesia, de recuperar aquellos bienes eclesiásticos confiscados por los gobiernos liberales de España durante las medidas liberales del siglo XIX, y finalmente, asegurar la validez jurídica de los matrimonios contraídos ante la Iglesia.

Algunos eclesiásticos norteamericanos veían en la próxima guerra con España una acción de la divina Providencia. Así se expresaba Mons. Denis O'Connell, entonces Rector del Colegio Americano de Roma, en una carta al Obispo Ireland:

> … Para mí no se trata simplemente de la cuestión de Cuba… Para mí es una cuestión de mucha mayor relevancia es la cuestión de dos civilizaciones… Cuando España sea barrida de los mares, mucho de la maldad y de la estrechez de la vieja Europa se irán con ella, para ser reemplazadas con la libertad y la apertura de [los Estados Unidos de] América. Esta es la forma en que Dios desarrolla al mundo… Que se vayan la riqueza de los conventos y de las comunidades [religiosas] en Cuba y las Filipinas que no hicieron nada por desarrollar la religión… (Fogarty, 1973: 278-279, citado en Maza, 1997: 296)

En esta guerra del 1895-1898 hubo iniciativas de laicos. Ya hemos visto cómo un grupo de laicos irlandeses de Jacksonville quería apoyar la causa cubana, pero fue disuadido de hacerlo por la Santa Sede (Maza, 1997: 183). La cubana Elena Mayolini de Valdés le escribió a León XIII en mayo de 1866 denunciando la reconcentración, «La paz y la tranquilidad en cristianos hogares pudieran volver al influjo de un solo sentimiento vuestro» (Maza, 1997: 232-234). Desde Cienfuegos, Jesús María Álvarez y Rouban, un veterano de la Guerra de los Diez Años, que ahora era contrario a la independencia por temor al ascendente poder de los negros libres, le ofrecía al Papa un plan para finalizar la guerra y, enterado de la afición de León XIII por la poesía, le mandaba este poema cienfueguero mientras tanto:

> Vuestra Santa mediación,
> creo será de gran valía,
> y traerá a la Patria mía,
> la paz y conciliación.
>
> La intransigencia en acción,
> a vuestra voz de piedad,
> cesará en su hostilidad.
> y en su fratricida saña,
> y Cuba, a la madre España,
> la unirá su Santidad.
>   (Maza, 1997: 298-299).

La paz trajo la tensión entre el ejército invasor norteamericano y las fuerzas cubanas. Los soldados y oficiales del norte tenían una pésima impresión de los heroicos y harapientos combatientes cubanos a quienes tildaban de: «…degenerados, hartos de mangos… una caterva de gente de medio pelo, traicionera, mentirosa, cobarde, ladrona y sin valor…» (L.A. Pérez, 1998: 196, 206, citado en Maza, 1997: 313). Corría entre ellos la opinión de que los cubanos solo estaban ahí para obtener ventajas personales.

Sáenz de Urturi quedó devastado emocionalmente por haber vivido el bombardeo y ataque norteamericano a Santiago de Cuba. Derrotada España, el arzobispo Sáenz, fue denostado en la prensa. El P. Mesnier salió en su defensa. Tenía credenciales impecables: se había alzado en la Guerra de los Diez Años siendo seminarista. En la ya citada carta al director del Diario *La Independencia* de

Santiago de Cuba que apareció el 27 de noviembre de 1898, el patriota sacerdote diocesano Desiderio Mesnier establecía una importante distinción que muchos olvidarían durante la República: «Los insurrectos fueron a la revolución armada no a hacerle la guerra a Dios ni a sus ministros, sino al gobierno español, que, torpe e inicuo, no supo o no quiso atender en justicia a los cubanos». Aunque se aceptasen algunos criterios anticlericales heredados de la revolución francesa «...la generalidad de los insurrectos acepta la Iglesia Católica, a la que, lejos de odiar, sigue y obedece, si bien desea, si da V. pase a la frase, desespañolizar». Y añadía: «...los insurrectos cubanos jamás se han ocupado del Prelado de esta diócesis».

En segundo lugar, Mesnier alegaba que si el Arzobispo Sáenz de Urturi había asistido al Casino Español o a recepciones con los generales Arsenio Martínez Campos, Weyler, el almirante Cervera, por su alto cargo, pero que no había hecho ningún ataque a los cubanos. Mesnier lamentaba las pocas visitas del arzobispo al Casino Español, pero «nada hizo que pudiera afectar al bienestar de los cubanos».[82]

En el mes de agosto de 1898 tuvo lugar como un éxodo de agentes de pastoral de Santiago de Cuba, 56 hermanas de la Caridad y 10 sacerdotes partieron (Maza, 1997, 327). Varios cubanos presentaron o fueron presentados como candidatos al arzobispado de Santiago.

Como se sabe, luego de la firma del armisticio el 12 de agosto, los americanos no permitieron el desfile de los victoriosos contingentes cubanos en ninguna ciudad, entre ella Santiago de Cuba. Por su parte, el General Calixto García, Jefe del Ejército Libertador de Oriente, empleó sus buenos oficios para que el 8 de septiembre

---

[82] Como lo indicamos anteriormente, estos recortes de periódico fueron enviados como material de apoyo junto con una carta del Arzobispo Sáenz de Urturi al Cardenal M. Rampolla, Santiago de Cuba, 28 de noviembre, 1898, Archivo de la Congregación de Asuntos Eclesiásticos Extraordinarios (Roma) AA.EE.SS. [Archivio della Sacra Congregazione per gli Affari Ecclesiastici Straordinarii] Spagna, [España] Fascículo 309, 82-84.

de 1898 se celebrarse una misa en la Iglesia Nuestra Señora de la Caridad en el Cobre, para dar gracias por la libertad de Cuba, y la independencia, que tan insegura se veía en el aquel momento. A la misa asistió todo el Estado mayor del General Calixto García encabezado por el General Agustín Cebreco.

El 7 de diciembre de 1898 tuvo lugar en la Catedral de Santiago de Cuba la ceremonia de honras fúnebres por Antonio Maceo. Las campanas de la catedral tocaron a duelo con los 50 dobles, cual si fuera un Capitán Genera. El P. Dr. Francisco de Paula Barnada, enalteció sus virtudes en su prédica, en un sitial de honor se encontraban los generales cubanos Julio Sanguily, Silverio Sánchez y Quintín Banderas. Como dato curioso, el P. Suárez Polcari recuerda que, camino de la catedral, los aguerridos cubanos cruzaron armados por delante de la Casa de Gobierno, en el «primer desfile, aunque ilegal, del Ejército Libertador» (Suárez Polcari II, 2003, 207-209).

Sáenz renunció oficialmente el 16 de junio de 1899. El 2 de julio de 1899, Placide Chapelle consagró arzobispo de Santiago de Cuba a Francisco de Paula Barnada y Aguilar, de reconocida trayectoria patriótica. Ya en los 1870 se les había denunciado como desafecto al régimen español.

El 28 de octubre de 1898 en una Carta Pastoral, Santander, que tanto había criticado la impiedad de los cubanos y el odio a la religión de los patriotas independentistas, ahora se expresaba así: «los cubanos son católicos por educación. Los elementos influyentes de esta sociedad, los llamados a dirigirla, se han educado cristianamente en los Colegios de los RR.PP. de la Compañía de Jesús y de los Escolapios o en las Casas de las Religiosas del Sagrado Corazón, de Ursulinas o Hermanas de la Caridad...» Y volvía a la carga, contradiciendo lo que él mismo había expresado en carta anteriores: «Ni los cubanos ni los americanos han promovido la guerra por motivos religiosos mucho menos por odio al Catolicismo. Los cubanos son católicos...»[83]

---

[83] *Boletín Eclesiástico del Obispado de La Habana*, Año XIX, N. 10, 273-283.

3.4.7 Las preocupaciones de José Martí y Máximo Gómez en marzo de 1895 y las denuncias de publicaciones españolas y los dos obispos de Cuba durante la Guerra, 1895-1898. Una mirada retrospectiva

En el Manifiesto de Montecristi del 19 de marzo de 1895, José Martí y Máximo Gómez se esforzaron por aclarar cuatro cuestiones que la Guerra de los Diez Años había dejado pendientes.

En aquellos primeros días del alzamiento que comenzó, como se sabe el 24 de febrero de 1895, Martí y Gómez, aclararon en primer lugar, el sentido de la rebelión. Esta guerra tendría éxito donde fracasaron la Guerra de los Diez Años y la llamada Guerra Chiquita, porque era un alzamiento pensado, no tenía un liderazgo caudillista, sino electo; el poder militar estaba sometido al civil que contaba con el peso de un partido político en el que se habían unido los diversos sectores que luchaban contra España.

En segundo lugar, la guerra no era una guerra de negros contra blancos; no buscaba la primacía de una raza sobre otra; no convertiría a Cuba en otro Haití, porque la Guerra Grande había hermanado a los blancos y los negros que juntos habían derramado su sangre, se había dado una fusión y porque ni dentro ni fuera de Cuba el negro tenía «secuela de odios».

En tercer lugar, Cuba no sería otra de esas «repúblicas teóricas» de la América hispana con el nombre de República pero regidas por caudillos militares. Con la guerra se estaba buscando una república sustentable y los cubanos habían mostrado su capacidad para manejar sus asuntos. Habría comprensión para los que dudando de la capacidad de los cubanos hubieran recurrido al autonomismo.

Y en cuarto lugar, se garantizaba la seguridad de los españoles, parte importante de la población cubana y sus propiedades. La guerra no era contra ellos.

Hasta aquí las cuatro ideas que Martí y Máximo Gómez dejaron claras en su *Manifiesto de Montecristi*. Si ahora recordamos lo expuesto hasta aquí acerca de la forma en que los obispos residentes en España, Santander y Sáez de Urturi se pronunciaron acerca de la Guerra del 1895 resulta clara su interpretación.

Tanto los obispos residentes en España, como Sáenz de Urturi y Santander destacaron los destrozos, violencias, bandolerismo, desmanes contra inocentes, miseria y muertes causados los cubanos independentista y su guerra contra España.

Si el *Manifiesto* insistió en que la guerra no era hija del odio de razas, ni del odio al español, ni siquiera del odio a los autonomistas, los obispos de la Península y los de Cuba hicieron de lo racial un factor fundamental a la hora de explicar la guerra. El Nuncio Serafino Cretoni consideró que la lucha del ejército español en Cuba era una lucha «contra negros y mulatos». La revista *Blanco y Negro* señalaba con el dedo a las «negradas de Antonio Maceo». Los eclesiásticos españoles auguraban que Cuba «descendería» a los niveles de Haití y Santo Domingo. Se acusaba a los insurrectos de rechazar la religión católica, porque España la había traído a Cuba.

Más chocante resulta la acusación de los obispos de España, y de los de Cuba contra los mambises: les atribuía el «destrozar iglesias y profanarlas», ser el «azote de Dios» y en el caso de Santander, de tener un «odio satánico contra la religión». El Nuncio Cretoni consideró el esfuerzo bélico español en Cuba como una «guerra de religión» contra «el masonismo [sic] y el protestantismo».

Las acusaciones contra los mambises por motivos religiosos provenían, no de los campos de Cuba, sino de la agenda de la Iglesia española en mostrar el catolicismo como la única vocación de la verdadera España, identificando a los enemigos de España con enemigos de la religión católica.

3.4.8 El Delegado Apostólico, Placide Chapelle analiza la Iglesia de Cuba en 1899

En un reporte con fecha 29 de abril de 1899, enviado a Roma, Mons. Chapelle analizaba así el catolicismo en la diócesis de La Habana: «La situación religiosa de la mayoría de la población es deplorable… Los hombres de la clase instruida no son en general solamente indiferentes, sino profundamente hostiles a la Iglesia, la clase de los obreros y de los pobres, blancos, mulatos y negros, se arrastran en un estado de ignorancia e inmoralidad del cual es difícil formarse una idea exacta».

Luego de consultar a los jesuitas, paules y a los mejores diocesanos, Mons. Chapelle identificaba estas causas: primero, el control que la corona tenía sobre la Iglesia, la ha presentado a los ojos de la población como otro «ministerio del Estado» y los cubanos odiaban a ese gobierno. Segundo, el mismo gobierno se opuso al aumento del clero, sobre todo en las zonas rurales. Tercero, el clero ha faltado a su deber de enseñar. Cuarto, los derechos de estola, es la contribución que se espera los fieles aporten por determinadas funciones religiosas, son excesivamente altos. Quinto, «Esta fuera de duda que casi la mitad del clero secular lleva una vida inmoral. El concubinato secreto no es raro...» Sexto, Mons. Santander, hombre humilde y caritativo, pero estrecho, se deja gobernar por su Vicario «acaparador de dinero y tiránico». El sobrino del obispo es su secretario. No tiene un año de sacerdote y trata con arrogancia al clero para el cual «se ha vuelto extremadamente odioso». El padre del Secretario, Venancio Santander, que vive con el obispo es «muy ambicioso y tacaño». El abogado del obispado es sobrino de la Sra. de Venancio Santander. El colector de rentas del obispado es «presidente de la banca española», odiado por los cubanos.

Chapelle consideraba que «El Seminario está en un estado deplorable». Creía que los religiosos desempeñaban un gran papel, «Jesuitas, Paúles, Dominicos, Carmelitas, Franciscanos, Escolapios... Madres del Sagrado Corazón, las Ursulinas, las Hermanas de la Caridad, etc.», «...ponen lo mejor de su parte, gozan del respeto de toda la gente honesta y obtienen saludables frutos... ellos [los religiosos] se encuentran como encerrados en sus obras dadas las circunstancias difíciles en las que se encuentra el país... todavía no se acostumbran al nuevo estado de cosas...» Chapelle añadía sobre los religiosos: sus «métodos son un tanto defectuosos» y «debido a una sorda oposición, la cual en algunos casos proviene de personas colocadas bien alto en la administración diocesana» (Maza, 1997, 515-520).

A pesar de que todavía en 1899 Santander, ¡pensaba que él mismo debía seguir presidiendo la diócesis de La Habana!, por gestiones de Mons. Placide Chapelle, le fue aceptada su renuncia el 17 de octubre de 1899. Según Mons. Chapelle, él no encontró en La Habana a ningún sacerdote cubano que pudiera fungir como Administrador Apostólico y sugirió a Mons. Sbarretti de la legación apostólica de Washington. Varios sacerdotes cubanos movieron cielo y tierra para ser nombrados. Chapelle le mencionaba al Cardenal Rampolla las libras de cartas recibidas.

Sbarretti llegó a La Habana, la mañana del 24 de febrero del 1900. Ya en agosto del 1900 había obtenido la validez civil del matrimonio canónico derogando así un decreto de Brooke del 31 de mayo del 1899. Un grupo de 36 sacerdotes cubanos en carta a León XIII de los primeros días de julio del 1900 pidieron su tras lado a otra diócesis. Otro grupo de 30 sacerdotes cubanos firmó un documento apoyando a Sbarretti el 28 de noviembre del 1900. En los últimos días del 1900 el P. Pedro Caballer y un grupo de sacerdotes españoles que decían representar el elemento más sano del clero, organizó una misa en apoyo del obispo. Numerosas parroquias y asociaciones laicas también enviaron un telegrama a Roma en apoyo de Sbarretti.

Mons. Sbarretti, al igual que muchos cubanos, pensó por un tiempo que Máximo Gómez sería el primer presidente de Cuba. Hacia fines de marzo o comienzos de abril de 1901, Máximo Gómez visitó a Mons. Sbarretti para asegurarle que nunca había atacado al obispo personalmente, pero «deseaba y desea ver a un sacerdote cubano en esta sede episcopal [de La Habana]» (Maza, 1997: 423). Máximo Gómez fue uno de los firmantes de un documento enviado a la Santa Sede reclamando un obispo cubano para La Habana (Maza, 1987: 47-68).

Sbarretti pintaba así la situación religiosa de La Habana: «… una asfixiante indiferencia religiosa: si a muchos les importa muy poco nuestra religión, mucho menos el protestantismo» (Maza, 1997: 427).

El catolicismo oficial había amarrado su vigencia y su valía a la causa de la católica España y ésta había sido derrotada por una potencia protestante, los Estados Unidos de América. Los cubanos conocían a los curas que habían apoyado la independencia y se habían habituado a practicar una religión que poco tenía que ver con el catolicismo oficial. La dirigencia liberal independentista se aprestaba a pasarle la factura a la Iglesia católica con sus parroquias rurales destruidas, sus dos obispos mal vistos. Particularmente el de La Habana, Manuel Santander y Frutos, era abiertamente rechazado por la población y todo un sector de su clero.

3.4.9 Dos críticos de la identificación del catolicismo con los intereses de España

Si en las filas de los insurrectos predominaba una visión anticlerical y anticatólica dada la hispanidad del clero, el apoyo de los obispos y del papa a la causa española, hubo una minoría, entre ellos José Martí y el P. Desiderio Mesnier, que aprendió a distinguir entre catolicismo e hispanidad.

José Martí, el mal catolicismo y el Evangelio

El anticlerical José Martí, con viva sensibilidad de poeta y honradez intelectual, no pudo menos que sorprenderse al conocer en New York las ideas del P. Edward McGlynn y su compromiso a favor de los pobres.[84] Martí mismo admitía haber reducido el catolicismo a lo que él conocía hasta entonces, pero McGlynn le había obligado a cambiar de opinión en 1887 como lo mostraron tres artículos publicados en La Nación de Buenos Aires y El Liberal de México.

---

[84] Ver, Manuel Maza, S.J., «León XIII, José Martí y el P. McGlynn: un esforzado luchador social en Nueva York a fines del siglo XIX», *Estudios Sociales* (Santo Domingo, República Dominicana), (Abril-Junio, 1991) XXIV, 84, 43-63. Los escritos de Martí a los que hacemos referencia, pueden consultarse en *La Gran Enciclopedia Martiana* (GEM). (1977) Tomo 7. Todo el material se encuentra en el Tomo 7, referente a los artículos de Martí desde los Estados Unidos.

*Padre Edward McGlynn
(1837-1900)*

En sus propias palabras: Martí había visto en el P. McGlynn «... brillar el hombre en todo su esplendor en espíritus donde yo creía que una religión atentatoria y despótica lo había apagado». (GEM, 1977:116). Tal vez, hasta entonces, Martí rechazaba a bulto todo lo católico, pero ahora distinguía entre el mal catolicismo y el catolicismo. Martí denunciaba lo que el calificaba de «mal catolicismo» retratado así: «Como un pulpo, braceando en la sombra, se le iba viniendo encima el mal catolicismo a la República». En el mal catolicismo, Martí criticaba los abusos de la jerarquía y el quitarle a los pobres las ganas de luchar, predicándole resignación, viviendo como ricos y cargando los sacrificios en las espaldas de los pobres. Martí rechazaba visceralmente las escuelas parroquiales,... «para que no nos quiebren desde el nacer el carácter con un sistema de serviles escuelas de parroquia, donde clérigos ignorantes y abyectos, en vez de alas pondrán al niño vendas».

Pero Martí no estaba encerrado de manera fanática y arrogante en su postura. En el P. McGlynn y su ministerio, Martí, entonces con 34 años, palpó la reconciliación de realidades que hasta entonces creyó contradictorias. En 1887, luego de conocer las actuaciones y la persona del P. McGlynn, Martí llegó a esta conclusión: «Se ve cómo pueden caber, sin alarma de la libertad, la poesía y virtud de la Iglesia en el mundo moderno... Se entiende que se pueda ser católico sincero, y ciudadano celoso y leal de una república...». En el servicio de McGlynn a los pobres obreros de New York, Martí había descubierto la verdad del Evangelio. Martí llegó a exclamar: «¡Y son como siempre los humildes, los descalzos, los desamparados, los pescadores, los que se juntan frente a la iniquidad hombro a hombro y echan a volar, con sus alas de plata encendida, el Evangelio». ¡La verdad se revela mejor a los pobres y a los que padecen! ¡Un pedazo de pan y un vaso de agua no engañan nunca! (GEM, 1977: 116).

Gracias a las actuaciones del P. McGlynn, Martí pudo hacer un camino que no pudieron hacer muchos insignes patriotas cubanos. Muchos esforzados luchadores por la independencia creyeron honestamente que, por el bien de la naciente República de Cuba había que ser sin distinciones, anticlerical, especialmente anticatólico y considerar que la dimensión religiosa atentaba contra la calidad de lo humano.

Si no se enteró de que el 23 de diciembre de 1892, un León XIII mejor informado de nuevo recibió en la Iglesia a McGlynn sin hacer caso de las intrigas y los prejuicios interesados de Mons. Corrigan, probablemente José Martí habrá caído en Dos Ríos convencido de que León XIII, quien había excomulgado a McGlynn a instancias de su obispo Corrigan, no era más que «un italiano que no sabe dónde está Nueva York» (GEM, 1977, 166).

Desiderio Mesnier, un diocesano cubano para todos los tiempos[85]

Desiderio Mesnier (1852-1913), nos puede ayudar a examinar dos asuntos delicados. Primero, ¿fue acaso por odio a los cubanos que el Arzobispo de Santiago, Mons. Francisco Sáenz de Urturi y Crespo, O.F.M., participó durante la guerra en recepciones junto a los Generales Arsenio Martínez Campos, Valeriano Weyler y luego, con el Almirante Cervera? Segundo, dado que España usó el catolicismo contra los independentistas presentándolos como enemigos de la religión, ¿tenían razón algunos compatriotas cuando durante la vida republicana presentaban la guerra de independencia como una guerra contra la religión, los curas y el catolicismo?

---

[85] Se encontrará más información en *Estudios Sociales* XXVI, No.92 (Abril-Junio, 1993), 77-92. En 1986, pude consultar unos excelentes «Apuntes del Equipo Museo Eclesiástico de la Catedral de Santiago de Cuba» sobre Desiderio Mesnier. Como lo indicado anteriormente, encontré este material en el Archivo de Asuntos Eclesiásticos Extraordinarios, Roma, Sección España, Fascículo 309, páginas 82-84.

Desiderio Mesnier, a quien ya hemos encontrado en estas páginas, sirvió como espía para las fuerzas de Calixto García durante la guerra del 1895. Luego de la guerra, Mesnier presidió una misa en el santuario de El Cobre el 8 de septiembre de 1898 junto a muchos de los combatientes a quienes el ejército interventor había negado el permiso de desfilar por las calles de Santiago. Calixto García pidió para Mesnier el grado de Coronel.

El Arzobispo Sáenz de Urturi fue atacado en la prensa y Mesnier lo defendió el 27 Noviembre de 1898, en una carta publicada por el Diario *La Independencia*. Así se presentó el presbítero Mesnier en su carta al periódico: «Jamás comulgué en la Iglesia española. Declarado noble y francamente partidario de la independencia de mi patria y habiendo estudiado así los hombres como el medio en que hasta ahora nos hemos desenvuelto, nada ha pasado inadvertido para mí y he aprovechado en favor de mi ideal cuanto pudiera perjudicar al dominio español en Cuba».[86]

Es triste notar, que el Arzobispo Sáenz de Urturi, con una psicología sacudida por haber vivido el bombardeo de Santiago y a diario escuchar, según sus propias informaciones, los gritos de «mueran los españoles, mueran los rabiosos», no entendió la defensa de Mesnier, y hasta lo acusó de «hispanófobo» ante la Santa Sede.

El 20 de Mayo de 1902, al nacer la República, Mons. Barnada cantaba un solemne *Te Deum* en la Catedral de La Habana. Asistieron el Presidente y el Vice-Presidente y otros altos dignatarios. En Santiago de Cuba, le cupo a Desiderio Mesnier presidir aquella ceremonia a las 4 de la tarde.[87]

Mesnier fue redactor de la sección religiosa del semanario *El Católico* del que luego sería director,[88] en 1909 el Padre Mesnier

---

[86] Maza, 1999: 245-246.

[87] *Crónicas* X, 316..

[88] «Apuntes Biográficos», 2.

173

se doctoró en Pedagogía en la Universidad de La Habana, después de pasar brillantemente los exámenes.[89]

El Padre Mesnier continuó luchando por el bien de sus conciudadanos santiagueros en la naciente República. En este afán, aceptó todas las ayudas. Tal fue el caso de los Padres Jesuitas, a quienes el Arzobispo, el P. Mesnier y la sociedad santiaguera querían como educadores de su juventud. Los sentimientos pro-españoles de los jesuitas durante las luchas independentistas no eran ningún secreto. En 1908 cuando Monseñor Francisco Barnada Aguilar (1899-1913) les allanaba el camino a los jesuitas para que se estableciesen en Santiago de Cuba, el P. Mesnier cooperó magnánimamente con aquellas gestiones traspasando la propiedad de su parroquia y propiedades aledañas a los jesuitas españoles. Allí abrió sus puertas con celebraciones los días 30 y 31 de agosto de 1913 el Colegio de Dolores. Mesnier no pudo asistir a esta ceremonia. Había muerto el 20 de Abril de 1913. El Ayuntamiento de Santiago le dedicó una calle el 14 de Abril de 1918.[90]

En los inicios la Santa Sede nombró a tres extranjeros en puestos claves: Placide Chapelle, Arzobispo de New Orleans (16 de septiembre, 1898) como Delegado Apostólico para Cuba, Buenaventura Broderick Finbarr (1903 -1905) como auxiliar y Donato Sbarretti, obispo de La Habana. Los cubanos no deseaban a extranjeros en los cargos eclesiásticos y menos, norteamericanos. Ahora que por primera vez en más de cuatro siglos, la jerarquía de Cuba podía tomar iniciativas, dos extranjeros ocupaban posiciones de primer orden.

El verano de 1898, existía la opinión en algunos cubanos dentro y fuera de Cuba de que la anexión a los Estados Unidos y no la independencia era lo único que garantizaría un futuro feliz para Cuba. A fines de 1898, los cubanos que recelaban de la independencia, apuntaban a la diversidad de razas existente en Cuba, a la presencia de muchos negros y mulatos y señalaban otros factores:

---

[89] «Apuntes Biográficos», 3.
[90] Ibid.

«Cuba sale de su lucha por la independencia, arruinada y desunida y despiertos sus hábitos latinos de rebelión; con elementos militares que se estiman en mucho, y que saben cómo hacer en los bosques una guerra interminable, excitado el instinto semi-socialista, semi-anárquico de la muchedumbre inconsciente, y sin otro estatuto fundamental u orgánico que el podrido estatuto español que importa reemplazar». Este estado que volvería la vida en sociedad imposible, «solamente puede remediarlo, la anexión pura y sencilla de Cuba a los Estados Unidos» (Francisco Figueras, 1898: 17, 37, 45).

Figueras llegaba a afirmar que la insurrección había sido organizada por ciudadanos norteamericanos, ya fuese desde los Estados Unidos o desde los campos de Cuba. Probaba su afirmación con una impresionante lista encabezada por «...José Martí... un ciudadano norteamericano por naturalización». Luego de recorrer a los dirigentes principales residentes en los Estados Unidos, nombraba en los campos de Cuba a los siguientes ciudadanos norteamericanos por naturalización: Cisneros Betancourt, Roloff, Serafín Sánchez, los Generales Sanguily, Carrillo y Rodríguez... e «innumerables Jefes y Oficiales del Ejército Cubano» (Figueras, 1898: 73-74).

Ciertamente que los nombramientos de Donato Sbarretti y Buenaventura Broderick llegaron en un mal momento para designar eclesiásticos relacionados directa o indirectamente con los Estados Unidos. Recordemos que un grupo de diocesanos aceptó con lealtad generosa el nombramiento de Sbarretti en los comienzos de la República por la que se había luchado tanto.

4. La Iglesia católica cubana durante la República, 1902-1958[91]

Para dar una idea general en ningún modo exhaustiva, y resumir la vida de la Iglesia católica cubana durante la república, he agrupado de una parte los desafíos mayores y de la otra las respuestas que fue dando la Iglesia.

4.1 Descubriendo que Dios no era español a pesar de cuatro siglos de patronato

Para emprender la Guerra del 1895 no había sido necesario abordar el tema del catolicismo dentro y fuera de Cuba. Dada las acciones de la Santa Sede, de los obispos de España y de los dos de Cuba, era necesario ocuparse de la religión católica y hasta pasarle factura para construir la paz. Los sentimientos anticatólicos de los primeros constituyentes no tardaron en hacerse patentes. Al inicio de las labores de la Asamblea Constituyente, se debatió acaloradamente acerca de la simple invocación de Dios en el preámbulo de la Constitución. Fue aprobada gracias al apoyo decidido del patriota Manuel Sanguily quien insistió en «la necesidad de los pueblos de creer en un Ser Superior a ellos».[92]

La Iglesia Católica de Cuba entró en la vida republicana regida por lo establecido en la Constitución de 1901: «Es libre la profesión de todas las religiones y el ejercicio de todos los cultos sin otra limitación que el respeto a la moral cristiana y el orden

---

[91] Esta sección de nuestro trabajo se apoya en el trabajo del Profesor Augusto Montenegro González, *Manual de Historia de la Iglesia* (Barcelona: Editorial Herder, 1987), pp. 1050-1109 y en una conferencia del Dr. José Manuel Hernández pronunciada el 30 de junio de 1994 en el South East Pastoral Institute (SEPI) en Miami, Florida.

[92] Montenegro, 1054.

público. La Iglesia quedará separada del Estado el cual no podrá subvencionar en caso alguno ningún culto». Se desmontaba así el régimen de patronato, vigente desde los tiempos de los Reyes Católicos y el papa Julio II.

En la práctica, la separación de la Iglesia del Estado se tradujo en que el matrimonio civil era el único válido, y la enseñanza oficial era laica, quedando la enseñanza religiosa prohibida en los centros públicos.

Durante la colonia todo había ocurrido dentro del marco del patronato, ahora durante la república y más tarde la revolución, todos los procesos eclesiales se darían en medio de la hostilidad continua de los anticlericales, tan influyentes en toda el área educativa, de la masonería y del incipiente protestantismo que ahora se las cobraba a la intolerancia hispánica.

La Iglesia Católica que veía nacer la República era mirada con recelo por muchos cubanos, dado el apoyo que brindaron a la causa española durante la guerra terrible recién terminada. La Santa Sede, los dos obispos de Cuba, el clero de la Isla en su mayoría español, y la jerarquía de España manifestaron su simpatía por la causa española en sus Cartas Pastorales y declaraciones públicas, con el financiamiento de batallones de voluntarios, las bendiciones de tropas de camino a Cuba y el tráfico febril de telegramas, intrigas e influencias cuando la guerra era inminente. Antonio González Lanuza, al referirse a lo que calificaba como «la provincia eclesiástica española de Cuba», recordaba que eran los mismos «que rogaban a Dios pública, oficial y solemnemente por la aniquilación de las fuerzas insurrectas». En el curso de un banquete en Washington, D.C., al ser interrogado sobre el futuro de la Iglesia católica en Cuba, el General Calixto García expresó que «a él le importaba un bledo el porvenir de la Iglesia en la Isla». El aguerrido Manuel Sanguily exclamó durante la Convención Constituyente de Cuba: «el cubano había sido siempre el pueblo más descreído de la tierra» (J.M. Hernández, 1981: 2-3).

Los delegados de la primera constituyente, reunidos en el Teatro «Irijoa» [más tarde, José Martí], al debatir si se debía invocar a

Dios en el preámbulo de la Constitución de 1901, tenían posiciones encontradas. Salvador Cisneros Betancourt se opuso. A Martín Morúa Delgado le parecía inútil invocar a Dios, pues «Dios está en todas partes». Alfredo Zayas, futuro Presidente de Cuba afirmó: «Yo no creo en Dios ninguno». Juan Gualberto Gómez, el agente de José Martí y del Partido Revolucionario Cubano en la Isla, no creyente confeso, expresó: «… este pueblo [cubano] que no ha sido jamás fanático, fue y es un pueblo católico, este es un pueblo donde la Iglesia Católica está arraigada, donde en realidad de verdad el culto católico ha sido el único que ha arraigado de una manera positiva, no solamente por la protección del Estado [español] sino por las condiciones políticas de nuestra tierra». Pedro González Llorente recordó que el pueblo cubano no era ateo, sino creyente y Manuel Sanguily, agnóstico, defendió la invocación: «desde el punto de vista meramente abstracto, no puedo comprender que sea para nadie humillante e indecoroso que levantemos a Él nuestras manos y le pidamos su amparo». Los delegados de la constituyente del 1901 colocaron sus trabajos bajo el amparo de Dios: «… Acordamos y adoptamos, en virtud de aquel mandato, invocando el favor de Dios, la siguiente Constitución» (Joel Prado, 2005: 420-430).

Los diocesanos cubanos independentistas eran reconocidos, tenidos en cuenta y admirados. La misma Iglesia no era una rica propietaria de tierras y recursos, dado que en los 1830 y 1840 había sido despojada de sus bienes y su personal religioso expulsado por los gobiernos liberales de turno. Augusto Montenegro resumió así la situación de la Iglesia católica al comenzar la república: «En síntesis, la creación de la República encontró una Iglesia empobrecida espiritual y materialmente por la metrópoli y, a la vez, identificada con el poder colonial» (1987: 1054).

Sucedió también que, entre los forjadores de la República había hombres por principio contrarios a la religión, especialmente al catolicismo. Conocían los pronunciamientos de Santander contra los mambises, las bendiciones de tropas hacia Cuba, los batallones de voluntarios solventados por obispos españoles y las gestiones de la Santa Sede para impedir la derrota de la católica España a manos de los Estados Unidos, potencia protestante. Estos cubanos, varios de ellos, próceres notables desde su rechazo de la religión reinterpretaron de manera unilateral el pasado cubano, reduciendo a una sola posición toda la actividad de la Iglesia católica, que ciertamente fue en su mayoría anti independentista, pero hubo también, ejemplos de patriotismo cubano entre las filas del clero y de los católicos. Esta reinterpretación, que oculta una parte significativa y heroica del pasado cubano, fue la enseñada por la educación oficial durante la República. Ya en 1918, un intelectual de la talla de Francisco González del Valle, la había desmentido y criticado.

Francisco González del Valle, enemigo confeso de la religión, incansable investigador, que rechazaba visceralmente al clero por considerarlo «innecesario y perjudicial», corrigió de su puño y letra aquella interpretación sesgada y mezquinamente reductora que ocultaba la participación del clero cubano en las guerras de independencia. Así se expresó este intelectual con credenciales inexpugnables de anti clerical:

> El clero cubano ha respondido siempre a la voz del patriotismo, ha tomado parte activa y principal en los esfuerzos hecho por obtener de la Metrópolis derechos y libertades para Cuba, ya cuando éstos eran reclamados pacíficamente, ya cuando por medio de la fuerza, de la lucha armada, se demandaban la independencia y la libertad; pudiendo decirse que no ha habido movimiento político alguno, conspiración, alzamiento o revolución, en que no aparezca complicado un sacerdote nativo.[93]

Este hallazgo de Francisco González del Valle, fue ignorado por la historia oficial cubana, la que se enseñó en las escuelas e incluso en los colegios católicos.

---

[93] Francisco González del Valle, (octubre, 1918) «El Clero y la Revolución Cubana», *Cuba Contemporánea,* Tomo 18, No 2, 140-205, el pasaje citado, se encuentra en Maza, 1993: 74. Es curioso cómo Francisco González del Valle luego de dos guerras viniera a corroborar la opinión del Padre Félix Varela sobre el clero de Cuba

4.2 El «patronato» del Tío Sam

Cuba nació a su independencia encadenada a la Enmienda Platt impuesta por el senado de los Estados Unidos. La enmienda, por el Senador Orvile Hitchcock Platt (1827-1905), uno de los poderosos cuatro senadores que dominada el senado de ése país, confería a los Estados Unidos el derecho a intervenir «para preservar la independencia y el mantenimiento de un gobierno estable que protegiese la vida, la propiedad y la libertad individual, y el cumplimiento de las obligaciones internacionales».

El senador Platt, cuyas medidas trajeran a Cuba tanto dolor y humillación, era un político muy relevante en los EE.UU. Figura de gran popularidad en su estado de Connecticut. Elegido al senado en 1879 y reelegido en 1885, 1891, 1897 y 1903. Platt fue un político reaccionario. Votó en contra de ley Sherman, enemiga de los monopolios y la ley que limitaba a ocho horas la jornada de los obreros. El gobierno de los Estados Unidos había actuado al unísono con España para impedir las expediciones y confiscar los pertrechos de los mambises. Nunca los había reconocido como beligerantes. Inmediatamente después de la victoria, por la que había luchado los cubanos, el ejército interventor de los Estados Unidos habían humillado al ejército libertador impidiéndoles celebrar la victoria que tanta sangre había costado. El Congreso de los Estados Unidos ahora vulneraba la dignidad de los cubanos, amarrando su flamante independencia a una enmienda. La Santa Sede había impuesto como obispo de La Habana a, Donato Sbarretti, un italiano proveniente de la legación de Washington y a un auxiliar norteamericano. La Santa Sede había apoyado las ambiciones de la corona española, ahora parecía darles la mano a los interventores de los EE.UU. Pronto nombraría obispos cubanos.

4.3 Los conflictos raciales marcaron la República. También a la educación católica

La Iglesia Católica durante la República ejerció su ministerio en una sociedad polarizada en lo económico, lo racial y cultural. Económicamente, en La Habana se concentraban las oportunidades. Allá se aglomeró el personal eclesiástico. La excepción fueron los colegios católicos y organizaciones laicales como la Acción Católica, las cuales también fueron surgiendo en las Provincias. Socialmente, de un lado estaban los blancos y los descendientes de la ingente migración española, eran en frase de Placide Chapelle, «la gente decente» y del otro, los negros y los mulatos.

Los hombres «de color» habían ocupado puestos de primera línea en los combates contra España, ahora en la República seguían siendo ciudadanos de segunda. La guerra no había desmontado los prejuicios raciales. Algo semejante había sucedido en los Estados Unidos. La Guerra Civil del norte contra el sur (1861-1865) en realidad había acrecentado el odio racial contra los negros. El norte ganó la guerra y perdió la paz. Los negros libres fueron brutalmente discriminados tanto en el norte como en el sur. En fecha tan reciente como el final de la Segunda Guerra Mundial, a las mujeres y los combatientes negros del ejército estadounidenses se negaron los beneficios sociales que el gobierno de los EE.UU., otorgaba a los veteranos. Las universidades rehusaron admitir a los negros. Por ejemplo, en 1946, de los 9,000 estudiantes de la Universidad de Pennsylvania, solo 46 eran negros. De los cien mil veteranos negros que aplicaron para cursar estudios universitarios, tan solo 1 de cada 5, logró hacerlo. Los negros tampoco fueron admitidos en las asociaciones de veteranos (Lepore, 2018: 530).

En Cuba, el levantamiento de 1912, la Pequeña Guerrita de Mayo sería un estallido de su frustración en una sociedad que los discriminaba (Fermoselle, 1974: passim). Hugh Thomas, recoge la declaración del General Monteagudo que afirmaba haber matado a unos 3,000 cubanos negros en la represión de su alzamiento (1971: 523. Por exagerada que sea la cifra, no deja de ser terrible, cuando uno piensa que al Ku Klux Klan le tomó los 58 años que van del 1882 al 1930 para matar a 3,000 hombres y mujeres negros en los Estados Unidos (Lepore, 2018: 330), en Cuba fueron asesinados en unos días.

4.4 La educación

Los cubanos opuestos a la Iglesia católica y su siempre creciente presencia en la educación, en la segunda década de la vida republicana, le hicieron estas tres críticas a la labor educativa de los religiosos: eran anticubanos, se habían adueñado de la educación de las clases altas, y con la arrogancia satisfecha de los jacobinos de la Revolución Francesa, acusaron a la educación católica de introducir «usos arcaicos y contrarios a la libertad del hombre» (Uría, 2011: 42).

Después del Concordato de 1851 y del regreso de las órdenes religiosas, la Iglesia había gozado del apoyo del gobierno colonial español, el cual buscaba a usar la educación católica en bien de la causa española. La independencia creó otra situación. El Dr. Enrique Varona, insigne prócer de la lucha contra España y sus asociados configuraron la educación cubana en el bachillerato y la universidad según sus criterios ateos y positivistas. La Reforma Educativa y el Plan Varona, que rigió las tareas educativas durante 37 años, promovieron la modernización de la educación en Cuba, pero descuidaron las humanidades, como lo notara Mercedes García Tudurí, y disminuyeron en los cubanos la capacidad para enfrentar con profundidad la dimensión sobrenatural y religiosa de toda existencia humana. Mañach disertó en 1928 contra «el excesivo positivismo de una enseñanza de escasísima especificación individual y más atenta a señalar caminos de medro que a descubrir panoramas de cultura» (Mañach, 1928: 77).

Sea lo que fuere, los encargados de la educación cubana en los inicios de la República repudiaban la religión. El insigne Enrique José Varona (1849-1933 llegaría a afirmar en 1921, «¿Quieres mutilar el alma de tu hijo? Mándalo a una escuela de religiosos».[94]

Estamos lejos de aquel Varona, quien al recordar sus vivencias escolares en las Escuelas Pías de Camagüey donde cursó la secundaria y encontró un hogar en el latín y el griego, escribió:

---

[94] *Cuba Contemporánea*, Año X, Tomo XXVIII, La Habana, Enero – Abril 1922, citado por M. Fernández Santalices, 1998: 50 nota 11.

> «Mis memorias de nuestro Camagüey y en el mejor de aquel período, están penetradas del ambiente de ese Colegio de las Escuelas Pías, al que puedo llamar mi —alma parens— pues en él se abrió mi mente a la contemplación del vasto mundo espiritual de Grecia y Roma, de que estuvo empapada en los primeros años de mi vida literaria. Allí florecieron en mí las sólidas amistades que tanto vigorizaran la adolescencia; allí aprendí a amar el estudio, panacea en las tormentas de mi vida azotada por las borrascas políticas; allí se templó mi espíritu por la admiración de los grandes iniciadores de la humanidad y se hizo apto para comprender y aquilatar a nuestros insignes compatriotas, los que fecundaron el alma de Cuba. En mi vida posterior no encuentro sino el desarrollo de los gérmenes plantados por mis maestros de aquellas escuelas, los cuales supieron ponerse a tono con mi alma que pugnaba por tener alas. Voló después, quizás muy lejos. Esto es lo propio de la existencia del hombre, cuyos horizontes se dilatan con el curso de los años, pero nunca he perdido de vista aquel romance espiritual que envuelve un halo de luz de aurora».[95]

Dada la orientación de la educación, se puede decir que desde la enseñanza primaria, la educación pública de la república cubana carecía de toda información de tipo espiritual, y así muchos se confirmaban en sus prejuicios de que «la religión era anticientífica, oscurantista y propia sólo de curas, mujeres y hombres afeminados» (Montenegro, 1987: 1056).

Enrique Canto Bory, dirigente de la acción católica, particularmente en Oriente, evaluó así el lugar de la religión católica en la cultura cubana:

> El catolicismo cubano era endémico, quizás por serlo el carácter abúlico nuestro. El hombre lo consideraba como cosa de mujeres. El respeto humano estaba tan arraigado en él que los hombres que iban a misa y comulgaban, lo hacían en las horas tempraneras para que no los vieran. La virilidad en el hombre se medía por el número de queridas que tuviese. Las zonas de tolerancia a la prostitución estaban

---

[95] *Memorias de Guanabacoa de 1956-1957*, p. 79, citado por Juan Florenza, shcp, 2005, 129.

relegadas a los barrios extremos, pero las casas llamadas de citas están extendidas por toda la ciudad. Las enfermedades venéreas, en esos años no se había descubierto aún la penicilina o su uso comercial no estaba suficientemente extendido, hacían presa fácil en jóvenes y hasta entre los adolescentes que encontraban camino fácil para sus apetencias sexuales y poca reconvención entre sus padres (Canto, 1993: 58).

Esta impresión la confirmó Mañach en su Indagación al Choteo: «El cubano la rechaza [se refiere a la autoridad] como rechaza toda superstición, todo dogma o beatería» (1928: 67). El ilustre filósofo si escribiera hoy en día, probablemente mantendría «la beatería» y reconocería una gran inclinación a la superstición y el dogma entre los cubanos.

Como ya hemos visto, en la sociedad cubana republicana la relación entre blancos, mulatos y negros continuaba siendo tensa y en muchos casos discriminatoria. Otro hecho ahondaría más esta tensión que se manifestaría de manera hiriente en toda la educación católica. La Iglesia, desprovista del apoyo oficial, necesitaba exigir el pago de sus servicios educacionales. En la práctica, esto significó que la clase media de escasos recursos tuvo acceso mucho menor que la clase alta a la educación católica. Para las masas cubanas, entre las que se contaban muchos afrodescendientes y mulatos, todavía fue más restringido.

Se ha calculado que en el millón y medio de ciudadanos de Cuba a comienzos del siglo XX, unos 200,000 habían nacido en España. Entre los años 1903 y 1933 entraron en Cuba unos 723,000 españoles. Muchos se casaron con cubanas. Nadie valora más la educación que los inmigrantes. Muchos de los hijos y nietos blancos de estos peninsulares inmigrantes fueron matriculados en colegios católicos, agrandando el foso que ya separaba a los jóvenes blancos de los de color, ampliándolo ahora con elementos religiosos y educativos. Además, algunos colegios privados, católicos o no confesionales no deseaban la presencia de negros y mulatos entre sus alumnos. Los mismos negros y mulatos no deseaban estudiar en ambientes en los cuales eran rechazados.

Un testimonio de los años 1950 ilustra la división racial:

No había niño de color en los colegios donde estudié. Ni siquiera mulatos claros. No había ningún alumno que tuviera facciones africanas (salvo quizá con la excepción de los hijos del presidente Batista, ya que se sabía bien que su padre tenía antepasados de color). No se permitían negros en los clubes de la playa. Los negros no iban a los mismos cines donde íbamos nosotros. Los negros no iban a las mismas misas en las mismas iglesias donde concurríamos nosotros. Pero eso sí, se quedaban afuera pidiendo limosna (Carlos Eire, 2007: 207, citado en Uría, 2011: 181).

La respuesta de la Iglesia al reto educativo estuvo a cargo de los religiosos españoles. Desprovista la Iglesia cubana de vocaciones nativas por los motivos ya mencionados, la vida del catolicismo cubano se benefició enormemente con la llegada de religiosos y religiosas españoles, mexicanos y americanos desde los primeros años de la República. Estos hombres y mujeres generosos, muchos de ellos con un talento y formación superior a la media, se establecieron en pueblos y ciudades de las diversas provincias y con su trabajo sacrificado y simpatía se fueron abriendo paso a través de los justos reclamos, prejuicios y resentimientos nacidos a lo largo del siglo diecinueve, especialmente en la contienda independentista. Los cuatro colegios para varones y otros tantos para niñas que existían al comienzo de la República, se habían convertido en 1914 en 54 colegios católicos en los cuales trabajaban 12 congregaciones masculinas y 24 femeninas. En 1940 los colegios dirigidos por comunidades religiosas eran ya 112.[96] Seguirían aumentando, como se verá.

Apoyándose en Ismael Testé, Fernández Santalices resumió así la labor educativa de los religiosos y especial de las religiosas durante la República: los Agustinos (1901), los hermanos Maristas (1903) y los de La Salle (1905); los Salesianos (1916); las Oblatas de la Divina Providencia (de raza negra) y las Dominicas americanas (1900); Las Escolapias (1911); las Filipenses (1914) y Tere-

---

[96] Montenegro, 1057, 1068.

sianas (1916); las salesianas y la Compañía de María (Lestonac, 1926) (Férnández Soneira, 1998: 48).

Para captar el dramático crecimiento de los colegios católicos durante la República que sin duda llegaron a ser más de doscientos, a continuación, ofrezco un cuadro basado en la valiosa investigación de Teresa Fernández Soneira, (1997: 423-432). Dado que ya hemos hablado de las fundaciones anteriores al 1898, no las repetimos. El siguiente cuadro, tiene en cuenta las fundaciones durante los años 1900-1958. Indicamos la congregación u orden religiosa, la localidad y el año de su fundación siempre que la autora lo provea.

Padres Dominicos
Colegios o escuelas parroquiales: de Cienfuegos (1900; 1909), Santa Cruz y Prado. el Vedado, Santa Rosa, Santa Catalina, Santo Domingo, Academia Católica de Ciencias Sociales (1919), Trinidad.

Compañía de Jesús – PP. Jesuitas
Marianao (1925), Sagua (1907), Santiago de Cuba (1911). Autorización para fundar la Universidad de Belén con una Escuela Electromecánica (1957).

Padres Capuchinos
Bayamo (191), Cruces (1924), Santa Clara (1949), San Juan de los Yeros (1954), La Habana (1958).

Hijas de la Caridad de S. Vicente de Paúl
Santiago de Cuba (1900), La Habana (1901), Matanzas (1902), Güines (1903), Güira de Melena (1915), S. Antonio de los Baños (1916), Nueva Gerona, Isla de Pinos (1926), El Cristo, Oriente (1954), Baracoa, (1958).

Instituto de María Inmaculada – Claretianas.
Palma Soriano (1922), La Habana (1947), San Luis, Oriente (1950).

Religiosas del Sagrado Corazón de Jesús
Santiago de Cuba (1911).

Padres Escolapios
San Rafael, La Habana (1904), Cárdenas (1910), Pinar del Río (1910), Vedado, La Habana (1930), Víbora, La Habana (1930).

Hermanas del Amor de Dios
Remedios (1909), Palatino (1925), La Habana (1928), Colón (1935), San José de las Lajas (1952), Camagüey (1953), Fomento (1953), Santa Cruz del Sur (1954), Santa Clara (1954), Ranchuelo (1955), Campo Florido (1955), Camagüey (1955), Cumanayagua (1957), El Cotorro (1957).

Misioneros del Inmaculado Corazón de María (Claretianos)
Palma Soriano (1919), Varadero (1940), Cárdenas (1952), La Habana (1949), Santiago de Cuba (1957).

Hermanas de la Caridad del Sagrado Corazón de Jesús
Cárdenas (1917), La Habana (1932).

Religiosas del Apostolado del Sagrado Corazón de Jesús
Cienfuegos (1903), Sagua la Grande (1910), Caibarién (1914), Sancti Spíritus (1915).

Congregación de Nuestra Señor del Santísimo Rosario– Dominicas Francesas
La Habana (1903), San Miguel de los Baños, Fomento (1932), Las Esperanza, Las Villas (1936), Trinidad (?).

Padres Pasionistas
Santa Clara (1900), Holguín (1936).

Padres Trinitarios
Lawton (1952).

Padres Benedictinos
Nueva Gerona, Isla de Pinos (1900).

Dominicas Americanas
La Habana (1900), Cienfuegos (1908).

Oblatas de la Divina Providencia
La Habana (1900), Cárdenas (1908), Santa Clara (1910), Camagüey (1924), Marianao (1943), Santiago de Cuba (1957).

Padres Agustinos
La Habana (1901), Universidad Sto. Tomás de Villanueva, La Habana (1946).

Hermanos Maristas Cienfuegos (1903), Remedios (1908), Caibarién (1914), Párraga, La Habana (1915), Víbora, La Habana (1918), Camagüey (1936), El Cerro, La Habana (1933), Santa Clara (1933), Holguín (1954).

Hermanos de la Salle
La Habana (1905), el Vedado (1910), el Niño de Belén, La Habana (1905), San Vicente de Paúl, La Habana (1906), Sancti Spíritus (1907), Güines (1907), Santiago de Cuba (1908), Guantánamo (1914), Regla (1915), Academia, La Salle, La Habana (1915), Marianao (198), Palatino (1948), Universidad Social Católica San Juan Bautista de la Salle, La Habana (1957), Manzanillo (1958).

Misioneras del Corazón de María
Pinar del Río (1911), La Habana (1920), Colón (1926), Banes (1947), Cabaiguán (1951), Guayos (1953), San Juan y Martínez (1954), Pina – Morón (1954).

Benedictinas de Pennsylvania
Nueva Gerona, Isla de Pinos (1912).

Madres Escolapias
Guanajay (1912), Artemisa (1913), Casablanca (1913), El Buen Consejo, La Habana (1917), El Cerro, La Habana (1929), El Buen Pastor (1929), Cárdenas (1920), Morón (1921).

Hijas Misioneras del Calvario
Luyanó (1916), Lawton (1935).

Hermanas de San Felipe Neri (Filipenses)
Lourdes (1914), Santa Catalina (1921) en La Habana, Madruga (1925), Matanzas (1955), Puerto Padre (1955).

Compañía de Santa Teresa de Jesús
La Habana (1915), Camagüey (1915), Santa Clara (1915), Guantánamo (1915), Ciego de Ávila (1916), Cienfuegos (1926), Saratoga-Camagüey (1953).

Congregación de Jesús María
La Habana, Jagüey Grande, San Antonio de las Vegas, San Miguel del Padrón (sin fechas).

Religiosas del Verbo Encarnado
Camajuaní (1916), Trinidad (1916), Cruces (1916), Santa Isabel delas Lajas (1916), Cienfuegos (1917), Trinidad (1920), Encrucijada (1937), Victoria de las Tunas (1946), La Habana (1947), Manatí – Victoria de las Tunas (1951).

Religiosas de María Inmaculada
La Habana (1916).

Padres Salesianos
Camagüey (1919), Víbora(1920), Santiago de Cuba (1921), Guanabacoa (1926), Arroyo Naranjos1954), Güines (1936), Víbora (1949), Santa Clara (1956).

Religiosas Pasionistas
La Habana (1916), Sabanilla del Encomendador (1916), Unión de Reyes (1918), Santa Fe (1947).

Salesianas (Hijas de María Auxiliadora)
Camagüey (1922), Nuevitas (1926), La Habana Vieja (1930), La Vigía, Camagüey (1935), Sancti Spíritus (1936), Camagüey (1936), Santiago de Cuba (1936), Víbora (1937), La Habana (1937), Santiago de las Vegas (1937), Sancti Spíritus (1942).

Mercedarias Eucarísticas
Placetas (1925), La Habana (1926), El Vedado, y Marianao (1950), Camajuaní (1941), Central Preston en Oriente (1958).

Hijas Mínimas de María Inmaculada
Cruces (1925), Isabel de las Lajas y Aguada de Pasajeros (sin fechas).

Siervas de San José
Habana (1926), Placetas (1944)

Compañía de María (Lestonnac)
Florida, Camagüey (1926), Holguín (1926), Puerto Padre (1926), Manzanillo (1927), La Habana (1927).

Siervas del Sagrado Corazón de Jesús y los Pobres
Nueva Paz, La Habana (1926), Jaruco (1927), Víbora (1927), Güira de Melena (1927).

Ursulinas Norteamericanas
La Habana (1941).

Misiones Extranjeras (Padres Canadienses)
Matanzas (1942), Colón (1942).

Misioneras Siervas de la Santísima Trinidad
La Habana (1948).

Carmelitas Misioneras.
La Habana (1953), Vertientes (1953), Vertientes (1959).

Misioneras de la Inmaculada Concepción
Los Arabos, Manguito, Martí, Recreo, Central Mercedes, Colón, todos en la provincia de Matanzas, (sin fecha).

Siervas del Santísimo Corazón de María
Carballo (1950), San Antonio del Río Blanco (1952), La Sierra del Arzobispo (1952).

Congregación del Santísimo Sacramento (Padres Sacramentinos)
Arroyo Naranjo.

Hermanas Carmelitas de la Caridad
Varadero (1954), Varadero (1957)

Religiosas de los Santos Ángeles Custodios
Media Luna (1955), San Lucía (1957).

Misioneros de los Sagrados Corazones de Jesús y de María
Sagua (1957).

Esta impresionante lista comunica la extraordinaria cantidad de colegios católicos fundados durante la república, su múltiple presencia en todas las ciudades y poblaciones relevantes de Cuba desde Oriente hasta Occidente para ocuparse de la educación de los niños y las niñas. Pero la mera acumulación de colegios en esa constelación de poblaciones y las fechas de fundación de la lista ocultan aspectos todavía más importantes. Muchos de estos colegios y escuelas los iniciaron mujeres y hombres extranjeros que nunca antes habían vivido en Cuba. En el caso de las congregaciones procedentes de México, las religiosas llegaron expulsadas, a veces con lo que tenían puesto, al ser obligadas a partir apresuradamente en medio de persecuciones y conflictos. Llegaron a pueblos remotos de la geografía cubana sin conocer a nadie. Para abrirse paso en su novedosa misión, les bastó la bendición del obispo, la invitación de un párroco. Varias veces se repitieron estos hechos: religiosas, que en fecha reciente habían asumido una carga pesada en una población, sin disponer de suficiente personal, al poco tiempo, se atrevían a dividir sus magras fuerzas para asumir otra misión, atendiendo a los insistentes ruegos de un párroco o de unos vecinos.

Un aporte de los colegios católicos a la cultura nacional fue fomentar el sano respeto a «la autoridad» en una Cuba en que era difícil hacerla valer, como reconociera Jorge Mañach en 1928. Los españoles habían establecido de manera tiránica y a base de poder arbitrario su autoridad. Los cubanos respondieron con el choteo, el relajo y la trompetilla. También en los colegios católicos se dio el choteo, pero con su entrega, competencia y simpatía, los educadores religiosos, en los inicios casi todos extranjeros y extranjeras, fueron estableciendo un ambiente donde se respetaban y valoraban la autoridad y el orden. Nuestro pensador se quejaba, «todavía no se ha formado entre nosotros esa vigilante solidaridad, esa noble disposición colectiva para la defensa del valor genuino». En Cuba faltaba «aquella consecuencia entre la convicción y la conducta». Citando a Ramiro Guerra, Mañach atribuía al cubano «solo tiene aparentemente la obstinación a la ligereza... ... la principal debilidad de su carácter radica en la falta de aptitud para aceptar una actitud y darse a ella por entero, infundiéndole todo el vigor y la fuerza de su alma». Al joven estudioso en la Universidad de La Habana, se le tildaba de «filomático», pero en el ambiente de los colegios católicos se valoró y premió el estudio y la aplicación. Este aporte católico, aunque en general benefició solamente a una élite, sin embargo, su liderazgo marcaría de manera decisiva toda la República (Mañach, 1928: 51, 71).

¿Qué hizo posible el aporte de numerosas religiosas extranjeras a la educación católica cubana? ¿Quién podrá relatar la solidaridad y gentileza de las religiosas ya establecidas en Cuba para con las que llegaban a La Habana? Señalemos como ejemplo, la labor de las Hermanas de la Caridad que se distinguieron por su hospitalidad y apoyo eficaz. La sorprendente y exitosa labor de las religiosas en La Habana y en las demás provincias revela un aspecto olvidado del catolicismo cubano: en los inicios de la República, sin duda y por las causas ya mencionadas, el cubano era uno de los pueblos de América más indiferentes en materia religiosa, pero también se puede afirmar con certeza, que, en todos los pueblos y ciudades de Cuba, los sectores altos, medios y muchas veces lo más pobres hicieron posible con su aprecio y amistad efectiva estos colegios, que se fundaron, a veces sin ni siquiera tener un terreno o una vivienda adecuada para las hermanas. Ellas soportaron con ánimo generoso estrecheces capaces de desanimar a cualquiera. Pronto sus antiguas alumnas y alumnos se enorgullecieron de haberse graduado en esos colegios, allá estudiaron sus hijos y en no pocas ocasiones sus nietos. Con ojos húmedos y pechos henchidos cantaron emocionadas los himnos de sus colegios. Junto a las parroquias y los dedicados diocesanos, desbordados de tareas pastorales, desvelados por celebrar misa en las diversas capillas y dependencias, las religiosas de esas poblaciones, especialmente del interior de Cuba, con su presencia permanente, sus relaciones con los padres, vecinos y maestros constituyeron el fundamento y el rostro amable del catolicismo republicano. No solo fueron educadoras en centros donde cada minuto contaba, salieron a dar catecismo, a echarse al hombro un pedazo de la parroquia, cuidar de sus sacristías, visitar enfermos y acompañar a grupos de muchachas, que encontraron en estas santas mujeres la guía y el camino seguro hacia la vida digna.

En las casi seis décadas de la República, Cuba recibió oleadas de mujeres extraordinarias. Consideremos solamente, como una muestra, la labor de una de estas religiosas, la increíble Hermana de la Caridad, Petra Vega, quien en plena guerra del 1895 y sus estrecheces, sostiene un internado para cien niñas. En los comienzos de las República, más lúcida que sus asesores jesuitas, reconstruyó un viejo edificio en la Calzada del Cerro, donde otrora funcionara el Colegio El Salvador dirigido por Don José de la Luz y Caballero. La hermana y su equipo de entusiastas colaboradoras abrieron cursos de enseñanza primaria y superior, religión, moral y el inglés cuya importancia crecía cada día. Mujer de grandes arrestos y abierta a la cambiante realidad, no se durmió en sus laureles, pronto vendrían las clases de mecanografía, taquigrafía y dibujo. Sor Petra se multiplicaba: ahora se ocupa de las internas y saca tiempo para atender a las niñas pobres del barrio, luego inventa un taller exitoso de envases y estuches, se las amaña para comprar la esquina de la Calzada y la calle Zaragoza, busca materiales, supervisa la construcción de un holgado local, logra ampliar la capilla, compra la casa ubicada en la Calle Zaragoza y Cañongo, abre un externado, cierra los talleres de cajas y estuches y abre clases de secretariado y comercio y consigue una casa en el campo para que las niñas respiren el aire puro de la naturaleza. Usa las celebraciones de sus 50 años como hermana de Caridad en Cuba para recaudar fondos a fin de levantarles una casa a las huérfanas, para que al final de su jornada laboral regresen a un hogar. Luego de distinguirse como directora del Asilo San Vicente de Paúl con 250 internas y 150 externas, Sor Petra falleció el 13 de junio de 1949 (Fernández Soneira I, 1997: 146-148).

Si la clase alta y media alta podían asistir a los colegios católicos, la Iglesia también tuvo una oferta educativa para los hombres y mujeres de escasos recursos. Valgan los siguientes esfuerzos como muestra: las generosas labores de las Hijas de la Caridad, de las Hermanas del Amor de Dios, los Salesianos y Salesianas con sus Escuelas de Artes y Oficios en La Habana, Camagüey, Santiago de Cuba y Santa Clara. Los hermanos de la Salle fundaron: la Escuela Gratuita de San Diego de los Baños, Pinar del Río (1914), la del Vedado (1916), la de Santa María del Rosario (1945) y la de San Vicente, Santiago de Cuba (1959), y del lado jesuita, la escuela gratuita junto a Belén y la Electromecánica (1941).

Manuel Fernández Santalices hizo esta crítica a las escuelas gratuitas auspiciadas por los centros religiosos que educaban a la burguesía: «eran sensiblemente inferiores a aquellos [los grandes colegios] en número de alumnos y calidad pedagógica y a menudo ofrecían, por comparación, una imagen discriminatoria. Y si es verdad que ciertos colegios educaban a una clase media de hijos de pequeños comerciantes y profesionales de grado medio, casi siempre debían quedar fuera la mayoría de los económicamente más débiles. Las escuelas parroquias quisieron paliar éstas faltas, pero eran poco numerosas y sus recursos escasos» (1998: 58). Recordemos que los centros educacionales privados de Cuba dependían absolutamente del pago de las mensualidades de sus estudiantes.

Enrique Canto, hijo de inmigrante español, hombre de extracción burguesa, reconocido dirigente católico, enjuició así el impacto social de la educación católica y particularmente de los colegios y parroquias durante la república:

> Los colegios religiosos habían copado los barrios aristocráticos y de la alta burguesía en La Habana. Las torres de las iglesias se levantaban junto a los mejores palacetes de Miramar, Marianao, Vedado y el Country de la Capital, pero ninguna se había levantado junto a las altas chimeneas de las fábricas en los barrios obreros que rodeaban a la Capital Cubana. La necesidad de darle a nuestra propiedad privada un sentido social eran comentados por algunos amigos míos de la clase burguesa como atrevidos y tendenciosos. Muchos, entre bromas y veras, me decían que si no me conocieran me juzgarían como un izquierdista infiltrado en las filas católicas. Otros como un hipócrita si no me vieran defender, y amparar en lo posible de mis fuerzas a unos jóvenes de la clase humilde, que componían la gran mayoría de los federados en los grupos de Santiago (Canto, 1993: 107).

Imposible aquilatar hasta dónde llegaba la educación religiosa en Cuba y el alcance de la catequesis en los medios populares. Nos puede dar una idea el testimonio de una catequista en 1937. Entonces La Habana tenía unos «550,000 y pico de habitantes» y contaba con 43 barrios. Esta catequista cuenta su experiencia al intentar dar catecismo en un solar:

Entre las 206 personas que habitan aquella casa [el solar], ninguna sabe a derechas hacer la señal de la cruz. Una sola ha podido recitar el Padrenuestro. Cinco han hecho la primera comunión y olvidaron casi todo. Dos están casados por la Iglesia y poquísimos están bautizados: tal es el balance de una sola casa, de una sola calle, de un solo barrio de la Habana...esta casa solar que nos sirve de tipo, se encuentra casi inmediata a catequesis tan nutridas como las de la Merced y el Espíritu Santo, la primera de las cuales clausuró el curso con 425 alumnos entre 4 y 19 años.[97]

El informe de los obispos cubanos con motivo de la fundación de la Conferencia del Episcopado Latinoamericano en Río de Janeiro, 1955, aportaba esta información sobre la educación católica, «en Cuba hay unas 212 escuelas católicas, incluyendo en este número los colegios de religiosos y de religiosas, así como las escuelas parroquiales». En las 212 escuelas católicas se educaban 61,960 estudiantes de ambos sexos. En 1959 en Cuba había un millón y medio de niños en edad escolar. De ésos, solamente 600,000 acudían a escuelas públicas, 100,000 a escuelas privadas, de los cuales, una mayoría de 62,000 asistía a escuelas católicas. En ese momento, se calculaba en un 34% los analfabetos. Los obispos manejaban este dato: «de cada cien niños cubanos solo cuatro recibían instrucción religiosa adecuada».[98]

En 1974, Ismael Testé hizo una relación con nombres y apellidos de todas las vocaciones cubanas durante la República hasta ese momento: «jesuitas, 137; escolapios, 30; Hermanos de la Salle, 83; Hijas de la Caridad, 193; Sagrado Corazón 170; Apostolado del Sagrado Corazón, 100; Amor de Dios, 40; Filipenses, 35; Salesianas,

---

[97] María T., Huertas, «El catecismo en el solar» (1938) *Semanario Católico*, La Habana, año 1, No. 7, 24 de julio de 1938, 29-31, Citado por Fernández Santalices, 1998: 60.

[98] Gustavo Pena Monte, «No es favor sino justicia enseñar religión a los niños. Enérgica pastoral del Arzobispado de Santiago de Cuba», *Noticias Aliadas*, 20 de febrero, de 1959, Washington, D.C.

40»[99] Muy probablemente los colegios dirigidos por estas congregaciones aportaron un gran número de estas vocaciones cubanas.

Salvador Larrúa Guedes resumió así la obra de la Iglesia en los asilos: «En Cuba funcionaban en 1958, 53 Asilos fundados por la Iglesia Católica: Asilos de Ancianos, 13 para Niñas o Niños, 9 Colegios-Asilos, 7 para otras especialidades» (Salvador Larrúa, 2002).

4.5 La promoción del clero cubano

Un segundo reto fue la necesidad de promover una jerarquía y clero nativos. A esto respondió la Santa Sede cubriendo las vacantes de los dos obispos españoles con un cubano, Mons. Francisco de Paula Barnada y Aguilar (1835-1913), para Santiago de Cuba y con un italiano Donato Sbarretti (1856-1939) para La Habana. El nombramiento de Mons. Sbarretti generó una fuerte oposición. En 1903 Sbarretti fue reemplazado por Mons. Pedro González Estrada (1866-1937), y fueron creadas las diócesis de Pinar del Río y Cienfuegos para las que fueron nombrados Braulio Orúe Vivanco (1843-1904) y el carmelita Aurelio Torres (1861-1920), ambos cubanos. Para 1912, con la creación de las diócesis de Camagüey y Matanzas la jerarquía cubría las seis provincias.

El Seminario San Basilio Magno del Cobre reabrió en 1903 y el de La Habana en 1905. Al finalizar el año académico 1906-1907, el obispo Estrada se quejaba que de los seminaristas enviados a Roma, ninguno había perseverado (Uría, 2011:35).

En una obra como ésta, no podemos estudiar, ni siquiera en los más connotados obispos, clero y agentes pastorales de Cuba republicana. Nos limitamos a considerar a tres eclesiásticos de la

---

[99] Ismael Teste, (1974) *Historia Eclesiástica de Cuba*, tomo IV, Barcelona, Complejode Artes Gráficas Medinacelli. Citado por Manuel Fernández Santalices, (1998) *Presencia en Cuba del Catolicismo. Apuntes históricos del siglo veinte*, Caracas, Fundación Konrad Adenauer, 56.

iglesia cubana para asomarnos a su catolicismo durante los años 1902-1958.[100]

Nuestra primera figura eclesiástica estudiada es el P. Valentín Zubiazarreta (1862-1948). Fue obispo de la diócesis de Camagüey creada por la Santa Sede en 1912. Tenía una extensión de 26,346 kilómetros cuadrados. **El obispo Valentín Zubizarreta y Unamunsaga**, carmelita descalzo, de 40 años, religioso de estudios serios y apreciada docencia en teología dogmática. Poseía dotes evidentes de mando y administración. Llegó a desempeñarse como Secretario General de la orden con sede en Roma. Fungía como provincial en Navarra cuando fue elegido obispo de Camagüey, diócesis que pastoreó entre los años 1914-1922. Cuando entregó la diócesis a su sucesor Pérez Serantes, Camagüey contaba con 15 parroquias (seis en la capital y nueve en el resto de la provincia) y unos 228,913 habitantes (Uría, 2011: 52). Entre 1922 y 1948 fue arzobispo de Santiago de Cuba. Fijándonos en sus obras más destacadas: impresionan la construcción del Santuario del Cobre, la sede del Arzobispado, el Hogar de la Juventud Católica, su labor en la elaboración de los estatutos de la Acción Católica, su participación en el Congreso Eucarístico de 1935 y los eventos que le acompañaron de los cuales ya hemos hablado. Al arzobispo Zubizarreta se debían unas 20 capillas e iglesias, fruto de sus visitas por su extensa arquidiócesis. Fue este carmelita tesonero quien sostuvo con sus visitas a los curas párrocos de parroquias extensas y mal comunicadas. El anciano arzobispo continuó presentándose, como le fuera posible, en los apartados pueblos de su arqui-

---

[100] Si no indico lo contario, debo la información sobre estas tres figuras, a la extraordinaria investigación premiada en España del Dr. Ignacio Uría, (2011) *Iglesia y Revolución en Cuba. Enrique Pérez Serantes (1883 – 1968). El obispo que salvó a Fidel Castro*, Madrid: Ediciones Encuentro, Premio Internacional Ateneo Jovellanos de Investigación Histórica, 2010. Desde el 2013 es posible seguir las huellas de las fundaciones de todas las iglesias y capillas de las diócesis de Cuba gracias al esfuerzo titánico de Armando F. Cobelo en sus *Apuntes para una Enciclopedia de las Iglesias Católicas Cubanas*, Miami, Florida, en edición limitada a 40 ejemplares.

diócesis hasta bien entrados sus ochenta años. Santiago entero se volcó para acompañar los restos mortales de Mons. Zubizarreta, rezando el rosario durante el trayecto de cuatro kilómetros desde la catedral al cementerio de Santa Efigenia (Uría, 2011: 88).

Nuestra segunda figura eclesial con la cual estudiamos los años 1902-1958 fue **Mons. Pérez Serantes** (1883-1968). Llegó a Roma desde La Habana en noviembre de 1903 para su formación como seminarista. Había sido un humilde y diligente empleado en el Colegio de Belén. En esa época, estaba cerrado el Seminario de La Habana, único centro facultado para otorgar grados en teología. Pérez Serantes no solo fue un estudiante brillante que se graduó de doctor en filosofía, teología y derecho canónico por la Universidad Gregoriana en 1910, muy pronto se reveló también como un profesor de calidad, celoso sacerdote, articulista interesante y un apóstol comprometido con la suerte de los más pobres. Sus artículos de esos años en el *Diario de la Marina*, *El Faro*, *La Aurora* tocaron temas variados, desde la filosofía de Leibniz, pasando por El Salario Justo, El evolucionismo hasta la tuberculosis. Desde 1913, le vemos de secretario de la comisión que prepara la creación de la diócesis de Matanzas. Por su apoyo a los tabacaleros en huelga, en 1914 es nombrado consiliario del Centro Obrero. Ya en 1916, Pérez Serantes es director de estudios del Seminario, combina las clases de latín y filosofía, con su cercanía a los obreros.

Cuando Zubizarreta, obispo de Camagüey, asuma el cargo de administrador apostólico de Cienfuegos, nombrará a Pérez Serantes vicario general y provisor de esa diócesis el 6 de julio 1918. Zubizarreta consideraba a Pérez Serantes, hombre de «prudencia, ciencia y virtud». Era también un dinámico pastor. Al decir de los cienfuegueros, Pérez Serantes no paraba en la ciudad, pues se dedicaba a visitar a caballo los diversos poblados.

De 1922 a 1948 Pérez Serantes ocupó la sede del obispado de Camagüey. Ese mismo año, los obispos de Cuba, al poner por escrito sus objetivos pastorales, privilegiaban la participación masculina en la Acción Católica y la suerte de los obreros «la parte más numerosa de nuestra grey». Pérez Serantes respondió con solidaridad a los estragos causados por el ciclón de 1926 que afectó las provincias occidentales. Ya en esa década, Pérez Serantes se preocupaba porque se recogieran los datos de la ingente labor desplegada en Cuba por las religiosas dedicadas a la educación.

Estando en Cienfuegos, Pérez Serantes conoció de primera mano al exiliado mexicano Padre Rafael Guízar Valencia, hoy en día, un santo de la Iglesia Católica canonizado por Juan Pablo II en el 2006. De Guízar Valencia, Pérez Serantes copiará el estilo espontáneo en el trato con las personas, las visitas personales a las diversas comunidades y la organización esmerada de las misiones, especialmente en los barrios pobres, como Padre Porro, Saratoga y Riverside en Camagüey. Con apoyo de su feligresía, Pérez Serantes dotó a Camagüey de un obispado y un Seminario Diocesano, una Casa de Ejercicios Espirituales, las oficinas de la Acción Católica, unos cincuenta nuevos lugares de culto, entre Iglesias y capillas, el Asilo de Amparo de la Niñez, puesto bajo la dirección de las Hermanas de la Caridad. Construyó, no solo en Camagüey, también en Majagua, Guáimaro, Ciego de Ávila y Esmeralda.

Pastor solidario, cuando el terrible huracán del 1932, que azotó Santa Cruz del Sur causándole 3,000 muertos, entre los socorristas del primer convoy del ejército nacional, llegó el obispo Pérez Serantes. Algunos de los damnificados trasladados a Camagüey, se hospedaron en el obispado. Organizó una Cocina Económica en El Carmen donde comían diariamente a 300 personas. La Cocina funcionó durante dos años, financiada con fondos del obispado. Detrás de la eficaz solidaridad del obispo, se adivina la dedicación de cientos de mujeres camagüeyanas, madres de familia expertas en la cocina y diligentes señoritas, servidoras escondidas del socorro diario, sin ruido y sin falta. La Asociación de Jubilados Ferroviarios Camagüeyanos pidió su nombramiento como «Hijo adoptivo de la provincia de Camagüey», distinción que recibió el 31 de enero de 1933.

A la caída de Machado, cuando el sargento Fulgencio Batista, dio un golpe de estado el 4 de septiembre de 1933, el nuevo gobierno surgido de esta insubordinación, contaba entre sus integrantes al

Directorio Estudiantil, organización en la que militaban connotados católicos como Juan Antonio Rubio Padilla, Manuel Dorta Duque y Pastor González.

Fue durante aquellos meses convulsos de agosto a octubre del 1933, que Pérez Serantes publicó dos pastorales. Sorprende la lucidez de gallego sabio con la que Pérez Serantes miró el futuro. En la pastoral, *El problema obrero*, el 20 de agosto de 1933, denunció la explotación de los trabajadores. Con voz de profeta afirmaba: «La atmósfera está cargada de corrientes contrarias, las cuales no esperan más que el choque para producir una tempestad desencadenada». La segunda fue publicada el 23 de octubre. Se titulaba *Los problemas del momento*. Allí denunció triste situación de los obreros durante el tiempo muerto y las condiciones de vida de los trabajadores en las ciudades. Con sorprendente premonición Pérez Serantes repetía: «la guerra social [está] muy próxima a estallar».

Las tres razones que avanzó Pérez Serantes para no ser Arzobispo de Santiago de Cuba, nos ayudan a comprender un poco más las características de la vida eclesial cubana en Camagüey y Oriente. Primero, a pesar de haber trabajado en Cienfuegos y Camagüey de manera extraordinaria, cuando comparaba el resultado de sus labores con lo que las comunidades de Camagüey y Oriente necesitaban, ¡Pérez Serantes se sentía fracasado! Segundo, consideraba que sus 65 años de edad le impedían aceptar dado el dinamismo que exigía la pastoral y en tercer lugar, Pérez Serantes expresaba sin amargura una cualidad personal que le descalificaba para aceptar el cargo en aquella arquidiócesis: ¡era español! Un mal entendido nacionalismo cubano, fruto de la necesidad de afirmarse, propia de una iglesia adolescente en un país que recién se vestía con pantalones largos, llevó a algunos cubanos a desconsiderar la entrega y los sudores de las mujeres y hombres de España que en Cuba habían sembrado generosos lo mejor de sus vidas. Hombre sensible, Pérez Serantes vivió sin amarguras aquel sordo rechazo, que tachaba con ligereza ingrata décadas de trabajos y solo se fijaba en su acta de nacimiento. Los muchachitos de los Estados Unidos, andan en las guaguas abrazados con respeto a las Obras Completas de Shakespeare. Nosotros no hemos descubierto a España.

Pérez Serantes aceptó su nombramiento. No había llegado a Santiago de Cuba y ya en enero de 1949 anunciaba una Semana misional extraordinaria que prepararía la visita de la imagen original de la Virgen de Fátima y el Año Santo de 1950 proclamado por Pío XII.

Las prioridades de aquella actividad pastoral nos aleccionan acerca de cómo era aquella iglesia de Oriente: se necesitaban catequistas, visitas a las casas, preparación de adultos a la primera comunión y el bautismo y todas las facilidades para las muchas parejas que necesitaban regularizar su unión matrimonial.

Realizó personalmente sus visitas pastorales, acompañado de dos padres paúles. Tenía tres prioridades: «los pobres, [la] justicia social y [la] recristianización». En los pueblos orientales sin párroco, Pérez Serantes encontraba a cristianos «famélicos y espiritualmente desnutridos» por falta de maestros y de sacerdotes.

¿Qué retrato de la arquidiócesis de Santiago de Cuba emerge de la correspondencia de Mons. Pérez Serantes? Seguimos apoyándonos en la investigación de Ignacio Uría, (2011: 109-125). Las cartas muestran a un arzobispo entregado a su misión. algunos párrocos contra sus ayudantes sacerdotes, que frecuentan demasiado algunos colegios de religiosas para percibir estipendios generosos por clases de religión, por las labores de capellanía y la buena mesa, mientras descuidan el ingrato ministerio pastoral de sus parroquias. Un párroco, al quejarse de que los religiosos se concentraban en sus colegios, olvidando a los católicos de los barrios pobres, se lamentaba: «Los frailes hacen voto de pobreza y nosotros [los párrocos diocesanos] lo cumplimos».

No faltaron quienes querían enemistar a Pérez Serantes con el obispo de Camagüey, Riu Anglés y con el Cardenal Arteaga. Por su carácter y origen social, como lo nota Ignacio Uría, Pérez Serantes era bien distinto a ellos. En una hermosa carta, Mons. Riu Anglés le aseguraba a Mons. Pérez Serantes: «Lo quiero y venero, pero no es solo por ese sincero afecto, sino sobre todo por el ideal de la Fe y de nuestra Santa Iglesia que estoy prevenido y en guardia… … esté en guardia también contra cualquier intento aparente de indisponerlo contra mí, *venga de donde venga*» [las cursivas en el original] (Uría, 2011, 104).

En su correspondencia, es frecuente encontrar la preocupación por los seminaristas. En 1949, le comentaba al rector del Seminario San Basilio: no conviene que entren en el Seminario muchachos de extrema pobreza, «miserables o callejeros no los quiero aunque haya quien les pague su pensión y todos los demás gastos…» Y luego acotaba, que él mismo, Pérez Serantes había conocido seminaristas muy pobres, que luego ejercían como excelentes sacerdotes. A más de uno le compró zapatos, «porque andaba con los pies al aire». ¿Qué había que hacer? «… investigar la condición moral del individuo y también si dice la verdad [respecto de su necesidad económica]: por eso que todos deben venir a través de sus Párrocos, directa o indirectamente».

Desde una misión en Antilla, el P. Sebastián Folgar, párroco de Banes, le escribe a su arzobispo: con qué cariño aquellos hombres y mujeres pobres habían recibido la prédica y los sacramentos y cómo a veces se había acostado a las 2 de la madrugada atendiéndolos y escuchándolos. El párroco de Puerto Padre le refería: en las barriadas de las afueras de Puerto Padre, ¡no hay ningún joven bautizado! «Pero hay que reconocer que son buenos y nobles, aunque hayan vivido sin fe». Pérez Serantes autorizaba a sus diocesanos a decir tres misas diarias, si era necesario. En ellos delegó las facultades para recibir en la Iglesia a cualquier masón. A Pérez Serantes llegaban las denuncias de padres de familia visceralmente anti católicos y contarios a la comunión de sus hijos, para lo cual, les obligaban a desayunar delante de ellos y así impedirles comulgar, dado el ayuno eucarístico vigente entonces.

En enero de 1950, Santiago de Cuba era un hervidero de actividades católicas: allá se reunió la Asamblea Nacional de los Caballeros Católicos de Cuba; se celebraron, la Semana de Gracia y Perdón, la Visita de la imagen de la Virgen de Fátima y la Semana Misional Extraordinaria. El arzobispo logró un préstamo de 25,000 dólares de la Santa Sede para una readecuación del Seminario San Basilio en El Cobre. Pérez Serantes resolvió fabricar un albergue para los peregrinos del Santuario Nacional del Cobre que sería atendido por una congregación recién fundada en Hungría, las Hermanas Sociales. El 8 de septiembre de 1952 se inauguró la Hospedería en El Cobre.

También en 1950, Pérez Serantes viajaba a España a buscar sacerdotes que quisieran trabajar en Cuba. Le preocupaba que en Oriente, del millón y medio de habitantes, no asistía a misa ni el 15.3 %. De los 340,000 niños censados, solo 6,000 recibían una educación católica. 27 % de los campesinos nunca había visto un sacerdote. El arzobispo se lamentaba: en su diócesis laboraban 63 sacerdotes, uno por cada 23, 000 habitantes, mientras que Japón, país de misión, 132,000 católicos eran atendidos por 600 sacerdotes. Si Pérez Serantes se lamentaba de lo exiguo de su clero, se alegraba de la gran calidad de algunos de sus sacerdotes, por ejemplo, el sacerdote salesiano Padre P. Ángel María Maldotti, SDB., director del Asilo de Punta Blanca y párroco venerado de esa zona. Antes de que los salesianos llegaran, era difícil para cualquier sacerdote visitar Punta Blanca, pero con su bondad y su ministerio durante los años 1933 y 1940, los salesianos se ganaron al pueblo. Los restos mortales de este italiano inolvidable, hijo de Don Bosco y oriundo de Martignana di Po, diócesis de Cremona, descansan en Santa Efigenia, Santiago de Cuba.

En 1951, Pérez Serantes intervino en el II Congreso Campesino Nacional que él mismo había patrocinado con entusiasmo. La labor pastoral se vio fortalecida con la memoria de Antonio María Claret, alentada por el claretiano P. Peter Schweiger y la visita del sobre viviente de la bomba atómica, P. Pedro Arrupe, S.J., en campaña, recabando fondos para la misión del Japón. «Sabemos bien a lo que se refiere, querido P. Arrupe, porque también nosotros somos tierra de misión».

El 7 de junio de 1935 se establecieron las relaciones diplomáticas con la Santa Sede. Los masones y sectores anti clericales condenaron esas relaciones. A título de ejemplo, así se expresó el ilustre Enrique José Varona: «Una prueba más del espíritu antirrevolucionario que sordamente va minando nuestra República, ese propósito de ligarnos con el centro de la teocracia occidental. Los que queremos permanecer fieles al credo de la revolución tenemos que defendernos contra este avance de la reacción» (citada en Uría, 2011: 77).

Nuestra tercera figura eclesial: **Mons. Manuel Arteaga Betancourt** (1879-1963) Había sido párroco de N.S. de la Caridad en Camagüey y Concejal en ese Municipio en 1912. En 1913 funda una publicación cuyo título resume su agenda: «Religión y Patria». Se esforzó por dirigir tandas de ejercicios a laicos. El 11 de febrero de 1928 constituyó oficialmente la Federación de la Juventud Católica Cubana, de la que fue el primer consiliario general. La implantación de la Iglesia en Cuba dio un gran paso con la elevación de Mons. Arteaga en 1941 al arzobispado de La Habana. Fijó para el 24 de febrero de 1942, efeméride patriótica, su consagración episcopal. Ese mismo año de 1942, el 25 de octubre, ordenó sacerdote al primer presbítero negro de Cuba, Armando Miguel Arencibia Leal (1899-1979).

Mons. Manuel Arteaga Betancourt (1879-1963)

Armando Miguel Arencibia Leal

Al joven Arencibia Leal, se le había negado la entrada al Seminario en Cuba. Apoyado en recursos de sociedades negras, estudió en el extranjero. Mons. Estrada no quiso ordenarlo. Le propuso, que un obispo de África le ordenase y trabajase en las islas de Fernando Poo. Hubo de esperar 11 años para ser ordenado. Era devoto de Santa Bárbara y a sus gestiones de debe el santuario de la Santa.

Arteaga provenía de familias de reconocido patriotismo y él mismo había acompañado desde 1892 en el exilio a su tío, el sacerdote Ricardo Arteaga y Montejo expulsado de Cuba a Venezuela por las autoridades españolas. Muchos de sus antecesores ya estaban arraigados en Cuba en el siglo XVII. El abuelo y el tío abuelo de quien sería Cardenal Arteaga, conspiraron con Joaquín Agüero en 1851. El abuelo de Arteaga tuvo que ir al exilio. El tío Carlos murió a manos de los Voluntarios en la Guerra de los Diez Años. Dos tíos combatieron junto al General Julio Sanguily en Camagüey. El padre de Manuel Arteaga, don Rosendo, combatió en Oriente a las órdenes de Carlos Manuel de Céspedes. Tuvo que ir al exilio en Jamaica, allá conoció a su esposa (De Céspedes, 2005: 76).

Arteaga poseía una sólida formación adquirida en la Universidad Central de Venezuela. En 1941 colocó la primera piedra del Seminario el Buen Pastor. En 1951, en el Seminario de La Habana se formaba 80 seminaristas cubanos, que pronto contarían con un flamante edificio en las afueras de la ciudad: el Seminario del Buen Pastor (Montenegro, 1987: 1069, 1071). Cuba fue contando con sacerdotes diocesanos cercanos a su pueblo, sensatos, generosos de sus vidas y tiempo, involucrados en las vicisitudes de sus parroquias y parroquianos, queridos y buscados para escuchar el Evangelio, el consejo y el consuelo. A la base de muchas obras sociales sostenidas por la solidaridad del pueblo, se encontrará un diocesano. Tal fue el caso, por no citar más que un ejemplo, de la Ciudad de los Niños del Padre Ismael Testé, hombre del púlpito, la calle, la radio y su querido Bejucal.

Arteaga fue promovido al Cardenalato en 1946. Mons. De Céspedes le preguntó al Nuncio de Su Santidad Mons. Luigi Centoz, por qué se había nombrado Cardenal a Arteaga y no a otro. Las palabras del Nuncio nos sirven para hacernos una idea de la Iglesia de Cuba en los años 1940:

> Por sus cualidades personales, todavía brillantes, y por la vitalidad de la iglesia Católica de Cuba en aquellos momentos… Ninguna otra Iglesia de la zona vivía entonces un crecimiento tan impresionante: proporcionalmente hablando, ninguna tenía un laicado y un clero nativo con los niveles de formación y compromiso que tenían en Cuba; en ninguna otra Iglesia de la zona había las facilidades que tenía Cuba entonces para que viniesen sacerdotes y religiosos extranjeros y se estableciesen instituciones religiosas de todo tipo… Las relaciones

entre cubanos y extranjeros no eran malas, entre religiosos y diocesanos tampoco; cuando había problemas en estos terrenos eran de menor cuantía... Era una Iglesia floreciente y Mons. Arteaga no solo era el arzobispo de la ciudad capital sino que era, probablemente uno de los principales responsables de este positivo estado de cosas... Era conveniente apoyar a esa iglesia y apoyarlo a él (De Céspedes, 2005: 98).

Otras figuras eclesiales ilustran otras dimensiones poco conocidas de la actividad del catolicismo durante la República.

Cipriano Izurriaga, mercedario, español, en los inicios de la República recorre caseríos y poblados remotos misionando. Todos le quieren, los adultos y los niños a quienes da catecismo. Es tan buen orador, que en los actos patrióticos realzando las gestas cubanas, los ayuntamientos le pedían a este navarro de pura cepa ¡que tomara la palabra!

El P. Hilario Chaurrondo (1893-1973), de los padres paules, quien llegó a Cuba en 1919. Fundó en la Arquidiócesis de La Habana las misiones parroquiales. Era un predicador de calidad, investigó y redactó importantes trabajos sobre la historia de la Iglesia cubana, se hizo presente en los periódicos, el *Diario de la Marina*, y *El Mundo*. Una de sus publicaciones más útiles por su fiel registro de la actividad de la Iglesia fue el *Almanaque de la Caridad*.

Entre 1917-1919 el obispo Zubizarreta de Camagüey acogió al exiliado sacerdote mexicano Rafael Guízar y Valencia (1878-1938), quien se hacía llamar como el Padre Ruíz para evitar ser reconocido por sus enemigos. Guízar era acompañado en sus misiones por un joven sacerdote, Enrique Pérez Serantes, más tarde obispo de Camagüey y de Santiago de Cuba. Guízar atendió a muchos enfermos durante una epidemia que se desató en Cuba. También en La Habana misionó este sacerdote, más tarde nombrado obispo de Veracruz, fue consagrado obispo en La Habana y canonizado el 15 de octubre del 2006. Entre las misiones de La Habana de Guízar Valencia, ocurrió la de la prisión Castillo del Príncipe, en la que le acompañó el sacerdote P. Manuel Arteaga. Diez y nueve años más tarde, los presos cantaban en la misa una canción a la Virgen que le había enseñado el P. Guízar Valencia (Polcari II, 2003: 301).

4.6 La religiosidad popular

Se mantenía vigente en la población cubana un difuso sentimiento religioso expresado en devociones populares entre las que siempre ha destacado la veneración a Ntra. Sra. de la Caridad, patrona de Cuba. Enrique Canto, que recorrió la entonces provincia de Oriente constató la gran devoción de los cubanos a nuestra Señora de la Caridad: «La devoción a la Virgen de la Caridad era algo que también formaba parte de la vida íntima del cubano. Se podría ser creyente o no, podría sentirse sentimiento hostil hacia la Iglesia Católica pero eran pocos los bohíos en el campo, y las casas en las ciudades y pueblos que no tuviesen, en lugar visible, una estampa o una imagen de la Caridad del Cobre...» (Canto, 1993: 63).

Esta devoción recibió un nuevo aliento cuando los veteranos del «Consejo Territorial de Oriente» de la guerra de independencia pidió al papa Benedicto XV que nombrara a la Virgen de la Caridad patrona de Cuba. Usaron estos términos:

> ...en el fragor de los combates y en las mayores vicisitudes de la vida, cuando más cercana estaba la muerte y más próxima la desesperación, surgió siempre como luz disipadora de todo peligro, o como rocío consolador para nuestras almas, la visión de esta virgen cubana por excelencia, cubana por el origen de su secular devoción y cubana porque así la amaron nuestras madres inolvidables...[101]

El 10 de mayo de 1916, el papa Benedicto XV la declaró oficialmente patrona de Cuba. Santiago de Cuba entero se conmocionó

---

[101] Salvador Larrúa, *Historia de Nuestra Señora la Virgen de la Caridad del Cobre, reina, madre y patrona de la isla de Cuba*, (2011) t.1 p. 533. Citado por Emilio Cueto, (2014) *La Virgen de la Caridad del Cobre en el alma del pueblo Cubano*, 61. Fiel a su título, la obra del Dr. Emilio Cueto, pienso que será por muchos años, la referencia fundamental a la hora de estudiar el impacto de la devoción de N. Sra. de la Caridad del Cobre en los aspectos cruciales de la cultura cubana.

con la visita de la imagen de la Virgen de la Caridad del Cobre en 1935, durante dos días, miles desfilaron y veneraron la imagen. El 20 de diciembre de 1936, el entonces arzobispo de Santiago de Cuba, Mons. Zubizarreta, llevó a cabo la coronación canónica de la imagen de la Virgen por delegación de Pío XI como colofón del Congreso Eucarístico Diocesano del 1935.

Nadando en las mismas aguas de la religiosidad popular de firme raigambre en el pueblo y todavía mal comprendida, está toda la vertiente sincrética de la religiosidad afrocubana, particularmente, el fenómeno de la santería. Ella emplea santos católicos para dar culto a divinidades ancestrales que la población afrocubana lleva en su alma desde los días en los que los bautizados esclavos se santiguaban con cadenas. Todavía son pocos los agentes pastorales que se aventuran por estas aguas sin mapas y plagadas de monstruos.

Arrastrando las lacras de la esclavitud y el dominio colonial, la vida familiar cubana fue frágil desde los inicios de la República. El P. Suárez Polcari ha señalado que, en 1907, para una población total de 2.048,980 habitantes, apenas 423,537 vivían en una relación sujeta a las normas civiles o eclesiales. Se sabía de 176,509 parejas no sujetas a ningún registro. En aquella población vivían 257,888 niños cuyos padres no los habían reconocido (Suárez Polcari II, 2003: 285).

Cuando el P. Folgar visitó los barrios pobres de Antilla en 1950 le contaba a Pérez Serantes: «Nunca habían visto a un sacerdote por aquellos lugares». El mismo año, cuando el P. García Villaraco visitó el poblado de Cueto, le escribe a Pérez Serantes... «son muy buenas gentes, pero sin noción alguna de lo que significa ser católicos» (Uría, 2011: 113)

4.7 Iglesia y política

Varios sucesos muestran la débil incidencia del catolicismo en la vida pública. Cuando en los inicios de la República existió la posibilidad de traer los restos del P. Varela a La Habana, el mayoritario clero español no se interesó en este proyecto. En la segunda década de la República, cuando sus restos fueron llevados a

La Habana en 1911, luego de reposar brevemente en la Catedral, fueron trasladados a la Universidad. Todo esto, a pesar de la clara posición del Arzobispo de que sus restos descansaran en el suelo sagrado de la catedral, un templo de especial significación para el Padre Varela. El Gobierno cubano ignoró por completo la opinión del Arzobispo, quien se negó a asistir a las ceremonias. Mientras los restos de Varela descansaron en la Catedral, cada hora, como si volaran hasta el cielo la queja amarga de muchos cubanos católicos, doblaron las campanas de todas las parroquias y comunidades religiosas. En los elogios fúnebres, de la Universidad, rodeados de la más grande solemnidad civil posible, se insistió en sus cualidades como educador y patriota, olvidando su identidad de presbítero con la cual siempre se definió el propio Varela hasta su muerte (Suárez Polcari II, 285-291).

En 1918 se promulgó una ley que establecía el matrimonio civil como el único con valor legal y se estableció la posibilidad de disolver el vínculo matrimonial con el divorcio.

No ayudó a fortalecer el prestigio de la jerarquía católica, que en 1924 fueran llamados a Roma, el obispo de la Habana y el arzobispo de Santiago, Mons. Félix Antonio Guerra Fezzia. Al obispo de La Habana, Pedro González Estrada, se le acusaba de haber sido negligente en la administración de las fundaciones piadosas de las que habían desaparecido dos millones de pesos. Estrada pudo mostrar su inocencia, pero quedó afectado: la Santa Sede había dado crédito a las calumnias de varios sacerdotes descontentos y había dudado de su integridad (De Céspedes, 2005: 85). Ambos obispos dimitieron el 2 de enero de 1925. La Santa Sede creó dos provincias eclesiásticas para Cuba, la de La Habana con sufragáneas en Pinar del Río y Matanzas y la de Santiago de Cuba.

Hemos presentado más arriba a los obispos, Zubizarreta, Pérez Serantes y Artega. Entre los laicos, nos fijamos ahora en cuatro figuras de destacada trayectoria en la vida política de la nación.[102]

---

[102] Aquí presento un resumen de Fernández Santalices, 1998: 64-71 de quien dependemi información.

El primero, **Manuel Dorta Duque** fue dirigente de la Orden de los Caballeros de Colón, abogado y profesor de Derecho Hipotecario en la Universidad de La Habana. Salió a palestra a combatir la dictadura de Gerardo Machado interponiendo recursos de inconstitucionalidad, constituyente de 1940, redactor de un Proyecto de Código Cubano de Reforma Agraria, que presentara en una comisión especial en la Cámara de Representantes.

En segundo lugar, **Juan Antonio Rubio Padilla,** (1909-1989) junto a Felipe Rey de Castro, S.J., uno de los fundadores de la ACU. Fundador y militante del Directorio Estudiantil Universitario, activo luchador contra Machado, estuvo preso y salió al exilio. Fue uno de protagonistas en toda la situación creada por la «rebelión de los sargentos», apoyó el ascenso a la presidencia de la República de Ramón Grau San Martín, entonces, un «gobierno revolucionario» y contrario a la injerencia norteamericana. Rubio Padilla fue el Ministro de Sanidad en el gobierno de Carlos Prío Socarrás (1948-1952).

En tercer lugar, **Pastor González García** (1910-1983), miembro de la Federación de la Juventud Católica Cubana y de la Asociación de Caballeros Católicos en Guanabacoa. Militante del ABC, movimiento anti machadista. Maestro y catequista de obreros, Pastor, de raza mulata y ex-

Padre Pastor González García de las Escuelas Pías

tracción humilde, ingresó en la Congregación de los Padres Escolapios y más tarde, fue ordenado sacerdote en 1954. Cuando en 1958 se cree la Comisión de la Concordia en búsqueda de un Gobierno de Unidad Nacional, los obispos cubanos le pedirán a Pastor que forme parte de esa comisión. Ese intento fracasó.

Y por último, **José Ignacio Lasaga** (1913-2004), Doctor en Filosofía y Letras por la Universidad de La Habana con dos períodos de estudios de postgrado en psicología en la Universidad de Harvard y la Universidad de Laval de Quebec. El brillante Doctor elaboró una manera más provechosa de administrar las pruebas psicológicas T.A.T. Por sus aportes críticos a la psicología Freudiana, mereció pertenecer a The American Psycology Association. Fue fundador de la Escuela de psicología de la Universidad de Villanueva. Lasaga fue Presidente de la Agrupación Católica Universitaria, de cuyo himno redactó la letra. El distinguido psicólogo, cooperaba semanalmente como voluntario en el Barrio Las Yaguas. Los agrupados de los años 1950 junto con otros congregantes marianos, fueron estableciendo relaciones entre las Congregaciones Mariana Mundiales, al reunirse en Roma por primera vez la Federación Mundial de Congregaciones Mariana que agrupada a 64 delegaciones, el Doctor José Ignacio Lasaga fue elegido su presidente por cinco años.

Espigamos algunos datos que nos dan una idea de la participación católica en política durante los años que van desde la caída de Machado en 1933 y el golpe de estado del 1952.

De nuevo en la Constituyente de 1940 se intentó de omitir una invocación a Dios. Los comunistas presentaron una moción, alegando que «…nadie puede afirmar, con visos de veracidad que todo el pueblo de Cuba está inclinado o dispuesto, se siente impulsado u obligado a hacer realidad esta invocación». Un viejo mambí, Miguel Coyula Laguno, fue el portavoz de los delgados favorables a la invocación: «Queremos que la Constituyente de 1940 se inspire en los mismos ideales que la Constitución de 1901. Aquellos convencionales no eran menos cubanos que éstos, e invocaron el favor de Dios…
… Se le quiere arrancar la fe al pueblo que ama a Dios, los que lucharon por la libertad de Cuba en 1868 y 1895 se santificaron pensando en Dios….» (Joel Prado, 2005: 429).

El agrupado y periodista católico, Ángel Fernández Varela fue electo a la Cámara de Representantes en 1946. Algunos católicos, entre ellos varios agrupados intentaron crear un movimiento «Acción Cubana» con vistas a generar un partido. Pero las autoridades eclesiásticas y algunos miembros de la misma Agrupación Católica Universitaria (ACU) les cortaron las alas.

Durante la década de los 1940 y entrados los 1950, el Doctor en filosofía, licenciado en historia y sociólogo P. Manuel Foyaca de la Concha, S.J. recorrió toda Cuba dando a conocer la Doctrina Social de la Iglesia como respuesta a una injusta distribución de las riquezas y animando a los laicos interesados en la Democracia Cristiana que tantos aciertos cosechaba en la Italia y Alemania de la postguerra. Por encargo del P. General, Juan Bautista Janssens, S.J., el P. Foyaca viajó por toda la América Latina para llamar la atención de la Compañía de Jesús a la urgente necesidad de responder al reto de la justicia con los principios del magisterio pontificio. «De 1956 a 1962, Foyaca mandó 297 jesuitas latinoamericanos a especializarse en Europa en estudios sociales» (Meyer, *Nexos,* 1º de diciembre, 1981).

En 1949, con motivo del Día de la juventud católica, los federados de la Acción Católica celebraron un mitin en el Parque Central en el que denunciaron la corrupción y la prosperidad de algunos ante la miseria y la desesperación de amplios sectores campesinos. El mitin fue mal visto por algunos católicos, y lo tildaron como demagogia.

Era común entre cubanos el dicho: «los políticos no son decentes y la gente decente, no se mete en política». De entre las filas de los federados, surgió el Movimiento Humanista, su creador, Rubén Darío Rumbaut quería ser como una célula base de un futuro partido político, inspirado en Jacques Maritain y la revista «Política y espíritu» de un grupo social-cristiano de Chile. Un retoño de ese movimiento sería el «Movimiento de Liberación Radical» de Andrés Valdespino y Amalio Fiallo, que no podría afincarse en el cauce de la vida pública por el torrente arrollador de los eventos que pusieron fin a la dictadura de Fulgencio Batista.

Otro reto para la Iglesia en la época republicana provino del campo político. El quehacer político cubano durante los años que transcurrieron entre 1902 y 1958 pudiera ser caracterizado de irregular, conflictivo y corrupto. Irregular, porque ocurrieron múltiples irrespetos a las leyes republicanas. Conflictivo, porque las diferencias entre las partes enfrentadas se convirtieron en contiendas sangrientas en las calles y los campos. Corrupto, porque la ambición y el robo plagaron el desempeño de las funciones públicas. En sus memorias, Enrique Canto, señaló lo que muchos cubanos buscaron en la actividad político partidista: «...Desde el barrendero hasta el Secretario de la Presidencia, pasando por el guardia de circulación y el jefe del Ejército, tenían sus puestos en el aire si el Presidente elegido no era de su partido, o si el político a quien servían buscándole votos, perdía las elecciones... ...Para nada significaba la ideología de cada partido ni de cada elegido a un cargo. Lo que importaba era el puesto que solicitaba, como premio, el sargento que aglutinaba a su jefe el número mayor de votos» (Canto, 1993: 129).

Jorge Mañach describió así la vida cubana: «... advenida la República, la restauración económica fue tan rápida y tan pingüe que se creó pronto una atmósfera de venturina. Poseer y mandar fueron privilegios relativamente accesibles. Vimos instalarse en el poder y ejercer autoridad, al lado de hombres que se habían conquistado ese derecho en la manigua, otros a quienes habíamos tuteado en todos los mentideros y tertulias. La improvisación tuvo que regir por mucho tiempo en todos los sectores de la vida cubana; y así como se crearon de la noche a la mañana, instituciones y apoderados que se hicieron cargo, bien o mal de las funciones públicas...» (Mañach, 1928: 62-63). Como lo expresara Carlos Loveira en 1920, caímos en manos de los Generales y Doctores, se vivían días de «incertidumbre y desconcierto».

La Iglesia, tan identificada con la política colonialista española, durante la República intentó distanciarse del quehacer político partidista. Esto tuvo como consecuencia que al sucederse de los gobiernos y partidos la Iglesia no fuese afectada, pero tal vez esta timidez exagerada le impidiera orientar más decididamente al pueblo de Cuba. Nadie mejor que el Cardenal Arteaga para representar esta posición: «He proclamado que nuestro triunfo no puede ser otro que captarnos el amor de nuestros contrarios a fuerza de amarlos y he rehusado tenazmente confiar en otra victoria que no sea la victoria de la cruz...Ni venceremos por la política, ni por la guerra, sino por el amor» (Citado por Montenegro, 1987: 1069-70).

Un sector minoritario católico manifestó una firme y profética sensibilidad social, en él destaca el ilustre Obispo español Mons. Enrique Pérez Serantes con sus pastorales.[103] Al menos en dos ocasiones la Iglesia católica aunó sus fuerzas para protestar contra medidas opuestas a los valores cristianos. Primero, durante la campaña contra la Ley de Divorcio, lucha que la Iglesia perdió al ser aprobada en 1918 la ley que reconocía 13 causales para el divorcio. En una segunda ocasión, en 1941, cuando el Doctor Juan Marinello y sus partidarios intentaban dar un golpe de gracia a la educación privada, en la cual destacaban los colegios católicos, la Iglesia organizó por primera vez una campaña nacional masiva «por la patria y por la escuela» que cerró con una imponente manifestación el 25 de mayo de 1941, acto que detuvo el proyecto Marinello y consolidó las fuerzas católicas, unidas ahora en la Confederación de Colegios Cubanos Católicos que llegó a contar con 245 planteles afiliados.[104] José Manuel Hernández considera que «Ángel Fernández Varela fue el alma de esta campaña, la primera realmente masiva que jamás se organizó en Cuba en repudio de las consignas comunistas» (1981: 44).

4.8 Ante la indiferencia

Finalmente, la Iglesia cubana de los años 1902-1958 enfrentó el desafío de la hostilidad y la indiferencia de los sectores dirigentes. Su respuesta a este desafío fue la más brillante y decisiva y en gran medida lo luminoso de su respuesta explica sus lados oscuros. Ya he mencionado la ingente tarea educativa de la Iglesia que necesitada de recursos, se concentraba en las ciudades, mayormente en la población blanca de clase media y alta.

La Iglesia cubana de la República tuvo en su seno a un laicado generoso, comprometido, valioso, autóctono que fue capaz

---

[103] *El problema o*brero, 20 de agosto de 1933 y *Problemas del momento* 23 de octubrede 1933, citadas en Montenegro, 1987: 1065

[104] Montenegro, 1987: 1068.

de ir proponiendo de manera creíble el Evangelio, principalmente en los ámbitos educativos, profesionales, los sectores medios, los núcleos urbanos del interior, y tarde en la República, también a los obreros y a determinados medios pobres evangelizados por las misiones populares. Este surgir del laicado católico cubano se fue dando alrededor de varios movimientos e instituciones. Desde 1909 Cuba contaba con la orden de los Caballeros de Colón. Todo este empuje laical recibió nuevas fuerzas por la encíclica *Ubi Arcano Dei* de Pío XI, el 23 de diciembre de 1922.

En 1923, se preparaba el Primer Congreso Estudiantil Universitario de La Habana. Se plateaba el tema de la «Influencia Perniciosa de la Enseñanza Religiosa en las Escuelas». Para que la posición de los católicos estuviera bien representada, el Provincial de los Escolapios, P. Francisco Fábrega lanzó una campaña de visitas y contactos para unir a los antiguos alumnos y alumnas de los colegios católicos y asegurar su asistencia a dicho evento.

En el Congreso Estudiantil Universitario, se leyó una moción contra la influencia perniciosa de la educación católica, «los padres deben impedir que sus hijos sean educados por hombres con sotanas negras y con almas más negras todavía» La moción fue derrotada. A raíz de los contactos y relaciones surgidos en ese congreso, creció en los medios juveniles católicos, las congregaciones religiosas y la misma jerarquía el convencimiento de que era necesario organizarse en formas «menos dogmáticas y clericales», tal y como lo expresara Manuel Fernández Santalices.

La experiencia del Congreso Nacional de Estudiantes en la Universidad de La Habana hizo nacer en muchos corazones la conveniencia de organizar una federación de jóvenes católicos. Ya existían las Conferencias del Club Católico Universitario herederas de la Juventud Antoniana (1915) y de Asociación de Jóvenes Católicos (1919), pero hacía falta una asociación con más «formalidad y consolidación». Jorge Hyatt lanzó la idea de reunirse periódicamente. Los Caballeros de Colón los acogieron en su casa social. El Hermano Victorino de la Salle, invitado a acompañar esos grupos, fue confirmado como asesor y Mons. Manuel Ruiz, arzobispo de La

Habana aprobó sus estatutos. El 11 de febrero de 1928 en el Colegio de La Salle del Vedado nacía la Federación de la Juventud Católica Cubana (Fernández Soneria, 2002 Vol. I: 26-38).

Desde 1925, la mujer cubana podía militar en las Damas Isabelinas. Un año más tarde habían surgido los Caballeros Católicos, creados por el laico Valentín Arenas Armiñan y el Padre Esteban Rivas, S.J, cuya primera Unión de Caballeros databa de 1926.

Hno. Victorino de la Salle
(1885-1966)

El, Siervo de Dios, Hno. Victorino. F.S.C., cuyo verdadero nombre era Agustín Arnaud Pages, conocía la realidad cubana desde 1905, cuando el país apenas superaba los dos millones de habitantes. La flamante federación se ocupaba de la formación de sus miembros. Trabajaba a nivel diocesano y provincial Desde 1943 se dividió en las ramas masculina y femenina siguiendo las orientaciones de Pío XI en su encíclica *Ubi Arcano Dei*. Los obispos de Cuba apoyaron la federación asignándole como asesor al P. Manuel Arteaga. Escolapios lasallistas y maristas apoyaron con entusiasmo la federación (Montenegro, 1987: 1062).

Los frutos no se hicieron de esperar, en 1935, cuando el tercer domingo de septiembre se celebró en Santiago el Día de la Juventud Católica: «...por primera vez nuestra vieja catedral [Santiago de Cuba] se vio repleta de una juventud que la llenaba. Más de mil comuniones. Nuestro Señor Arzobispo [Zubizarreta] lloraba de felicidad al final de la misa. —Nunca pensé—, me dijo, —que antes de morir pudiera ver este espectáculo—» (Canto, 1993: 72).

Leyendo los relatos recogidos por Teresa Fernández Soneira, se revive la emoción de las concentraciones nacionales de la Juventud de Acción Católica y sus celebraciones durante el período comprendido entre 1940 y 1949: sentimos el entusiasmo de la multitud de Cárdenas el 24 de febrero, 1941 con el obispo Mons. Alberto Martín Villaverde izando la bandera cubana en un balcón

del hotel la Dominica, en el mismo lugar en que Narciso López izara los colores nacionales en mayo de 1850. Luego vamos a la Provincia de Pinar del Río para ver cómo celebran el Día de La Juventud Católica en la Parroquia de San Cristóbal a la que también asisten jóvenes de la Chirigota. Sentimos el mismo fervor en Guanajay, Candelaria, Mantua, Bahía Honda, Mariel, Artemisa. Asistimos a la misa en la catedral de Pinar del Río repleta y Mons. Evelio Díaz, después de la misa, desayunando con los niños que habían hecho su primera comunión. En la provincia de La Habana, hubo celebraciones en San José de las Lajas, El Cano, San Miguel del Padrón, Güines, Calabazar, Quivicán, Los Pinos, la Salud, San Antonio de los Baños. En Matanzas: hubo alegría en las festividades de Alacranes, Juan Gualberto Gómez, Calabazar, Unión de Reyes, Cárdenas, Bolondrón, Perico, Jovellanos, Colón y Tinguaro. En Camagüey, la catedral resultaba pequeña para la misa presidida por Pérez Serantes; misas en Guáimaro y Florida, Ciego de Ávila, Santa Cruz del Sur. En la diócesis de Cienfuegos, la Acción Católica celebró en Placetas, Zulueta, San José, en Santa Clara hubo misa al aire libre. Se celebró también en Encrucijada, Palmira, Vueltas, Taguayabón, los Abreus, Rodas y Cruces. Hubo misas en Fomento y Remedios, en Cienfuegos, Trinidad, Camajuaní, Sancti Spíritus, donde por primera vez se celebró una misa dialogada, y Caibarién. En Oriente, las cinco naves de la catedral de Santiago, se encontraban «repletas de jóvenes» y Mons. Zubizarreta lleno de alegría. Hubo misa en el Cobre y celebraciones en Contramaestre, Baire, Jiguaní oyeron una transmisión radial desde Palma Soriano. Se celebró la misa en Bayamo, Holguín, Tunas, Guantánamo, Gibara, la celebración llegó a los pueblos de Amas, Bocas, Velazco, Mayarí, Jiguaní y Manzanillo. (2002 Vol. I, 204-210).
Toda esta actividad iba generando un militante minoría dentro de un pueblo bastante indiferente ante la religión. John Merle Davis escribió en 1942:

> El cubano típico difícilmente puede ser calificado de religioso. A pesar de que nominalmente la población es católica y romana, la Igle-

sia tiene muy poca influencia, excepto en las mujeres. Aunque el cubano común sea abiertamente agnóstico y solo ligeramente vinculado a la tradición católico romana, los cultos religiosos y sus manifestaciones se mantienen muy activos en Cuba (Davis, 1942: 40).

Esta falta de influencia en amplios sectores de la cultura y la vida pública no desanimaba a la Acción Católica. La tercera concentración nacional de la Juventud de Acción Católica tuvo lugar en Ciego de Ávila los días 27 y 28 de marzo de 1943; la cuarta en Santiago de Cuba en noviembre de 1944, con asistencia de una nutrida delegación desde Pinar del Río con Mons. Evelio Díaz. La quinta concentración fue en La Habana en 1946. La sexta en Pinar del Río, 1948. El día de la juventud católica cubana con un mitin en el parque central en septiembre de 1949. El acto nocturno fue transmitido por radio a todo el país. Detrás de todos estos eventos y muchos otros locales, de pequeño alcance y hondo significado para sus participantes, adivinamos la entrega incondicional de los organizadores, el apoyo de los colegios católicos, de los párrocos, las religiosas, los padres y madres de estos jóvenes que se recorren la geografía nacional para abrazarse en fe y amistad con otros cubanos, henchidos de orgullo al ver a otras y otros, hasta hace un rato desconocidos, y ahora hermanos en la cruz y la estrella, movidos por la mística contagiosa de la acción católica que aúna en una misma marcha a pueblos, ciudades y parroquias de provincias lejanas. El mapa se encoge mientras el corazón se ensancha (Fernández Soneira, Vol. I 2002: 187-338).

Pronto brotaron también la Juventud Estudiantil Católica, la obrera, la universitaria. El dinámico Hno. Victorio también está en las raíces de los Equipos de matrimonios cristianos, nacidos en la década de los 1950. Para 1956 la organización contaba con 32,000 miembros distribuidos en unos 1,080 grupos.[105] Los estudiosos de

---

[105] Según las estadísticas presentadas en la V Semana Internacional de la Acción Católica, celebrada en Montevideo (Uruguay) en 1956, Ver https://pozosdulces.wordpress.com/2018/02/08/de-la-salle-2018-ano-del-siervo-de-dios-hermano-victorino/ y https://victorinodelasalle.org/

esta época y de la Acción Católica reconocen la influencia de la Federación en el surgimiento de decenas de vocaciones de todo tipo al sacerdocio y la vida religiosa. En muchos casos, el trato personal, la simpatía y carisma de este hombre excepcional, el Hno. Victorino, fue decisivo para considerar y consolidar la validez de una vocación muy cuestionada en la Cuba de aquel entonces.[106]

Otra asociación laical fue la **Agrupación Católica Universitaria** (ACU) fundada en 1931 por el Padre Felipe Rey de Castro y un grupo de ex-alumnos del Colegio de Belén. La visita del P. Lombardi, S.J., a La Habana, difundiendo el mensaje de El Mundo Mejor, marcó al P. Rey de Castro profundamente. Le interesó todavía más por la justicia social. Rey de Castro fue un pionero al exhortar a los agrupados durante un retiro: «el que tenga vocación de político, que la siga». Desde 1952, la ACU fue dirigida por Amando Llorente, S.J., quien también se dedicó en cuerpo y alma a la obra hasta su muerte en el 2010. La ACU se destacó por su excelencia profesional. En 1935, su Academia de Estudios Médicos contaba con 565 estudiantes, universitarios que se apoyaban en la ACU para profundizar la calidad de su ejercicio profesional como médicos. Existió también un Instituto Católico de Psiquiatría (1952) y Centro de Estudios Matemáticos (1953). En toda Cuba y en extranjero se hicieron famosos sus folletos populares producidos por su Buró de Información y Propaganda, en 1953 ya había más de 63,000 impresos. Los agrupados profesionales prestaron servicios en el Dispensario de las Yaguas, fundado en 1935 y dotado de un local propio en 1953, en cual llegaron a trabajar 20 doctores y 5 dentistas. En 1956, la ACU inauguró una moderna casa de ejercicios espirituales en La Habana.[107] Por esos años, el Via Crucis de la ACU organizado en El

---

[106] FERNÁNDEZ SONEIRA, Teresa, (2002), *Con la estrella y la cruz: historia de la Federación de las Juventudes de Acción Católica Cubana*, Miami: Ediciones Universal, 395; H. Alfredo A. Morales, FSC, (1994), «*Como si viera al Invisible...» Hermano Victorino: Itinerario Evangélico,* Santo Domingo: Amigo del Hogar.

[107] Ver José M. Hernández, (1981), *Agrupación Católica Universitaria. Los primeros cincuenta años,* Miami; Suárez Polcari II, 2003: 346

Calvario, congregaba a unos 15,000 fieles los Viernes Santos (J.M. Hernández, 1981: 35. 46. 77).

Estos grupos juveniles de Iglesia crecieron lentamente en medio de las dificultades de la crisis económica y de la corrupción política. Los grupos y movimientos de Iglesia que surgieron durante los años 1920 y 1930 eran muy conscientes de la militancia anticatólica de fuerzas muy importantes de la vida universitaria e intelectual, baste mencionar a Rubén Martínez Villena, reconocido poeta de la nueva generación, Juan Marinello, Alejo Carpentier y Emilio Roig de Leuchsenring.[108] Durante las décadas de los 1940 y 1950, estos movimientos siguieron cobrando fuerza. Para algunos sectores de la población cubana, se vivía una creciente prosperidad que colocaba a Cuba en los primeros lugares de las estadísticas con que se miden la prosperidad de los pueblos. Pero faltaba profundidad espiritual y aquella prosperidad fomentaba una frivolidad. Santalices, serio analista del catolicismo republicano, recogió dos testimonios que retratan bien aquella época. Uno es de Pío XII y el otro del P. Ricardo Lombardi, S.J.

Era el 1947 y se celebrar en la Avenida del Puerto de La Habana un congreso eucarístico nacional. Era la primera vez que un papa dirigía directamente por radio su palabra al pueblo Cubano. Así habló Pío XII:[108]

> ...Todos os sentís orgullosos de haber visto la luz como alguien felizmente dijo: — en la tierra más hermosa que ojos humanos vieron— y dais gracias a Dios, porque os hizo hijos de la Perla de las Antillas.
>
> Pero precisamente en esta placidez y suavidad del fácil vivir, en esta perenne y casi irresistible sugestión de una naturaleza luminosa y exuberante, en esta prosperidad alegre y confiada se esconde acaso el enemigo por el tronco airoso de vuestra palma real que el suave soplo de la brisa hace cabecear airosamente, nos parece ver que precozmente se desliza la serpiente tentadora: —¿Por qué no coméis? —os dice—, seréis como dioses (Génesis 3) y si todo el esplendor de

---

[108] Montenegro, 1987: 1061.

esta atracción puramente natural no se compensara con una vida sobrenatural, potente y robusta, la derrota sería cierta. No es que ignoremos que, por la infinita misericordia del Señor, hace ya años que en vuestra patria retoña una prometedora primavera de las almas...[109]

En 1951, Ricardo Lombardi, S.J., propagaba su «Cruzada de la bondad» que más tarde se transformaría en el movimiento «Por un Mundo Mejor» Luego de visitar Cuba, hizo esta evaluación de cómo los cubanos habían acogido su mensaje. Pareciera que aquel obispó Ramón Fernández Piérola evaluase el catolicismo cubano, o por lo menos, el habanero:

> La nación en que ha repercutido menos mi Cruzada es Cuba. Hay en ella tal abundancia de dones, tal riqueza, tal facilidad de vida, que las clarinadas de anuncio y de llamada resbalan sobre sus gentes. Fuera de algunos núcleos selectos, y de los sectores humildes y miserables, Cuba vive bajo el signo de la frivolidad. Aún no comprenden el drama del mundo, y aún no tienen que pagar su cuota de dolor, como la han pagado y la están pagando ya casi todas las naciones contemporáneas.[110]

Cuando en 1998, Manuel Fernández Santalices enumeró las publicaciones periódicas católicas de Cuba, casi todas nacidas durante la República, contó 202. Algunas de existencia efímera, circulación reducida y dirigidas a un sector de la vida profesional. Otras, como *La Quincena, Revista de Actualidad* publicada por los Padres Franciscanos, circulaba en toda Cuba y durante su corta vida 1955-1961 fue un referente obligado para los católicos de mayor formación (1998: 117-131).

Cierro esta sección con dos iniciativas laicales en tiempos de la república.

---

[109] «El papa habla al pueblo cubano», *Semanario Católico*, La Habana, No. 1057-58, febrero 16-23 de 1947, página 40, citado por Santalices 1998:73

[110] Ruben Darío Rumbaut, «Una visión política de Cuba», *Semanario Católico*, La Habana, No. 1160-61, julio 19-26 de 1953, pag. 28, citado por Santalices 1998:73.

Durante las décadas de los 1940 y 1950 existió en La Habana, el grupo Orígenes. Su revista, *Orígenes*, apareció durante los años 1944-1956. La asociación reunía a amigos intelectuales. Se batía en dos frentes, por un lado lo político y social y por otro, lo artístico y literario. Quiso ser una búsqueda de los auténticos orígenes de la identidad cubana. Aspiraban a trascender lo circunstancial para ahondar en nuestras verdaderas esencias. Lezama quiso «enseñarnos a ver y a sentir la cultura como una segunda naturaleza, un amparo contra la muerte y el vacío, fuerzas oscuras que siempre nos acompañan y que intentan desustanciarnos la existencia».

En una brillante conferencia en el 2012, Enrique Saínz señaló a sus tres más destacados exponentes: José Lezama Lima, Cintio Vitier y Fina García-Marruz. Analizaban con un instrumental intelectual de gran calidad la poesía y ellos mismos producían poesías y ensayos, con lenguaje superiores a muchos de sus destacados contemporáneos. Eran unos acuciosos orfebres de la palabra. En sus «prosas reflexivas hallamos una singular asimilación de importantes líneas del pensamiento católico universal». Esto se dio especialmente en la obra de Lezama Lima. Establecieron un profundo diálogo de tú a tú, con lo que se producía en Hispanoamérica, y con la cultura universal.

En las andanzas de Orígenes andaba el Padre Ángel Gaztelu y también contó con figuras que expresaron su desacuerdo con la vertiente católica. Eran como náufragos de la falsa paz de los cuarenta, que llegaban a las playas de la literatura con un convencimiento raro: hacía falta rescatar el alma de lo cubano profundizando en sus orígenes.

Se les acusó de escapismo, de desentenderse de los grandes conflictos de la vida. Pero ellos se mantuvieron siempre inquietos por el destino de Cuba, siempre inspirados por la figura de Martí.

No se puede llamar «escapista» a un Cintio Vitier que escribió: «… somos víctimas de la más sutilmente corruptora influencia que haya sufrido jamás el hemisferio occidental, y digo esto no porque le atribuya una malignidad específica, sino porque lo propio del ingenuo «american way of life» es desustanciar desde la raíz los valores de todo lo que toca» Orígenes buscaba las fuentes de lo cubano.[111] No eran un faro para toda la República, pero brillaban con luz propia, diáfana, clara y distinta en la noche de la mediocridad.

Desde 1946 existía en Cuba el Centro Católico de Orientación Cinematográfica (CCOC). Para hacer efectivos los objetivos de este centro, en 1952 se organizó el Cine Club. Desde sus inicios hasta el 1959, América Penichet, con su gentileza y competencia, junto a Manolo Fernández, y otros como Wilfredo Piñera y Gina Preval, formaron mediante cursos y talleres a decenas de cubanos en la apreciación crítica de este importante medio de comunicación.

Entre los años 1954 y 1959, el Centro publicó una guía cinematográfica. La visita a Cuba en 1948 de André Ruszkowski, secretario general de la Oficina Católica Internacional de Cine con notables conocimientos, alentó al CCOC y mejoró la calidad de los facilitadores cubanos de los cinedebates. Pronto, en La Habana, en entre los estudiantes de La Salle y Belén se entablaban vivos intercambios luego de ver películas escogidas. Estudiantes y público en general dejaron de ser meros espectadores. La actividad tuvo réplicas en Sagua La Grande, Camagüey y Santiago de Cuba. Los esfuerzos del centro recibieron un espaldarazo, al celebrarse en Cuba «el Congreso Mundial de la Oficina Internacional del Cine (OCIC), con asistencia de 160 delegados de treinta países» (Montenegro, 1987).

Que el catolicismo lograse influir y consolidarse en amplios sectores de la vida profesional, educativa y pública durante la República constituye su logro más brillante. Había descuidado el campo, su presencia en los sectores pobres, negros y mulatos de las ciudades era meritoria y eficaz, pero era débil. Este sería el lai-

---

[111] Enrique Saínz, «El Grupo Orígenes en la cultura cubana» Conferencia en el Centro Loyola, de los PP. Jesuitas, en La Habana, 2012, En http://www.espacio laical.org/contens/ 29/101107.pdf

cado que le daría un nuevo protagonismo al catolicismo durante la lucha contra Batista.

4.9. La era de Fulgencio Batista (1952-1958)[112]

En 1952, Cuba rondaba los 6 millones de habitantes. La zafra producía unos 7 millones de toneladas de azúcar. Desde 1948 la balanza comercial era negativa respecto de los Estados Unidos. Fuera del renglón azucarero, la agricultura era precaria y apenas aportaba nuevos productos. La propiedad de la tierra se había ido concentrando en unas pocas manos. Las fábricas crecían, pero era imposible sustituir las importaciones. El sector turístico se fortalecía, se construían impresionantes hoteles con todas las instalaciones modernas. Un sector privilegiado gastaba en el exterior. Los negros, los mulatos y en general las mujeres experimentaban la desigualdad. Un tercio de la población cubana estaba formado por negros y mulatos. Un 41 % de los cubanos entre los 14 y los 24 años estaba desempleado. Cuba, y en especial La Habana era una sociedad de contrastes hirientes, tal y como lo expresaría el entonces P. Salvador Freixedo, S.J.

Sin duda, las estadísticas en términos absolutos colocaban al Caimán Verde entre las naciones que más habían progresado en la América Latina. Ese crecimiento había beneficiado especialmente a las minorías pudientes, los grandes comerciantes, terratenientes, industriales, profesionales y hacendados azucareros. La Asociación Nacional de Industrias (ANIC) había crecido a un 7% anual y el 1958 empleaba un 19% de la población activa, pero sus puestos de trabajo demandaban una alta cualificación por eso su impacto en la economía en general y su «capacidad de generar empleo eran reducidas». Cuba era el tercer país de América Latina con menores índices de analfabetismo, pero en las zonas rura-

---

[112] Mi información de la Iglesia durante la era de Batista, se basa en Uría, 2011:126 -253, especialmente las citas de pronunciamientos eclesiales y del gobierno deBatista. Resumo y organizo la información de Uría. Cuando emplee informacionesde otra fuente, lo indicaré expresamente

les de Oriente, el 24% de la nación se convertía en un 50%. El turismo y los hoteles aumentaban cada año, pero también la mendicidad y la prostitución. Apoyándose en las encuestas de la Agrupación Católica Universitaria de 1954 y 1957 Uría concluyó: «En 1958 dos millones y medio campesinos vivían en unas condiciones paupérrimas». Los campesinos representaban el 44% de la población y accedían al 10% de los ingresos nacionales (Uría, 2001: 204-205, 224-226).

Las llamadas capas medias decaían. Los 500,000 obreros urbanos y rurales salían adelante en medio de sacrificios y estrecheces. El 4% del campesinado comía carne con cierta regularidad; 74% de sus viviendas se encontraba en mal estado y solo el 9% disfrutaba de la electricidad. Solo el 45% de los cubanos en edad escolar accedía a la enseñanza primaria. Relativamente, en La Habana circulaban más cadillacs que en cualquier otra ciudad del mundo, 70% de las viviendas poseía un radio. Cuba vio televisión en el 1950. Todo un segmento de su población imitaba los hábitos del American Way of life (Oscar Zanetti, 2013).

A grandes rasgos, ¿qué era la Iglesia católica cubana en aquella sociedad? En 1954 la Agrupación Católica Universitaria llevó a cabo 4,000 entrevistas para tomarle el pulso al catolicismo cubano, entre otros aspectos estudiados. Apoyándome en un resumen del recordado Salvador Larrúa (2001, Vol. 1) presento los resultados más relevantes:

> El 96.5 por ciento de los encuestados creía en Dios, un 2,0 se declaró ateo y el 1,5 no quiso o no pudo responder.
>
> El 72,5 por ciento declaró ser católico, el 19,0 indiferentes en materia de religión, un 6,0 por ciento pertenecía alguna Iglesia protestante, el 0,5 estaba afiliado a alguna logia masónica, otro 0,5 estaba formado por judíos, y por último, otro 0,5 por ciento manifestó tener creencias religiosas afrocubanas.
>
> El índice de catolicismo o por ciento de católicos dentro del total de la población, fue similar en todas las provincias...

En el área rural de la provincia de La Habana se localizó la mayor concentración de indiferentes en materia de religión de toda Cuba, con un 30,0 por ciento del total.

De las personas entre 18 y 25 años de edad, el 65,0 por ciento declaró profesar la religión católica. En los mayores de 50 años, el porcentaje de católicos aumentó al 82,0 por ciento.

Entre los blancos, el índice de catolicismo fue del 79,0 por ciento, y entre los negros y mestizos, del 64,0 por ciento.

Por sexos, declaró profesar la religión católica el 86,0 por ciento de las mujeres y el 63,0 por ciento de los hombres.

Se procedió a clasificar a los encuestados según su procedencia social, dentro de las clases baja, media baja, media alta y alta. Los índices de catolicismo fueron: 67,0 por ciento en la clase baja, 82,0 por ciento en la clase media baja, 88,0 por ciento en la clase media alta y 100,0 por ciento en la clase alta...

El índice de catolicismo tomando como punto de comparación o referencia el nivel de instrucción fue de una 42,0 por ciento entre los analfabetos, del 75,0 por ciento entre los que contaban con instrucción primaria, del 91,0 por ciento entre los que alcanzaban instrucción secundaria y sorpresivamente, el índice vuelve a bajar al 70,0 por ciento entre los universitarios...

Entre los declararon profesar la religión católica:

El 24,0 por ciento asistía a la Eucaristía los domingos, el 42,0 por ciento de vez en cuando, el 31,0 pasaba a veces años sin ir a misa y el 3,0 por ciento no había ido nunca.

El 65,0 llegó a hacer la Primera Comunión, el 32,0 no la hizo, y el 37,0 por ciento no lo recordaba o no lo sabía.

El 11,0 por ciento comulgaba con frecuencia, el 43,0 por ciento una vez al año, el 42,0 pasaba años enteros sin comulgar, y el 4,0 por ciento no respondió.

El 67,0 por ciento de los encuestados identificó a Jesucristo con Dios (o con el Hijo de Dios) el 22,0 por ciento dijo que era solo un hombre, y el 11,0 por ciento no quiso dar su opinión.

El 85,5 por ciento de los que se sometieron a la entrevista manifestó tener fe en la Virgen, el 9,5 dijo que no y el 5,0 no respondió. De los católicos, el 90,0 por ciento declaró su fe en la Virgen.

El 25,0 por ciento de los entrevistados confesó haber practicado alguna vez el espiritismo de alguna de las maneras que son usuales en Cuba, las más de las veces mediante consultas con «mediums».

El 12,0 por ciento de los encuestados declaró haber ido alguna vez a la consulta de un curandero, el 14,0 por ciento alguna clase de adivinadores, y un 28,0 por ciento declaró creer en las predicciones del horóscopo.

El 80,0 de los católicos no casados por la Iglesia afirmó, que les hubiera gustado hacerlo, pero que no habían tenido dinero para ello...

... El 60,0 por ciento de los entrevistados consideró necesario el divorcio, y el 61,5 dijo que los divorciados debían casarse de nuevo...

El 57,0 de los encuestados manifestó que la Iglesia era buena con los obreros, y un 3,0 por ciento dijo que era mala. Los restantes consideraron que la Iglesia «no se metía con eso».[113]₃

Los resultados están claros y no necesitan comentario, pero no deja de impresionar la relación entre catolicismo y procedencia social.

A tres meses de las elecciones presidenciales, el 10 de marzo 1952, el General Fulgencio Batista asumió el poder mediante un golpe de estado.

---

[113] Los datos de Larrúa se basan en: Buró de Información y Propaganda de la Agrupación Católica Universitaria, La Habana, 1954.

La validez de muchas acciones de los diversos protagonistas de la vida pública, fueron juzgadas por su aprobación o rechazo del gobierno golpista. Batista obtuvo inmediatamente el necesario reconocimiento de los Estados Unidos, tal vez tranquilizados, porque Batista había declarado ilegal al Partido Socialista Popular. Eran los tiempos de la Guerra Fría y de la Guerra de Corea (1951-1953).

Uno de los primeros reconocimientos fue el del Cardenal Arteaga, el 20 Marzo 1952: «Constituido su gobierno, bajo su digna dirección, cúmpleme presentarle en mi carácter de Arzobispo de La Habana, en pro del orden, la justicia y la paz nacionales, mis respetos» (Uría, 2011: 127).

El lisonjero reconocimiento del Cardenal, contrastaba con las graves palabras de un laico católico, Andrés Valdespino, quien en el *Semanario Católico* llamó la atención de todos: «Cuba se enfrenta en estos momentos ante la realidad de un hecho consumado. El golpe militar supone un salto en el vacío, un paréntesis institucional que no sabemos cuánto durará ni cómo se cerrará. La hora es grave y explosiva. De la serenidad del pueblo depende que las aguas desbordadas retornen a su cauce, que se encuentre una fórmula que devuelva a la nación la legalidad constitucional y el pleno disfrute de sus libertades públicas» (Santalices, 1996: 51-52).

También la Juventud de Acción Católica en un acto público en Guanajay, Pinar del Río, el 5 de junio de 1952 repudió la acción de Batista. Su mitin fue disuelto por la fuerza. Detuvieron a Andrés Valdespino y Amalio Fiallo, oradores del mitin y otros organizadores, quienes dialogando con el teniente obtuvieron esta respuesta: «—Ustedes hablan de libertad, y eso es contra el gobierno—» (Fernández Soneira, 2002, Vol. I: 373-374).

Por su parte, la Juventud Obrera Católica apoyó la huelga bancaria, lo que le valió ver sus locales invadidos y a su asesor, el P. Enrique Oslé, S.J., acusado de comunista. También las universidades de Oriente y La Habana repudiaron el golpe.

Para muchos católicos, la participación de la jerarquía y la religión en los actos organizados por el gobierno de Batista con motivo de los 50 años de la República el 20 de mayo de 1952, fue considerada una instrumentalización de la fe para legitimar a Batista y su gobierno. Se trajo a la imagen de la Virgen de Caridad desde el Cobre en un avión facilitado por el gobierno. En el avión, viajaban el arzobispo de Santiago de Cuba, Pérez Serantes y un grupo de sacerdotes. Miles de cubanos desfilaron delante de la imagen para venerarla (Canto, 1993: 155). Las multitudes congregadas para venerar la imagen de la Virgen de la Caridad le dieron a Batista un baño de esa legitimidad urgentemente necesitada por el golpista.

En su correspondencia de aquellos días, las preocupaciones de Mons. Pérez Serantes eran las estrecheces económicas para atender el santuario del Cobre, los pocos seminaristas y sus deseos de sacerdotes bien formados. El tema de la interrupción de la democracia en Cuba no afloraba en su correspondencia.

El domingo 26 de julio de 1953, un grupo liderado por el Dr. Fidel Castro atacó el Cuartel Moncada. Se supo de 19 militares asesinados. A seguidas, se desató una represión brutal de asesinatos y torturas en Santiago de Cuba. Se proclamó la ley marcial en todo el país. Se sabía que Fidel y un grupo habían escapado a fincas localizadas en las cercanías de Santiago. Tanto por su propia iniciativa, como porque personas allegadas al grupo rebelde le habían pedido a Mons. Pérez Serantes que interpusiera sus buenos oficios ante el coronel Río Chaviano, lo cierto es que Monseñor puso todos los medios a su alcance. El obispo tenía relaciones cercanas con el coronel Río Chaviano, pues de vez en cuando almorzaban juntos. Ante la extrañeza del P. Jorge Chabebe por esta relación, Pérez Serantes le replicó: «los gallegos somos así». Pronto el obispo pudo comunicarle a Enrique Canto, presidente de la Acción Católica en Santiago de Cuba, que el coronel Chaviano le dejaba buscar a los rebeldes y si se entregaban pacíficamente, les respetaría la vida.

El hábil Mons. Pérez Serantes, formalizó el compromiso del militar con una carta del jueves 30 de julio dirigida al Coronel

Chaviano: «Gustoso me brindo a ir en busca de los fugitivos que atacaron el Cuartel Moncada en la mañana del domingo pasado, y

Mons. Pérez Serantes

agradezco mucho a Ud., las facilidades que me dé para lograr el noble propósito que a Ud., y a mí nos anima en este caso. Asimismo agradezco las garantías que a los fugitivos y a mí nos binde Ud., para llevar a las vías de hecho el nobilísimo fin de que aquellos depongan las armas y vuelvan a la normalidad, llevando la tranquilidad a sus desolados hogares y a toda la familia cubana, que está sufriendo preocupada por la suerte de estos muchachos y por la tranquilidad de la República». La carta fue publicada por el diario *Alerta*. El buen nombre y la honra del Coronel quedaban comprometidos.

El 1 de agosto, Leyda Sarabia, presidenta de la Asociación de Maestras Católicas, también animó a Mons. Pérez Serantes a continuar la búsqueda. Luego de encontrar y acoger a algunos de los rebeldes, el obispo con Enrique Canto a su lado, acompañó en su carro al vehículo que condujo a Fidel y algunos de los comba tientes al Vivac de Santiago. Allá, a las 9:45 am del 1 de agosto, Fidel le expresó al obispo: «Monseñor, hubiese preferido caer en el asalto, así no estaría ahora en el trance de ser juzgado oprobiosamente por este régimen asesino» (Uría, 2011: 161). El Cardenal, a través de su canciller, y Mons. Alberto Müller directamente, felicitaron a Pérez Serantes por su gestión en favor de la paz. Ángel del Cerro, dirigente de la Juventud de Acción Católica, le escribió el mismo 1 agosto, 1953: «…Por encima de la cuestión política, puede S.E. tener la seguridad absoluta, la juventud cubana vive un intenso problema ideológico».

Las buenas relaciones del Arzobispo con el Dictador Batista no se habían deteriorado. El 24 de septiembre, Mons. Pérez Serantes se encontraba junto al Presidente Batista en Holguín inaugurando unas obras públicas. El obispo aprovechó para mencionarle sus proyectos en La Maya y Mayarí. Por esos días, la correspondencia del obispo reflejaba otras preocupaciones; insistía en la necesidad de moralizar los carnavales de Santiago y reprendía a un cura compatriota por dar de bofetadas a un niño en una procesión.

El 2 de mayo de 1955 se aprobó la amnistía en favor de Fidel Castro y compañeros, y fue ratificada. El 5 de mayo de ese mismo año, el Dictador Batista creó el Bureau para la Represión de Actividades Comunicas (BRAC).

En México, Fidel y sus compañeros prepararon la expedición del Granma. En los últimos días de noviembre de 1956, se esperaba una expedición de un momento a otro. Para distraer a las fuerzas de Batista al momento del esperado desembarco, se convocó una huelga general para el 30 de noviembre. El día antes, 29 de noviembre, el Nuncio visitó el Seminario San Basilio para celebrar los 25 años del San Basilio en su nueva sede, e inaugurar una nueva sección de aquel seminario.

El 2 de diciembre, 1956 arribaba el Granma, en medio de muchos contra tiempos y en un manglar inhóspito. Ese diciembre, los esbirros de Batista asesinaron en Holguín a 21 miembros del 26 de julio acusándolos de terroristas. Sus cadáveres aparecieron ahorcados y algunos fueron abandonados en el centro de la ciudad. Cuba era un hervidero de rumores sobre la muerte de Fidel, pero el 17 de febrero de 1957, el periodista Herbert Matthews entrevistó a Fidel. Más tarde, el *New York Times*, en su edición dominical del 24 de febrero y los días 25 y 26 aparecieron artículos sobre Fidel. El General Díaz Tamayo comprometió la credibilidad del gobierno al afirmar que todo el asunto de la entrevista, no era más que una patraña inventada. El 28 de febrero, el *New York Times* publicó la famosa foto de Fidel en la Sierra Maestra.

A medida que avanzaba el 1957, cada día, los enfrentamientos entre los rebeldes y el ejército y la brutal represión de la dictadura traían torturas y muerte a cientos de jóvenes. El 13 de marzo de 1957, un grupo de jóvenes del Directorio Revolucionario Estudiantil atacó el Palacio Presidencial y la Emisora de Radio Reloj. Se buscaba el ajusticiamiento del tirano. Era conocida la práctica y creencia católica del líder del asalto, José Antonio Echevarría y varios combatientes del grupo. Al día siguiente del asalto, la prensa reportaba la presencia de eclesiásticos en un acto de felicitación a Batista por haber salvado la vida.

Pérez Serantes dirigió una Circular, *Al Pueblo de Oriente* el 28 de mayo de 1957. El documento fue leído en las 34 parroquias de la Arquidiócesis. El arzobispo exigía el fin de la guerra: «… pero no a sangre y fuego, por no ser estos elementos que pueden propiciar la paz verdadera y estable que necesitamos urgentemente […]. Todos deberían estar dispuestos a abrazar el sacrificio, el que sea, el más costoso, en aras de la paz, por la cual debe interesarse todo el que en verdad ame a Cuba». Pedía además que se realizaran horas santas en todas las iglesias y se rezara la oración por la paz compuesta por el obispo de Pinar del Río, Evelio Díaz.

El 20 de junio de 1957, Mons. Carlos Riú, obispo de Camagüey, secretario de la Conferencia Episcopal cubana declaraba:

1. Que la Iglesia, [es decir, la jerarquía católica] sin desentenderse nunca de la alta política que es el bien común, permanece fuera y sobre todo partido político.

2. Que asimismo se interesa porque esta sea la línea de conducta de sus instituciones, que deben mantenerse como tales al margen de toda política de partido.

3. Que todo buen católico, debe observar fielmente estas normas de la Jerarquía, sin menoscabo de los derechos que le asisten como ciudadano, y que la Iglesia respeta actuar bajo su propia y personal responsabilidad en la vida pública de la Nación. La Habana, 20 de junio 1957 (Soneira, 2002, Vol II, 321).

Batista se ocupó de aparecer en público compartiendo su acuerdo con los señalamientos del episcopado.

En algunos círculos católicos crecía la conciencia de la necesidad de una transformación en la sociedad. Así apareció en un libro del entonces jesuita, Salvador Freixedo, *Cuarenta Casos de Injusticia Social*, 1957. Mons. Pérez Serantes apoyó dicha iniciativa. Para

Freixedo la salvación de Cuba llegaría si la burguesía se convertía al verdadero catolicismo, «El gran desorden y caos de nuestra Sociedad, que [...] se queda cruzada de brazos cuando ve que la mayoría de esos hermanos [obreros] viven miserablemente en lo espiritual y aun en lo material y no hace nada o casi nada por arrepentirse y remediar tanta miseria» (citado en Uría, 2011:227).

Por esos días, el Embajador español Juan Pablo Lojendio, usando información de una fuente segura aseguraba al Ministro de Asuntos Exteriores de España que «… entre los muchachos que acompañan en su aventura a Castro los hay de muy buena formación católica…»

El mencionado pronunciamiento del episcopado, el apoyo de algunos curas y organizaciones católicas tuvieron como consecuencia que, a mediados de 1957, fuera frecuente escuchar comentarios insultantes sobre la participación de los obispos y de los católicos apoyando a los rebeldes de Fidel Castro.

Merecen una mención especial las declaraciones de Rolando Masferrer Rojas, senador y aliado de Batista. Luego de recordarle a Mons. Pérez Serantes de que todavía estaba fresca la sangre de once jóvenes soldados asesinados en el Moncada, ninguno de los cuales provenía de alguna familia rica de Vista Alegre…

> … Ahora solivianta el espíritu y hace hervir de indignación la sangre leer que estos mismos desenfadados sabrosones, liderados por el ventrudo arzobispo español, y fascista por añadidura, se rasgan hipócritamente las vestiduras airados porque algún soldado que [...] harto de provocaciones, le rompió un colmillo a algún deslenguado.
>
> Esto es más que sospechoso, señor cura y señores rotarios y leones de mesas bien servidas. Aunque reconozco que sus protegidos tienen mejor defensa publicitaria, veamos quien tiene mejor amarrados los pantalones.

La tensión entre las fuerzas represivas de Batista y las fuerzas vivas de la Iglesia iban en aumento. En julio de 1957, con la excusa de que perseguían a unos rebeldes, la policía vejó a los padres paúles y perpetró destrozos en su residencia en Santiago de Cuba. El 30 de julio caían asesinados Frank País y Raúl Pujol que le escondía.

La indignación santiaguera fue tal que se paralizaron los carnavales. El 31 de julio, unas doscientas santiagueras enlutadas fueron reprimidas brutalmente cuando intentaban hablar con el nuevo embajador norteamericano Earl T. Smith. Ese mismo día fueron enterrados Frank País y Raúl Pujol, mientras una huelga se adueñaba de todo Santiago, no así en La Habana. El pastor bautista Eliseo González fue detenido durante doce días, acusado de ser «autor intelectual de actividades contrarrevolucionarias».

El cónsul interino de España en Santiago de Cuba, Diego Abascal de la Lastra le reportaba al Embajador Lojendio unos despropósitos de Salas Cañizares amenazando al padre español paúl, Lorenzo Jaureguízar, superior de los paúles en Oriente: «Tengo ganas de colgar a un cura y preferiblemente a uno de San Francisco, junto con un miembro de una de sus congregaciones de caballeros para escarmiento general [...]». Ignacio Uría cree que, probablemente sería más exacto atribuir la amenaza a Rolando Masferrer, quien odiaba a los sacerdotes españoles (2011:203).

En enero de 1958, ¿qué análisis hacían los americanos al examinar la respuesta de la jerarquía católica ante la siempre creciente oposición a Batista? Según Daniel Braddock, el cardenal «era un anciano senil caracterizado por su pacífica disposición a retirarse. De ninguna manera apoyaría el involucramiento político de la jerarquía y sus secuelas de tensión y agitación». Braddock pensaba, aunque se tildaba de pro rebelde al Arzobispo de Santiago de Cuba, sus acciones eran mal interpretadas, pues Pérez Serantes, a quien Braddock llamó «Cardenal Pérez Serantes», actuaba a partir del deseo de evitar derramamientos de sangre y devolver la paz a la Provincia de Oriente. Braddock colocaba a la Juventud Obrera Cubana (JOC) y sus 8,000 afiliados en La Habana del lado rebelde, especialmente sus líderes, José de Jesús Plana y el carismático Reinol González. La JOC y la JAC eran activos vendedores de bonos del 26 de julio. También el P. Chabebe era calificado de partidario de Fidel y acotaba que podía servir como enlace para establecer un contacto directo con los rebeldes. Braddock concluía que, la Iglesia, queriendo decir los obispos y los principales movimientos, veían como la mejor alternativa a la dictadura, una alianza entre el Movimiento 26 de Julio y el Movimiento de Resistencia Cívica.

A lo largo del 1957 se fue gestando dentro del clero y los laicos católicos una fuerza contra Batista. Uno tiene la impresión de que el laicado católico le llevaba la delantera a la jerarquía a la hora de condenar la brutalidad del régimen. El 11 de febrero de 1958, con motivo de su trigésimo aniversario, las Juventudes de Acción Católica publicaron un Manifiesto. En él se exigía el restablecimiento de un Régimen de Derecho que garantizase «la vida, la integridad física, la libertad individual». Condenaba a los que se arrogaban la potestad de hacer justicia por su propia mano y proseguían:

> Pecan gravemente ante Dios los que, aplicando métodos brutales e incivilizados de investigación, someten a los acusados a torturas y maltratos para arrancarles la confesión de sus actos; practican en cárceles o centros represivos el castigo corporal repudiado por la moral cristiana y prohibido por nuestras leyes, o llegan hasta la eliminación física sin formación de causa ni previa declaración de responsabilidad.

A los pocos días del Manifiesto de las Juventudes de Acción Católica, los seis obispos de Cuba y el auxiliar de La Habana publicaron una declaración conjunta *En favor de la paz*, el 25 de febrero de 1958. Los obispos se presentaban como los líderes espirituales de Cuba urgidos a pronunciarse por la lamentable situación de odio y sangre derramada en ciudades y campos. Exigían el cese de la violencia y proponían «el establecimiento de un gobierno de unidad nacional que saneara la vida política y republicana».

Ignacio Uría consideró esta declaración conjunta como «excesivamente neutra», pues no se atrevía a señalar a los culpables de aquella situación caótica. Dejaron en el aire, sin aclarar qué era eso de un «gobierno de unidad nacional». Pero la declaración conjunta tiene que haberle causado malestar al director y sus simpatizantes, pues los obispos colocaban al mismo nivel al ejército de

Batista y a las fuerzas rebeldes. El gobierno de Batista salía mal parado por no poder mantener el orden y por reprimir brutalmente a la oposición.

La declaración conjunta mostraba nuevos aspectos en la toma de posición de los obispos ante la situación nacional: era la primera vez que el Cardenal firmaba un documento que dejaba mal parado al Dictador Batista. El mismo gobierno de Batista acusó el golpe al impedir a la CMQ transmitiera por radio la Declaración, que el *Diario de la Marina, El Mundo* y *La Información* publicaron, a pesar de las presiones.

Ignacio Uría recoge un hecho que indica el grado de identificación del liderazgo juvenil católico con las fuerzas que adversaban a Batista: «Los líderes juveniles de la Acción Católica llegaron incluso a visitar la sede del *Diario de la Marina*, que era el periódico de mayor circulación en el país, para amenazar a su director, el también católico José Ignacio Rivero Hernández». Si no publicaba la carta de los obispos, le dijeron, la rotativa del diario sería «reducida a chatarra» (2011: 211).

Dentro y fuera del catolicismo, el Cardenal era visto como simpatizante de Batista, pues consideraba que el Dictador respetaba los derechos de la Iglesia. La Juventud de Acción Católica criticó la neutralidad del Cardenal. ¿Por qué firmó la Declaración Conjunta el Cardenal? Uría considera que por la presión de Pérez Serantes, los obispos Evelio Díaz de Pinar del Río, Alberto Martín Villaverde de Matanzas y todo un grupo de laicos católicos.

En marzo de 1958, varias figuras públicas e instituciones se pusieron de acuerdo para crear la Comisión de la Concordia que reivindicaba: la amnistía política, retorno de los exiliados, restablecimiento de la Constitución del 1940 y el reconocimiento del movimiento 26 de julio. Figuras públicas y movimiento adhirieron a la Comisión. Por su parte, Fidel Castro denunció la falta de definición del episcopado a la hora de formar un gobierno de unidad nacional. ¿Qué cubano sentaría una comisión junto al Dictador Batista? Por lo tanto, rehusaba todo contacto con la Comisión y anunciaba que «ansiado amanecer» estaba cerca.

Uría hace este análisis acerca de la posición de la jerarquía católica en febrero de 1958 ante la dictadura de Batista y la insurrección en su contra: «la Iglesia católica era anti batistiana, pero más por la incapacidad del gobierno para acabar con la guerra civil existente que por su identificación ideológica con los revolucionarios» (Uría, 2011: 217).

De una entrevista entre el Ministro de Relaciones Exteriores cubano, Gonzalo Güell y el Embajador Smith trascendieron dos elementos: del lado americano se pensaba que solo los obispos tenían el prestigio para asegurar una solución pacífica del conflicto. Del lado de Batista y el sector que le apoyaba: el gobierno apreciaba los esfuerzos de los obispos, pero ellos no controlaban a los militantes de la JOC y de la JAC, quienes eran abiertamente antibatistianos.

Pérez Serantes volvió a pedir en una nueva circular *Queremos la paz* del 24 de marzo, 1958, que todos hicieran sacrificios en aras de la paz. Por su parte, católicos tradicionales como Gerardo García de Santiago, le expresaba, el 28 de enero de 1958 su disgusto a su obispo Pérez Serantes por no condenar la violencia de los revolucionarios. Por esos días, Batista declaraba a la catedral de Santiago de Cuba monumento nacional y le otorgaba una subvención. Pérez Serantes se lo agradeció en una carta personal del 23 de enero de 1958, dirigida a Batista.

En 1958 se discutió una y otra vez si Fidel Castro era comunista. Para los católicos con cierta formación era una cuestión decisiva que había que aclarar sin dilaciones, dada la atmósfera en la que ocurría. Recordemos algunos sucesos que marcaron decisivamente la mentalidad de muchos católicos cubanos con cierta formación: en tres ocasiones la Santa Sede defendió públicamente a la Iglesia Mexicana que padeció abusos, confiscaciones, cárceles y asesinatos y fusilamientos por los diversos gobiernos surgidos de la Revolución Mexicana: *Iniquis Afflictisque* (1926), *l'Acerba Animi* (1932) y *Firmissimam Constantiam* del 28 de marzo de 1937. Las encíclicas durante la reciente Guerra Civil Española (1936-1939) las fuerzas republicanas y sus aliados anarquistas y comunistas habían asesinado a cientos de sacerdotes y religiosas y decenas de obispos españoles. Gran parte de los religiosos y religiosas de Cuba eran españoles con conocimiento directo de aquellos sucesos, y en ocasiones, con miembros de sus familias asesinados por el bando comunista, aliado de la causa republicana. El 19 de marzo de 1937, la encíclica *Divini Redemptoris* de Pío XI había calificado el comunismo como «intrínsecamente perverso» por lo tanto ningún católico podía cooperar con él. En plena Guerra Civil Española, el primero de julio de 1937, el episcopado español había llamado «cruzada» al esfuerzo que realizaba el General Franco.[114] Luego de la Segunda Guerra Mundial, bajo el liderazgo de Stalin, todos los países controlados por el ejército ruso, sin excepción, habían establecido gobiernos comunistas reprimiendo violentamente a la oposición y negándoles sus derechos ciudadanos fundamentales. Fue famoso el discurso de Winston Churchill el 5 de mayo de 1946 denunciando cómo sobre esos pueblos de Europa, con aspiraciones de libertad, ahora quedaban detrás de la cortina de hierro. El 23 de junio de 1949, Pío XII, a través del Santo Oficio había condenado el comunismo como intrínsecamente perverso y con la excomunión a todo católico que profesara, defendiera o propagara el comunismo. Se le debía considerar como apóstata de la fe católica. En junio de 1956, bajo el liderazgo obrero, el pueblo polaco protestó públicamente contra las autoridades comunistas que dispararon contra los manifestantes. Dirigido por los estudiantes de Budapest, el pueblo húngaro se levantó contra las autoridades comunistas y la presencia soviética en 1956. Su levantamiento que duró desde el 23 de octubre hasta el 10 de noviembre fue reprimido brutalmente por tropas soviéticas.

A través de Mons. Dell'Aqua, sustituto de la Secretaría de Estado, la Santa Sede le manifestó al Embajador cubano ante la misma, José Miguel Ribas, su preocupación por la actividad de los

---

[114] Varios laicos católicos de renombre y obispos europeos, se opusieron a que se llamase cruzada ese esfuerzo bélico, al paso que denunciaban la represión de las fuerzas de Franco en las zonas ahora dominadas por los nacionales. ¿Se conocería en Cuba en aquel entonces esta oposición?

comunistas en Cuba, que el Embajador transmitió en estos términos: «Dell'Aqua espera que los Estados Unidos abran de una vez sus ojos a la infiltración comunista en Cuba». (Uría, 2011: 224).

Hay que decir, que por esos días, todo aquel que se colocase contra los regímenes tiránicos de Pérez Jiménez, Rojas Pinillas o Rafael Leonidas Trujillo era acusado de comunista por esos gobiernos y por el Departamento de Estado de los Estados Unidos que apoyó a esos regímenes.

Sierra Maestra, órgano oficial del Movimiento 26 de julio, captó la gravedad y lo mal intencionada de la acusación de comunista al Dr. Fidel Castro. Esta publicación desmintió que Fidel fuera comunista en junio de 1958: «Educado Fidel en una escuela católica de Santiago de Cuba y de cuya fe nunca se ha apartado, el extremo de que siempre conserva su capellán católico entre sus filas de combatientes de la Sierra Maestra...» Fidel no podía ser comunista pues procedía de una familia terrateniente, no rechaza la presencia de capitales extranjeros, ni habla de socializar las empresas. Luego continuaba: «Nuestro líder máximo no ha pactado ni pactará con los comunistas para el establecimiento de un gobierno de ese tipo». Quien pactó con los comunistas e hizo causa común con ellos fue Batista [...] Siempre aparece Fidel con su medalla de oro de la Virgen de la Caridad del Cobre al cuello [...] El 90% del pueblo cubano es católico, Fidel tiene tras sí más del 90% del pueblo cubano; luego... Fidel no puede ser comunista y sabrá rodearse de hombres que representen las esencias democráticas de América.[115]

A medida que los combates entre el ejército y los rebeldes se intensificaban, algunos agentes pastorales tomaban decisiones desesperadas. Tal fue el caso de dos sacerdotes españoles que se fueron a Miami y desde allá le avisaron al arzobispo de su partida. En su correspondencia, Pérez Serantes se quejaba que de los 400,000

---

[115] *Sierra Maestra* Vol 1, No 5, Miami, Junio 1958, página 8, citado por Uría, 2001:225, nota 1.

niños en edad escolar de su arquidiócesis, solo 40,000 recibían algún tipo de instrucción religiosa.

En medio de aquella tensa situación que se agravaba por días, Pérez Serantes soñaba con abrir una pequeña escuela parroquial en Baracoa. Por su parte, el Cardenal, en febrero del 1958 hablaba de crear un santuario nacional bajo la advocación, Nuestra Señora de Lourdes, proyecto al cual Pérez Serantes se opuso, porque ya existía un santuario nacional en El Cobre dedicado a N.S. de la Caridad.

La piedad católica y el fervor religiosos popular tenían como su sitio de honor santuario de Nuestra Señor de la Caridad en El Cobre. La explosión del polvorín de El Cobre en abril del 1958 que afectó el santuario, causó otro estallido de rumores. Se culpaba a los rebeldes del 26 de julio. Pérez Serantes se ocupó de desmentir este rumor. Todavía Batista no desaprovechó la ocasión y volvió a ayudar al Arzobispo de Santiago en la reconstrucción, siendo así que sus visiones de la realidad cubana eran opuestas.

A nivel nacional, fracasó la huelga del 9 de abril decretada unilateralmente por el Movimiento 26 de julio. Días más tarde, el 20 de mayo, con motivo de la recepción oficial del cuerpo diplomático, el Nuncio Mons. Centoz y el Padre Spiralli, agustino y fundador de la universidad de Villanueva aparecieron en la prensa fotografiados con el Dictador Batista. Centoz elogió a Batista «por haber mantenido la paz durante la huelga general de abril».

Por esos días del 1958, las olas de la violencia se encrespaban en Oriente. La policía irrumpió en el Colegio Dolores de Santiago de Cuba y buscando al autor de un supuesto disparo contra la policía desde el colegio y sin orden de registro. Frustrados, ametrallaron la capilla privada de los jesuitas. Amenazados de una violencia similar, los jóvenes seminaristas del Seminario San Basilio en El Cobre, fueron trasladados a Cienfuegos.

Toda esta violencia era denunciada por el arzobispo Pérez Serantes en su Circular del 7 de octubre de 1958, titulada «Paseo Macabro». El Arzobispo tenía necesidad de volver a levantar su voz, ahora en ocasión del «paseo» por la ciudad del cadáver de un joven rebelde. Según Uría, Pérez Serantes ya entreveía el final de la contienda, y de manera oficiosa, a través de Gustavo Arcos, encargado de los contactos políticos del movimiento rebelde, le preguntó «si la contienda terminaba con un acuerdo político o si una junta militar destituía a Batista» ¿qué curso de acción tomaría el Movimiento 26 de julio? Monseñor no obtuvo respuesta.

Por esos mismos días, en los medios diplomáticos americanos existió el rumor de una posible entrevista entre el Nuncio y el Embajador Smith en vistas de la creación de un gobierno provisional. Se convocaría a elecciones en un plazo de seis meses con la presencia de observadores internacionales. Uría no encontró ninguna evidencia acerca de la realización o no, de esta posible reunión.

Existe la evidencia de que en diciembre de 1958, los diplomáticos norteamericanos no querían que Fidel Castro asumiera el poder en Cuba. Desde el verano de 1958 el gobierno de los Estados Unidos tenía informes de la presencia comunista entre los rebeldes del 26 de julio en la Sierra Maestra. El 7 de noviembre de 1958, por órdenes de Batista, Marinello fue reincorporado a la docencia en la Universidad de La Habana, y del mismo modo se admitió de nuevo a sus empleos a varios comunistas que habían quedado cesantes durante la huelga del 9 de abril de 1958.

El 24 de diciembre, 1958, Pérez Serantes publicó otra circular, «Basta de Guerra», en ella presentaba la violencia que enlutaba con miles de muertos y heridos a Santiago de Cuba. Pedía que se suprimiera el acostumbrado «dulce vivir» para caer en la cuenta de que con la paz nade se pierde. Uría cree, y pienso que con razón, que el Arzobispo respiraba por la vieja herida: la vieja manía de concentrar los recursos en La Habana y olvidarse del resto del país. Con tono grave el Arzobispo pedía, «...traten de poner fin a esta dolorosísima y muy prolongada pasión de nuestro pueblo». La revista *La Quincena* apoyó en varios editoriales y artículos del leído y atinado P. Biaín, la petición de Pérez Serantes. El ilustre estudioso de la historia de la Iglesia cubana, Augusto Montenegro califica a, *La Quincena* de «conciencia del catolicismo» (Uría, 2011: 250, citando a Montenegro, 2008, 293).

La Acción Católica canceló sus actividades durante los meses de noviembre y diciembre para sumarse a la campaña emprendida en toda la república de no celebrar la Navidad. Profesionales y empresarios recibieron un impreso de calidad superior a los del Movimiento 26 de julio, firmado por un grupo desconocido «Acción Ciudadana» en el que se pedía, no salir de la casa, no poner el árbol de Navidad, hacer donaciones para los presos políticos y rezar por la libertad de Cuba. Este impreso apareció en las parroquias de los repartos, El Vedado, Playa, Miramar y Marianao. Todas estas parroquias eran frecuentadas por la burguesía habanera.

En lugares remotos y montañosos, como Sagua de Tánamo, la lucha entre rebeldes y batistiano se encarnizaba. Más de treinta muchachos perdieron la vida en los combates en esta comarca, donde la presencia batistiana era fuerte. El pueblo fue bombardeado por la aviación de Batista entre el 17 y el 21 de diciembre. Dos terceras partes del pueblo fueron destruidas. El Nuncio, Luigi Centoz, presentó una protesta formal ante Batista. Acompañado de Mons. Alberto Müller, el 28 de diciembre intentó lograr una resolución que impidiera los bombardeos contra civiles. Le hicieron esperar más de dos horas y se retiró indignado ante la burla de los militares de Batista.

La sociedad y el catolicismo habanero fueron conmovidos por la terrible noticia de la tortura y el asesinado de 4 jóvenes católicos, capturados por el ejército de Batista cuando llevaban medicinas, ropas y víveres a revolucionarios pinareños. Eran Javier Calvo Formoso, Ramón Pérez Lima, Julián Martínez Inclán y Nacho Martí Santacruz de la Agrupación Católica Universitaria. En la búsqueda febril de sus restos mortales, sus familiares encontraron varias decenas de cadáveres de otros jóvenes, asesinados por la represión de Batista.

Ante el avance de las fuerzas rebeldes que ya se encontraban en Las Villas y el fracaso de sus operaciones militares, Fulgencio Batista y un grupo de sus parciales, partió de Cuba la noche del 31 de diciembre de 1958. Sociedad e Iglesia cubanas se adentraban eufóricas en un terreno tan anhelado como desconocido. Después de más de tres décadas de lucha, en el 1898 en el Morro acabó ondeando otra bandera; en 1933, a la juventud y los sectores que habían combatido a Machado le quitaron de las manos la revolución deseada para ponerla en manos de Fulgencio Batista. Ahora, amanecía el 1959 y Batista había huido y Cuba entera cantaba su canción de libertad.

Conclusiones

La matriz española marcó de manera decisiva a la Iglesia católica de Cuba desde el descubrimiento hasta 1899, fecha en que Cuba dejó de ser posesión española. La cruz llegó con la espada conquistadora y casi siempre la legitimó. Tenía su propia voz, pero social y jurídicamente era parte del aparato gubernamental español.

El catolicismo español continuó condicionando a la Iglesia de Cuba con menor intensidad durante la República y también los primeros años del período revolucionario, tema ajeno a este breve estudio de cinco siglos. En algunos aspectos decisivos, como la actitud ante el comunismo, el condicionamiento español fue tan fuerte o más que durante la colonia, especialmente desde el inicio de la Guerra Civil Española en 1936 y durante la Era de Franco.

Durante la República, España siguió marcando a la Iglesia católica de Cuba enviándole un personal de religiosos y religiosas jóvenes de gran calidad. Venían como el Almirante, con su arrojo, generosidad y mapas mentales. Fueron hombres y mujeres que sembraron en Cuba, en colegios, parroquias y escuelas técnicas los mejores años de su vida. Sin machetes ni mosquitos, Cuba los conquistó y los hizo suyos con su simpatía cordial. Los procesos que vivió la Iglesia católica de España durante los siglos XIX y XX también afectaron de manera crucial el pensar y el quehacer de la Iglesia católica de la Cuba republicana.

La Iglesia legitimó y participó en la explotación de los indios. Entre los encomenderos más importantes, hubo eclesiásticos españoles. Y también hubo religiosos que se destacaron en la defensa del indio en ambos lados del Atlántico. Entre las denuncias que tomaron cuerpo en la Bula *Sublimis Deus* de Paulo III en 1537, junto a las experiencias de La Española y México, llegó el lamento desvaído por el tiempo, el mar y la distancia de los indios y misioneros de Cuba.

En cambio, la Iglesia aceptó, salvo algunas honrosas excepciones, lo que la corona y los hacendados hicieron con los esclavos negros. Ellos aprendieron a santiguarse con cadenas, mientras encadenaban algunos santos a su práctica religiosa y a la población de Cuba y las Antillas con sus ritmos y atabales. Las cuerdas que pulsamos son españolas, los cueros que golpeamos, los compases que marcamos siguen siendo africanos y ambos se han ido entrelazando en la melodía cubana.

Durante los siglos XVI y XVII, la acción de la Iglesia se caracterizó por cinco factores: poca comunicación y supervisión y muchas sedes vacantes; poca continuidad en los proyectos emprendidos por los obispos y continuas peleas con los gobernadores. La flota promovió La Habana y cercanías hasta que de hecho pasó a ser la capital oficialmente. Con las flotas llegaron gentes desobedientes, un clero irregular y una marinería con pocos días para disfrutar la vida en una Habana comercial y desordenada antes de hacerse a la incierta mar. La población habanera estable canalizó su fe a través de las cofradías y prácticas religiosas tradicionales como las novenas y los rezos por los difuntos. Las zonas rurales contaron con poca atención del clero, pero no dejaron de vivir su fe. Desde muy temprano en el siglo XVII, la fe católica del pueblo cubano encontró en la venerada imagen de la Caridad un símbolo alrededor del cual cristalizaron prácticas y creencias cristianas.

Desde Compostela a Espada la jerarquía eclesiástica toma la iniciativa, se consolida, funda instituciones perennes, cuenta con un clero nativo formado en la Isla, estimado por sus conciudadanos donde quiera que hay parroquias y capillas. Se abren conventos de religiosas. Clero y obispos responden al aumento de población, y a las necesidades educativas, de salud y de asilos. Median en los conflictos, enfrentan al invasor, y se pronunciarán con lucidez y prudencia sobre la autonomía, la universidad y los esclavos. Pasaron de las capellanías y mandas por los difuntos a la acción a favor de los vivos. Desde Compostela hasta Espada, toda iniciativa humanitaria, económica, sanitaria, piadosa e intelectual tiene un amigo en el Obispo. Así sucedió en tantos proyectos como la Sociedad Económica de Amigos del País, el Papel Periódico, la vacuna contra la viruela, sus acciones en favor de la niñez desvalida y los enfermos mentales y la Academia de pintura San Alejandro, por citar solo algunos.

Cuando se pierda la iniciativa educativa de los jesuitas por su expulsión en 1767, ya habrá quien aproveche su iglesia y su colegio. La devoción y la fe tienen un santuario: Nuestra Señora de la Caridad de El Cobre, su imagen alumbra muchos hogares, corazones y plegarias cubanas. La mejor formación da un paso adelante con la universidad y luego tendrá su centro en el Seminario San Carlos y San Ambrosio de La Habana. Universidad y Seminario contarán con figuras que inciden en la sociedad y son referencia obligada para examinar las cuestiones decisivas. Inciden, porque están relacionadas con las élites más poderosas, pero gradualmente, incidirán como en el caso del P. Caballero, Espada, Varela y Saco por la calidad de su pensamiento independiente que ya distingue entre el bien común y el de la sacarocracia. Varela discernió acerca del gobierno más conveniente para Cuba y qué hacer con la creciente oleada negra. Las manos y las mentes de los hombres que se educaron en las aulas del seminario construyeron mucho de la identidad nacional. En sus conversaciones y sus cartas ya ondeaba la bandera nacional. A donde no llegaron ellos, hubo quien recogiera su antorcha. Fuera de Cuba, Varela siguió pensándola para aconsejar la conveniencia de buscar sola su independencia, para desenmascarar a los que interesadamente unían el trono y el altar y para señalar de manera transparente cuáles eran los verdaderos intereses de los sectores dirigentes de la Isla: cajas de azúcar y sacos de café. Eran también los tiempos, en que las siembras de caña se tragaban los campos y los bosques y se comían también la ética. El mundo moral pareciera quedarse sin sol.

El desastre haitiano representó la rápida prosperidad cubana amarrada al azúcar, amarrada a su vez a la esclavitud de los africanos, que ataba la estabilidad social cubana al dominio español. El momento de la independencia de la América Hispana es el momento de la Siempre Fiel isla de Cuba, que ante los ojos sorprendidos de Bolívar en su *Carta de Jamaica* inicia su andar diferente al resto de América. La dirige una élite competente que monta el primer ferrocarril de España y sus dominios, y asocia astutamente a los Capitanes Generales a los beneficios ilícitos y sangrientos del azúcar.

Desde las Cortes de Cádiz y su Constitución de 1812 se baten las dos Españas, la liberal y la conservadora. Las medidas liberales de desamortización y expulsión del clero de la década de los 1830 dejarán a la Iglesia católica de Cuba sin personal nativo, débil en sus instituciones y maltrecha en su personal para responder a la ola negra importada por Su Majestad el Azúcar y más tarde, a las iniciativas en pro de la independencia.

El concordato de 1851 parió una Iglesia católica española obsesionada por ganarles la partida a los liberales a la hora de afirmar la verdadera hispanidad. Los obispos y el clero español que viajaron a Cuba, arribaron con dos ideas de nefastas consecuencias para el catolicismo en la Isla: primera, el verdadero español era el católico y segunda, todo católico cubano tenía que ser pro español a la hora de enfrentar la independencia. Como le indicó la Santa Sede a unos católicos irlandeses de la Florida, simpatizantes de la causa cubana:
—No se podía atacar a España. Era católica y había que apoyarla.

Si el catolicismo oficial se había colocado del lado español durante la guerra que perdió, también perdió la paz al nombrar a un extranjero relacionado con la potencia interventora, como obispo de La Habana y a otro como su auxiliar. El nombramiento de Barnada como Obispo de Santiago de Cuba fue una medida tan oportuna como atrevida, dada su trayectoria de patriota perseguido y la agenda pro española de la Santa Sede. Durante la guerra, hubo laicos y laicas que por su cuenta tomaron iniciativas ante el sucesor de Pedro intercediendo por presos y pidiendo la intervención de la Santa Sede para poner fin a la reconcentración y la guerra. Para 1912 todas las provincias tenían su obispo y cuando no fueron oriundos de Cuba, como Zubizarreta y Pérez Serantes conocían a los cubanos, trabajaron por Cuba con lealtad incomparable y planificaron con visión.

Durante la República, un importante grupo de insurrectos y próceres quiso pasarle factura a la Iglesia por sus acciones durante la guerra. Había motivos para separar a la Iglesia del Estado. El negar la dimensión religiosa a toda la educación se debía al positivismo de una minoría. Esa misma minoría redujo toda la acción del catolicismo a un apoyo irrestricto de España, ignorando así la generosa entrega de una minoría de sufridos sacerdotes diocesanos, patriotas desconsiderados en las dos guerras.

En tiempos de la República, para un sector cubano, la Iglesia desempeñó un gran servicio con sus decenas de colegios católicos, verdaderas fraguas de mujeres y hombres que lograron juntar la seriedad y competencias profesionales con el amor a la patria, la familia y la fe. Si desde Compostela a Espada el liderazgo fue de los obispos, durante la República y gracias a varios visionarios, el liderazgo también provino del laicado en la Acción Católica y sus diversas ramas, y de religiosos y religiosas que les dieron la mano a obispos incansables como Zubizarreta y Pérez Serantes.

Hubo laicas y laicos que empezaron a hacerse cargo de la realidad cubana de manera autónoma con las enseñanzas de visionarios como del Hno. Victorino o el P. Felipe Rey de Castro, S.J., que elevaron hacia al cielo la estrella solitaria y en la patria sembraron la cruz. Los grandes protagonistas del catolicismo durante la colonia habían sido obispos y curas, durante la República, laicas y laicos tomaron la palabra.

En el caimán verde, desde el siglo XVI hasta bien entrado el siglo XX, se hicieron continuos descubrimientos. Primero y pronto, desde los inicios de la conquista se descubrió que Baracoa no debía ser ni la capital, ni la sede episcopal, sino Santiago de Cuba; luego, ya en tiempos de Compostela, Morell de Santa Cruz y otros, que la capital debía estar en La Habana y se necesitaban dos sedes. Varela pensó en Puerto Príncipe como sede de la Audiencia. En los primeros días de la victoria revolucionaria, en aquel enero de 1959, todavía el Dr. Fidel Castro anunció entre desbordados aplausos orientales, que la martirizada Santiago de Cuba sería la capital de Cuba, para a los pocos días dejar las cosas como estaban por realismo.

Sucesivos Obispos y el clero fueron descubriendo el abandono de los campos sin poder hacer mucho, y luego se resignaron ante la imposibilidad de evangelizar las ingentes dotaciones de esclavos.

Tal vez el mayor descubrimiento que fueron realizando los agentes pastorales, tanto eclesiásticos como laicos, fue el encontrar que siempre ha habido por los menos dos Cubas: la Cuba que mira hacia el mar en sus puertos y la que mira tierra adentro en sus siembras de tabaco, frutos menores y su ganado. Incluso entre la Cuba que asoma al mar en sus puertos, está La Habana de la flota y en segundo lugar, la de los otros puertos con su comercio limitado, hasta que llegase el momento del azúcar.

Desde mediados del siglo XVIII, existe la Cuba oriental de pequeñas siembras, algo de caña y mucha ganadería y el siglo XIX verá surgir la Cuba de las grandes plantaciones cañeras de occidente. De un lado, está la Cuba mal comunicada que no tendrá carretera central hasta los 1927-1931, cuando Gerardo Machado, y del otro, la que construyó el primer ferrocarril de América en 1837 para exportar el azúcar. La Guerra de los Diez Años fracasó por no poder alcanzar el Occidente. En la historia cubana ha habido tres marchas exitosas de Oriente a Occidente: la de Velázquez conquistando y fundando, la de Máximo Gómez y Maceo liberando y la de Fidel Castro celebrando y reclutando con la victoria.

Aunque no coincidan en todo y tal vez sea otra exageración cubana, mirando a Cuba en profundidad, se advierte la existencia de dos Cubas, a veces interrelacionadas, a veces separadas por un abismo y alambradas que recuerdan las trochas de Morón a Jaruco y de Mariel a Majana. Desde muy temprano, existió la Cuba próspera y efervescente de La Habana y la pausada y digna del interior, donde se tocaba retreta en algunos parques en vaporosas tardes domingueras; la de las plantaciones y la de los comerciantes uñas sucias; la de la zafra promisoria y el desesperante tiempo muerto. El lúcido Fernando Ortíz compuso y registró las notas del contrapunto cubano del tabaco y del azúcar; la Cuba blanca española, muy gallega, catalana, asturiana o canaria, descendiente de españoles, y la Cuba negra y mulata; pronto Cuba tuvo dos abuelos, como versificó Nicolás Guillén; la Cuba del padre español, tal vez hasta veterano de la guerra y la esposa cubana, emparentada con mambises; la Cuba que va a la iglesia, y la que se contonea en un bembé y tal vez tenga una estampa de la Caridad y otra del Corazón de Jesús presidiendo la sala del hogar; hubo la Cuba de las residencias elegantes y señoriales, de gentes con sueldo fijo, y la de los solares en barrios pobres y campesinos en caseríos olvidados en lomas recónditas o llanos interminables que solo las palmas y los sinsontes conocen; la que miró la religión como sustento de su dominio y la que cifró el progreso en borrar a la Iglesia y el catolicismo de la vida pública; la Cuba de los colegios católicos y la de las escuelas públicas e institutos; la que fue a la escuela y la que nunca tuvo ni libro ni periódico entre sus manos; la Cuba de familias de matrimonios regulares y la de las uniones libres; la Cuba frívola de trajes largos y bailes hasta amanecer en casinos y clubes, y la Cuba sudorosa de manos encallecidas; los cubanos capaces de pensar con cabeza propia y la Cuba de las máscaras; la Cuba a la cual si algo le faltare «lo mandaría a buscar» y la Cuba de las dolorosas carencias para responder a las necesidades más elementales; la Cuba decidida a encontrar sus más originarias esencias como quería Mañach y la Cuba que «suda por no meter la pata», la «imitamicos» como las llamaría Nicolás Guillén en su *West Indies Limited* de 1934. Cuba ha sido una cuando toca, canta y baila, pues en sus melodías se funden razas, cueros y cuerdas.

En 1958, la Iglesia católica había tocado el corazón de la Cuba blanca, la de las clases media y alta, y avanzaba junto a los sectores que querían progresar en todos los pueblos del interior. Y aunque se interesara por saber de dónde son los cantantes, les faltaban manos para encontrar a los sectores empobrecidos del llano y de la loma.

Junto con otros, en medio de un sangriento conflicto civil de manera generosa y original, el catolicismo se comprometió con la construcción de una nueva Cuba pagando su compromiso con sangre. Durante los siglos en que las iniciativas y directrices provenían de España, el catolicismo cubano se quedó corto para responder a la suerte de los indios, la evangelización de los esclavos y su ser se debilitó por ser una Iglesia sin personal ni recursos por las desamortizaciones. Así llegó a la Guerra de los Diez años padeciéndola y a la del 95, teledirigida con las agendas española y la de la Santa Sede. Durante el siglo XVIII hasta la muerte de Espada, gracias a un episcopado y clero excepcional, la Iglesia Católica respondió al reto educativo de la nación y de su personal. Durante la República, gracias a la labor de los colegios católicos y laicos asesorados por hombres de amplios horizontes y religiosas asombrosas, cuyos corazones no conocían ni la envidia, ni la competencia, ni se arredraban ante las incomprensiones y mezquindades, aquella Iglesia logró lo que nunca había logrado cuatro siglos: un laicado comprometido, autóctono y bien formado en una de las dos Cubas.

Era una Iglesia lista para dialogar con la otra Cuba en la que ya verdeaban algunos conucos, dispuesta a aprender aún de sus propios fallos y al mismo tiempo, ligada a un poderoso sector social que ella misma había logrado formar. Importantes sectores minoritarios católicos ya captaban la corrupción de la vida social y política y la necesidad de conocer con seriedad científica y cercanía humana, la suerte de las mayorías campesinas y los cubanos de las abandonadas barriadas urbanas. Miraron como Moisés a las masas como a una tierra prometida, pero no pudieron llegar hasta ellas.

Si al iniciar la República en 1914 ya se cantaba, «aquí falta, señores, una voz». Pronto, desde enero de 1959 solo habría una voz. Una vez, el patriota veterano y político Orestes Ferrara, refirió un comentario de Máximo Gómez durante la ocupación norteamericana (1899-1902) «(…) Ahora Martí hubiera podido servir a la Patria; este era su momento. Martí conocía todo esto, convencía a los recalcitrantes y animaba a los retardados. Como orador era formidable. El que lo oía no tenía ya voluntad propia, y estaba dispuesto a seguirlo. La Asamblea hubiera sido él» (Orestes Ferrara, 1942: 1939).

Cuando amanecía el primero de enero de 1959, ése era el nuevo reto: cómo ser Iglesia en esta nueva situación en la que: «El que lo oía no tenía ya voluntad propia, y estaba dispuesto a seguirlo. La Asamblea [era] él».

1 de enero del 2019. Manuel Pablo Maza Miquel, S.J.
Profesor Asociado de la Pontificia Universidad Católica Madre y Maestra
Santiago de los Caballeros, República Dominicana
mmaza@pucmm.edu.do

Bibliografía[116]

Boletín eclesiástico del obispado de La Habana.

Álbum conmemorativo del quincuagésimo aniversario de la fundación en La Habana del Colegio de Belén de la Compañía de Jesús, (1904), Habana: Imprenta Avisador Comercial, Amargura 30.

BAU, Calasanz, (1957) *Historia de las Escuelas Pías en Cuba,* La Habana.

BORGES, Pedro Borges, (1992) *Historia de la Iglesia en Hispanoamérica y Filipinas,* (Siglos XV-XIX) Vol., I Aspectos Generales, Madrid: Biblioteca de Autores Cristianos, Quinto Centenario, y Toledo: Estudio Teológico San Idelfonso de Toledo.

BOWSER, Frederick, 1984, P. «Africans in Spanish American colonial society», en: *The Cambridge History of Latin America.* Vol II Colonial Latin America. Leslie Bethell (editor) Cambridge, London: Cambridge University Press, 357-379.

CANTO BORY, Enrique (1993), *Mi vida,* San Juan, Puerto Rico: Ramallo Bros., Printing Inc.

CASAS, Juan Bautista (1896), *La Guerra Separatista de Cuba, Sus Causas. Medios para terminarla y de Evitar Otras,* Madrid: Est. Tipográfico de San Francisco de Sales.

CASTELLANOS, Jorge e Isabel, (1988) *Cultura Afrocubana I El negro en Cuba, 1492-1844,* Miami: Ediciones Universal, 1988, con una importante bibliografía 339-360.

---

[116] Para ulteriores estudios, se pueden consultar las bibliografías de las excelentes obras recientemente publicadas mencionadas a continuación, al igual que las señaladas en mis obras enumeradas en esta bibliografía, especialmente en lo que concierne a los archivos de la Santa Sede. Aquí me limito a indicar la que he usado para este trabajo.

CHAURRONDO, P. Hilario, C.M., (1955), Director, *Almanaque de la Caridad* Año 73, La Habana, Cuba: Iglesia de la Merced.

CHERNOW, Ron, (2004) *Alexander Hamilton,* New York.

COBELO, Armando F., (2013), *Apuntes para una Enciclopedia de las Iglesias Católicas Cubanas, Miami,* Florida. Edición limitada de 40 ejemplares.

CUETO, Emilio, (2014), *La Virgen de la Caridad del Cobre en el alma del pueblo cubano,* Guatemala: Ediciones Polymita, S.A.

DE ADOÁIN, P. Esteban, Capuchino, *Memorias de Cuba, 1851-1856,* Texto impreso, sin fecha, ni lugar. Reproducido en: Esteban de Adoáin: *Memorias. Cuarenta años de campañas misioneras en Venezuela, Cuba, Guatemala, El Salvador, Francia y España 1842-1880.* Edición preparada por el P. Lázaro Iriarte. Universidad Católica Andrés Bello - Vicepostulación Esteban de Adoáin - Caracas, 2000.

DEL MONTE, Domingo (1957) *Centón Epistolario,* Tomo VII, 1823-1843, La Habana, imprenta «El Siglo XX», prefacio, anotaciones y tabla alfabética a cargo de Manuel I. Mesa Rodríguez.

DE LA TORRE RODRÍGUEZ, Francisco, (1994), *El Padre Olallo. Un Cubano Testigo de la Misericordia. Biografía Documentada de Fray José Olallo Valdés, Hermano de San Juan de Dios, La Habana 1820 - Camagüey 1889,* Roma: Orden Hospitalaria de San Juan de Dios. Postulación General.

EIRE, Carlos (2007), *Nieve en La Habana. Confesiones de un cubanito,* Nueva York.

ESTÉVEZ, Felipe S.T.D. 1989) *Felix Varela. Letters to Elpidio,* New York: Paulist Press.

FAHY, Joseph Agustine (1983), *The antislavery thought of Jose Agustín Caballero, Juan José de Espada and Félix Varela, in Cuba, 1791-1823.* Cambridge, Massachusetts, Abril, 1983. [Tesis de doctorado inédita].

FERRARA, Orestes (1942), *Mis relaciones con Máximo Gómez.* La Habana, Molina y Compañía.

FERMOSELLE, Rafael (1974), *Política y Color en Cuba. La Guerrita de 1912.* Montevideo: Ediciones Géminis.

FERNÁNDEZ ESCOBIO, Fernando, 1983, *El Obispo Compostela y la Iglesia Cubana del Siglo XVII*, 96.

FERNANDEZ SANTALICES, Manuel, (1998) *Presencia en Cuba del Catolicismo. Apuntes históricos del siglo veinte*, Caracas, Fundación Konrad Adenauer.

FERNÁNDEZ SONEIRA, Teresa, (1997), Cuba: Historia de la Educación Católica, 1582-1961 Vol. I y II, Miami, Florida: Ediciones Universal.

_____, (2002), *Con la estrella y la cruz: historia de la Federación de las Juventudes de Acción Católica Cubana*, Vol., I y Vol. II., Miami: Ediciones Universal.

_____, (2014) *Mujeres de la Patria, Contribución de la mujer a la independencia de Cuba*. Tomo I, Guerra de los Diez Años, Miami, Ediciones Universal.

FIGUERAS, Francisco, (agosto, 1898), *Cuba Libre, anexión o independencia*, New York: A.W. Howes.

FOGARTY, Gerald P., S.J. (1974), *The Vatican and the Americanist Crisis: Denis J. O'Conell, American Agent in Rome, 1895-1903*, Roma: Università Gregoriana Editrice.

FRANCO, José Luciano, (1975), *Antonio Maceo, Apuntes para una Historia de su Vida*, tomo 3, La Habana, Ciencias Sociales.

GARCÍA PALACIOS, Juan García Palacios, (1982) *Sínodo de Santiago de Cuba*,

GUERRA, Ramiro Guerra, (1975, 1ª edición, 1938), *Manual de Historia de Cuba. Desde su descubrimiento hasta 1868*, Madrid: Ediciones ERRE, S.L., 1ra ed., Washington, D.C.

HANKE, Lewis, (1949), *Bartolomé de las Casas. Pensador Político, Historiador, Antropólogo*, La Habana: Biblioteca de la Sociedad Económica de Amigos del País.

_____, *El Prejuicio Racial en el Nuevo Mundo. Aristóteles y los Indios de Hispanoamérica, Editorial Universitaria*, Santiago de Chile, 1958, 1ª edición en inglés, 1957.

_____, 1967 *La Lucha Española por la Justicia en la Conquista de América*. Aguilar, Madrid (2a Ed., española, 1ª en 1959). 307 páginas y apéndices 311-329. La edición original de este clásico es de 1949: *The Spanish Struggle for Justice in the Conquest of America*, Philadelphia.

HERNÁNDEZ, José Manuel (1981), *Agrupación Católica Universitaria. Los primeros cincuenta años*, Miami.

HERNÁNDEZ TRAVIESO, Antonio (1984), *El Padre Varela. Biografía del Forjador de la Conciencia Cubana*, (Miami: Ediciones Universal, 1984, 1ra ed. 1949.

HUERTAS, María T., (1938), «El catecismo en el solar», *Semanario Católico,* La Habana, año 1, No. 7, 24 de julio de 1938, 29-31.

JEDIN, Hubert, (1978), *Manual de Historia de la Iglesia*, VII, Barcelona: Editorial Herder.

KIPLE, Kenneth F. (1976), *Blacks in Colonial Cuba, 1774-1899,* Gainesville: The University Presses of Florida.

KLEIN, Herbert S, (1967) *Slavery in the Americas. A comparative study of Virginia and Cuba,* Chicago: The University of Chicago Press.

KNIGHT, Franklin (1970), Slave society in Cuba during the nineteenth century, Madison: The University of Wisconsin Press. KONETZKE, Richard, 1953, *Colección de Documentos Para la Historia de la Formación Social de Hispano América,* Consejo Superior de Investigaciones Científicas, Madrid 1953, Vol. I.

LARRÚA, Salvador, (2011) *Historia de Nuestra Señora la Virgen de la Caridad del Cobre, reina, madre y patrona de la isla de Cuba*, Vol., 1, Miami: Ediciones Universal.

LEBROC MARTÍNEZ, Reynerio (1985) *Episcopologio*, Miami, Florida: Ediciones Hispanoamerican.

_____, (1992) San Antonio María Claret Arzobispo Misionero de Cuba, Madrid. Misioneros Hijos del Sagrado Corazón de María.

LEROY Y GÁLVEZ, Luis Felipe (1971*), A cien años del 71. El Fusilamiento de los Estudiantes*, La Habana, Editorial de las Ciencias Sociales.

LUCENA SALMORAL, Manuel y otros, (2008) «La Iglesia en Iberoamérica durante la Colonia» en: *Historia de Iberoamérica. Tomo II. Historia Moderna*, 637-662.

MAÑACH, Jorge, (1928) *Indagación al Choteo*, Miami, Florida: Mnemosyne Publishing, Inc, 1969, se publicó por primera vez en 1928, La Habana: Revista de Avance.

MARRERO, Leví, (1972-1992) *Cuba, Economía y Sociedad*, 1492-1868, 15 volúmenes. He usado especialmente el volumen, *Azúcar, Ilustración y Conciencia* (1763-1868)(II), publicado en 1984.

MARTINA, Giacomo, (1974), *La Iglesia de Lutero a nuestros días*. IV Época del Totalitarismo.

MAZA MIQUEL, Manuel Pablo, (1990) *El Alma del Negocio y el Negocio del Alma*, Santo Domingo, Pontificia Universidad Católica Madre y Maestra.

_____, (1993) *El Clero Cubano y la Independencia. Las investigaciones d Francisco González del Valle* (1881-1942). Santo Domingo: Publicaciones del Centro de Estudios Sociales Padre Juan Montalvo, S.J., Instituto Filosófico Pedro Francisco Bono.

_____, (1997) *Entre la Ideología y la Compasión. Guerra y Paz en Cuba, 1895-1903,* Santo Domingo: Instituto Pedro Francisco Bonó.

_____, (1999) *Esclavos, Patriotas y Poetas a la Sombra de la Cruz. Cinco Ensayos sobre Catolicismo y Sociedad Cubana.*, Santo Domingo: Centro de Estudios Sociales Padre Juan Montalvo, S.J.

_____, (2000) *Por el honor y la vida. El Presbítero Félix Varela en las Cortes de España*, 1822-1823, Santo Domingo: Centro de Estudios Sociales Padre Juan Montalvo, S.J.

MERLE DAVIS, John, (1942), *The Cuban Church in a Sugar Economy*, New York. Department of Social and Economic Research and Counsel, International Missionary Council.

MESA RODRÍGUEZ, Manuel I (1945) *Monseñor Guillermo Arocha, Patriota y Ciudadano*. Academia de la Historia de Cuba, La Habana, Imprenta «El Siglo XX».

_____, (Editor) (1923-1957) *Centón epistolario de Domingo del Mo*nte (7 vols.), La Habana.

MIRANDA, Salvador, (2000-2004) *Episcopologio*, versión digital.

MONTENEGRO GONZÁLEZ, Augusto, (1987), «Cuba: vicisitudes de una comunidad eclesial (1898-1983)» en Hubert Jedin, Director General, *Manual de Historia de la Iglesia*, Vol. X, *La Iglesia del siglo XX, en España, Portugal y América Latina*, Quintín Aldea y Eduardo Cárdenas, directores, Barcelona: Editorial Herder,1050-1109.

MORA, Flora (1974), *Biografía de Perucho Figueredo*, Miami, Florida.

MORALES, H. Alfredo A., FSC, (1994), *«Como si viera al Invisible...» Hermano Victorino: Itinerario Evangélico*, Santo Domingo: Amigo del Hogar.

PAQUETTE, Robert L. *Sugar is made with blood. The conspiracy of La Escalera and the conflict between empires over slavery in Cuba*. Middletown, Connecticut: Wesleyan University Press, 1988.

PAYNE, Stanley, (1984) *Spanish Catholicism*, University of Wisconsin Press.

PENA MONTE, Gustavo, (1959) «No es favor sino justicia enseñar religión a los niños. Enérgica pastoral del Arzobispado de Santiago de Cuba», *Noticias Aliadas*, 20 de febrero, Washington, D.C.

PERAZA SARAUSA, Fermín, (1951) *Diccionario Biográfico Cubano*, La Habana, Ediciones Anuario Bibliográfico Cubano.

PEREZ, Louis A., Jr., (1988) *Cuba: Between Reform and Revolution*, New York, Oxford: Oxford University Press.

PIRALA, Antonio, (1893), *Historia Contemporánea. Segunda Parte de la Guerra Civil. Anales desde 1843, Vol. IV*, Madrid, Felipe González Rojas, Editor.

PORTERO, José Antonio Portero, (1978) *Púlpito e Ideología en la España del Siglo XIX*, Zaragoza, Libros Pórtico.

RITZLER-SEFRIN, 1978, *Hierarchia Catholica Medii et Recentioris Aevi*, Padua: «Il Messagero di S. Antonio».

RODRIGUEZ, FIDEL, (2007) *Profundidad Manifiesta. Primeros Años de vida del Padre Félix Varela Morales: Infancia, Adolescencia, Juventud* (1788-1821), Miami: Ediciones Universal.

_____, (2018) *La Inquietud del Tiempo. El Diputado Félix Varela Morales en las Cortes Españolas (1821-1823)* Madrid: Editorial Verbum.

ROIG DE LEUCHENRING, Director, Historiador de la Ciudad de La Habana, (1941), «El Sesquicentenario del Papel Periódico de la Havana, 1790 - 24 octubre - 1940», *Cuadernos de Historia de La Habana*, No. 20, Municipio de La Habana, Administración del Alcalde Raúl G. Menocal.

SÁEZ, S.J., José Luis (2002), *Breve historia del Colegio de Belén*, Vol. 1, Santo Domingo, República Dominicana, Amigo del Hogar.

SOLÁ, S.J., Rvdo. P. Juan María (1914), *El Mártir de Cuba y Obispo de Almería: Ilmo. D. José Orberá y Carrión*. Madrid: Librería de Gregorio del Amo.

SOUZA, Benigno (1936), *Máximo Gómez, El Generalísimo*, La Habana: Editorial Trópico.

STUCKI, Andreas, (2017*) Las Guerras de Cuba. Violencia y campos de concentración (1868-1898)*, Madrid: La Esfera de los Libros, 1ª edición en alemán, 2013.

SUCHLICKI, Jaime (1973), *Cuba: from Columbus to Castro*, New York: Charles Scribners Sons.

SUÁREZ POLCARI, Mons. Ramón, (2003) *Historia de la Iglesia Católica de Cuba*, 2 volúmenes, Miami: Ediciones Universal.

TABIO, Ernesto E. y REY, Estrella, (1966) *Prehistoria de Cuba*, La Habana.

TESTÉ, Ismael, (1974) *Historia Eclesiástica de Cuba*, Tomos I al V, Barcelona: Complejo de Artes Gráficas Medinacelli.

THOMAS, Hugh, Cuba: *The Pursuit of Freedom*, New York: Harper and Row, 1971.

TORRES CUEVAS, Eduardo y LEIVA LAJARA, Edelberto, (2005) *Presencia y Ausencia de la Compañía de Jesús en Cuba*, en José Andrés Gallego (Director Científico y Coordinador), Tres Grandes Cuestiones de la historia de Iberoamérica: ensayos y monografías (Impacto en América de la Expulsión de los Jesuitas) CD – ROM, Madrid, Fundación Ignacio Larramendi – Fundación Mapfre Tavera.

_____, (2007) *Historia de la Iglesia Católica en Cuba. La Iglesia de las patrias de los criollos* (1516-1789), La Habana, Ediciones Boloña, Publicaciones de la Oficina del Historiador de la Ciudad.

URDANOZ, O. P., Teófilo., (1960), *Obras de Francisco de Victoria*, BAC Volumen 198. Madrid.

URÍA, Ignacio (2011), *Iglesia y Revolución en Cuba. Enrique Pérez Serantes (1883-1968). El obispo que salvó a Fidel Castro*, Madrid: Ediciones Encuentro.

VILLAVERDE, Alberto J., S.J., (1994) *Santa María, Virgen de la Caridad del Cobre*, San Juan, Puerto Rico: PUBLIRIN, 1994.

ZANETTI LECUONA, Oscar, (2013) *Historia Mínima de Cuba*, Ciudad México: El Colegio de México.

Artículos

CÁRCEL ORTI, Vicente, «El Clero durante la revolución de 1868 y la primera república española». *Analecta Sacra Tarraconensia*, 1975, 48: 149-191. Se basa en la *Guia del estado eclesiastico de España para el año de 1865* (Madrid, 1865).

_____ (1975), «El Clero durante la revolución de 1868 y la primera república española». *Analecta Sacra Tarraconensia*, 48.

CASTILLO MELÉNDEZ, Francisco, «Población y Defensa de la Isla de Cuba» en *Anuario de Estudios Americanos* Vol., 44 (1987).

DE CÉSPEDES, Mons. Carlos Manuel, «Imagen luminosa de un hombre cuestionado. Intento de aproximación a la persona del Eminentísimo Señor Cardenal Manuel Arteaga y Betancourt, Arzobispo de La Habana» (2005), *Iglesia Católica y Nacionalidad Cubana*, Tomo I. *Memoria de los cuatro Encuentros Nacionales de Historia convocados por la Comisión Nacional de Pastoral de Cultura de la Conferencia de Obispos Católicos de Cuba celebrados en la ciudad de Camagüey*, Cuba, 72-107.

_____, «Tras las huellas del Padre Esteban Salas», *Palabra Nueva*, Años XXII, Junio 2013, No. 230, 68-70.

DUSSEL, Enrique, (1970) «El Episcopado Hispano-americano Institución Misionera en Defensa del Indio, 1504-1620» *Sondeos* (Cuernavaca, México, Nro. 35).

FLORENZA, Juan, schp, «Labor educadora y evangelizadora de los Escolapios en Cuba» (2005), *Iglesia Católica y Nacionalidad Cubana*, Tomo I. *Memoria de los cuatro Encuentros Nacionales de Historia con-*

vocados por la Comisión Nacional de Pastoral de Cultura de la Conferencia de Obispos Católicos de Cuba celebrados en la ciudad de Camagüey, Cuba, 123-142.

GONZÁLEZ DEL VALLE, Francisco, (1918) «El Clero en la Revolución Cubana», *Cuba Contemporánea*, Tomo 18, Nro. 2, octubre.

GHORBAL, Karim Ghorbal, (2012) Un radical discret: l'esclavage dans la pensée singulière de Félix Tanco Bosmeniel, *Mélanges de la Casa Velázquez*, Madrid, España, 42 – 1.

GUADARRA GONZÁLEZ, Pablo, «Etapas principales de la educación superior en Cuba», Universidad de Las Villas, *Revista Historia de la Educación* Latinoamericana [en línea] 2005.

HERNÁNDEZ, José M, (1990) «El magisterio de Varela: Programa para futuras investigaciones», en *El Padre Varela: Pensador, Sacerdote, Patriota,* Roberto Esquenazi-Mayo, editor Washington D.C.: Georgetown University Press.

IGLESIAS, Fe, «La periodización de la historia de Cuba. Un estudio historiográfico», *Santiago* (*Revista de la Universidad de Or*iente, Santiago de Cuba) Nro., 68 (marzo, 1988).

LA ROSA CORZO, Gabino (1986) «Félix Tanco y las tendencias abolicionistas de la cultura cubana del siglo XIX», *Revista Cubana de Ciencias Sociales*, Enero – Abril, Año 4, No 10, 52-78.

LARRÚA GUEDES, Salvador, (2002) «La Obra Social de la Iglesia Católica en Cuba de 1902 a 1958», Arquidiócesis de La Habana, *Palabra Nueva*, No. 108.

MAZA MIQUEL, Manuel Pablo, «Cuba, Iglesia y Máximo Gómez». *Estudios Sociales*, XX, 67, Enero-Marzo, 1987, 47-68.

MEYER, Jean, (1981) «Disidencia Jesuita», *Nexos*, México, 1° de diciembre.

MOLINER CASTEÑADA, Israel, «Catolicismo, religiones populares y identidad nacional cubana», Tomo I. *Memoria de los cuatro Encuentros Nacionales de Historia convocados por la Comisión Nacional de Pastoral de Cultura de la Conferencia de Obispos Católicos de Cuba celebrados en la ciudad de Camagüey*, Cuba, 357-375.

MOLINER PRADA, Antonio, (Universidad de Barcelona), «Algunos aspectos del anticlericalismo español en la revolución de 1868». Disponible en internet, sin ulteriores precisiones.

MONTENEGRO GONZÁLEZ, Augusto, (2008) «Historia e Historiografía de la Iglesia en Cuba» (1953-1958), Pamplona: *Anuario de Historia de la Iglesia*, No. 17.

MORENO FRAGINALS, (1986) «Peculiaridades de la esclavitud en Cuba», *Islas*, Nro. 85, septiembre - diciembre, 3-12.

PEREZ DE LA RIVA, Juan, (sin fecha) «Desaparición de la población indígena cubana», *Universidad de La Habana*, Nros. 196-197.

PRADO, Joel, «La Iglesia y las Constituciones republicanas de 1901 y 1940» (2005), en) *Iglesia Católica y Nacionalidad Cubana*, Tomo II. *Memoria de los cuatro Encuentros Nacionales de Historia convocados por la Comisión Nacional de Pastoral de Cultura de la Conferencia de Obispos Católicos de Cuba celebrados en la ciudad de Camagüey*, Cuba, 420-430.

SAÍNZ, Enrique, «El Grupo Orígenes en la cultura cubana» *Conferencia* en el Centro Loyola, de los PP. Jesuitas, La Habana, 2012, En http://www.espaciolaical.org/contens/29/101107.pdf

TORREIRA CRESPO, Dr. Ramón, (2004), «Breve acercamiento histórico a la Iglesia Católica en Cuba: conquista, colonización y pseudorrepública», en: Noemí Quezada, Editora. *Religiosidad popular. México – Cuba*, México, Universidad Nacional Autónoma de México y Plaza y Valdés. S. A., 187-234). Disponible en: http://bibliotecavirtual. clacso. org.ar/ar/libros/ cuba/cips/caudales06/fscommand/52T13.pdf

URBAN C., Stanley, «The Africanization of Cuba Scare, 1853-1855», *The Hispanic American Historical Review*, Vol. 37, No. 1 (Feb., 1957), pp. 29-45.

URÍA, Ignacio, (2015) *La Iglesia católica en Cuba en el siglo XX, Bibliografía*, Universidad de Navarra, disponible en https://www.academia.edu/11919052/Bibliograf%C3%ADa_de_la_Iglesia_cubana_en_el_siglo_XX

ZELADA, Rogelio, «Elizabeth Lange y las Oblatas de la Divina Providencia», Arquidiócesis de Miami, *Boletín digital*, lunes 22 de febrero, 2016, disponible en https://www.miamiarch.org/ CatholicDiocese.

Otros libros publicados en la
COLECCIÓN FÉLIX VARELA
(Obras de pensamiento cristiano y cubano)

1) MEMORIAS DE JESÚS DE NAZARET, José Paulos
2) CUBA: HISTORIA DE LA EDUCACIÓN CATÓLICA 1582-1961 (2 vols.), Teresa Fernández Soneira
3) EL HABANERO, Félix Varela (con un estudio de José M. Hernández e introducción por Mons. Agustín Román)
4) MENSAJERO DE LA PAZ Y LA ESPERANZA (Visita de Su Santidad Juan Pablo II a Cuba). Con homilías de S.E. Jaime Cardenal Ortega y Alamino, D.D.
5) LA SONRISA DISIDENTE (Itinerario de una conversión), Dora Amador
6) MI CRUZ LLENA DE ROSAS (Cartas a Sandra, mi hija enferma), Xiomara J. Pagés
7) UNA PIZCA DE SAL I, Xiomara J. Pagés
8) SECTAS, CULTOS Y SINCRETISMOS, Juan J. Sosa
9) LA NACIÓN CUBANA: ESENCIA Y EXISTENCIA, Instituto Jacques Maritain de Cuba
10) UNA PIZCA DE SAL II, Xiomara J. Pagés
11) FRASES DE SABIDURÍA (Ideario), Félix Varela (Edición de Rafael B. Abislaimán)
12) LA MUJER CUBANA: HISTORIA E INFRAHISTORIA, Instituto Jacques Maritain de Cuba
13) EL SANTERO CUBANO. Religiones Afrocubanas y Fe Cristiana, P. Raúl Fernández Dago
14) GOTITAS DE FE, Xiomara J. Pagés
15) FÉLIX VARELA PARA TODOS / FÉLIX VARELA FOR ALL (1788-1853). LA PERSONA, SU MUNDO Y SU LEGADO / THE PERSON, HIS WORLD AND HIS LEGACY. Rafael B. Abislaimán

16) CON LA ESTRELLA Y LA CRUZ — HISTORIA DE LA FEDERACIÓN DE LAS JUVENTUDES DE ACCIÓN CATÓLICA CUBANA (2 vols.), Teresa Fernández Soneira
17) HISTORIA DE LA IGLESIA CATÓLICA EN CUBA (2 vols.), Monseñor Ramón Suárez Polcari
18) EL PROYECTO VARELA, Alberto Muller
19) EL DESAFÍO DE LA SÁBANA SANTA, Instituto de Solidaridad Cristiana
20) APUNTES DE ESPIRITUALIDAD IGNACIANA (De algunas conferencias, meditaciones y pláticas de Ejercicios Espirituales), Federico Arvesú, S.J, M.D.
21) EPISCOPOLOGIO CUBANO II. MIGUEL RAMÍREZ DE SALAMANCA, SEGUNDO OBISPO DE CUBA 1527-1534, P. Reynerio Lebroc Martínez
22) LA REAL Y PONTIFICIA UNIVERSIDAD DE SAN GERÓNIMO DE LA HABANA: FRAGUA DE LA NACIÓN CUBANA, Salvador Larrúa Guedes
23) IGLESIA CATÓLICA Y NACIONALIDAD CUBANA (Memorias de los cuatro Encuentros Nacionales de Historia convocados por la Comisión Nacional de Pastoral de Cultura de la Conferencia de Obispos Católicos de Cuba, celebrados en la ciudad de Camagüey, Cuba). Editor Joaquín Estrada Montalván.
24) CUBA: LIBERTAD Y RESPONSABILIDAD, DESAFÍOS Y PROYECTOS, Dagoberto Valdés-Hernández (Edición de Gerardo E. Martínez-Solanas)
25) FÉLIX VARELA: PORTA-ANTORCHA DE CUBA, Josephn y Helen M. McCadden. Edición de Amalia V. de la Torre. Traducción de Ignacio R. M. Galbis
26) UNA FE QUE ABRE CAMINOS, Araceli Cantero-Guibert
27) EN LA BÚSQUEDA DE LA FELICIDAD, Ernesto Fernández-Travieso, S.J.
28) FÉLIX VARELA: PROFUNDIDAD MANIFIESTA I Primeros Años de la Vida del Padre Félix Varela Morales: Infancia, adolescencia, Juventud. (1788-1821), P. Fidel Rodríguez

29) SÍGUEME. EJERCICIOS ESPIRITUALES PREDICADOS, Padre Amando Llorente, S.J.
30) EN LA BÚSQUEDA DE LA FELICIDAD, P. Ernesto Fernández-Travieso, S.J. Segunda edición corregida y ampliada.
31) MISCELÁNEA CUBANA, Instituto Jacques Maritain de Cuba
32) ACU. 75 ANIVERSARIO A.M.D.G., Salvador E. Subirá. Historia de la Agrupación Católica Universitaria
33) PARA NO SER UN RINOCERONTE MÁS, Ernesto Fernández Travieso, S.J.
34) PEREGRINANDO A SAN AGUSTÍN. AL ENCUENTRO DEL PADRE FÉLIX VARELA. Rafael Abislaimán
35) DISCOVER YOUR CHARACTER, Marcelino García, S.J.
36) EL ISLAM VISTO POR UN CRISTIANO, Efrén Córdova
37) NIÑOS QUE TRIUNFAN / LEADING CHILDREN TO SUCCES. CENTRO MATER. Su historia y sus colaboradores, Teresa Fernández Soneira (Edición bilingüe: español-inglés).
38) EPISCOPOLOGIO CUBANO III: DIEGO DE SARMENTO, TERCER OBISPO DE CUBA, 1535-1547, P. Reynerio Lebroc Martínez / ISBN-13: 978-1-59388-150-4.
39) MÁRTIR DE GUAJAIBÓN. HOMENAJE A JULIÁN MARTÍNEZ INCLÁN / MARTYR OF GUAJAIBÓN. TRIBUTE TO JULIÁN MARTÍNEZ INCLÁN, José M. González-Llorente (Ed.). Edición bilingüe español e inglés. Traducción al inglés de Modesto Alonso.
40) IN THE PURSUIT OF HAPPINESS, P. Ernesto Fernández-Travieso, S.J.
41) LA PSICOLOGÍA DEL BIENESTAR, Jorge Salazar-Carrillo
42) HISTORIA DE LA VIRGEN DE LA CARIDAD, Salvador Larrúa Guedes (2 volúmenes)
43) PADRE PANCHITO ORTIZ. SACERDOTE Y MÉDICO, P. Raúl Rodríguez-Dago (Ed.)
44) JUANÍN. JUAN PEREIRA VARELA, Cecilia La Villa (Ed.)
45) ACUERDOS, DESACUERDOS Y RECUERDOS, José Ignacio Rasco

46) UNA PALABRA MÁS FUERTE. LOS ESCRITOS DE MONSEÑOR AGUSTÍN ROMÁN, Julio Estorino (Ed.)
47) ANTE EL AUTO DE FE DE PEDRO BERRUGUETE, Juan de Isasa
48) TOPOS Y CUBA, LA ISLA DE CORCHO. DIÁLOGOS ENTRE CUBANOS, Guarioné M. Díaz
49) MONSEÑOR AGUSTÍN ROMÁN, GUÍA ESPIRITUAL DE LOS CUBANOS, Salvador Larrúa Guedes
53) MY LASTING MEMORIES, Henry Pujol
54) *PIDO LA PALABRA. Opiniones en La Habana*, Orlando Márquez
55) SUEÑOS Y PESADILLAS DE UN CURA EN CUBA / ¿EL FUTURO DE LA IGLESIA EN CUBA? P. José Conrado Rodríguez
56) NORMITA SUÁREZ y JESÚS ALVARIÑO: TRAYECTORIA Y LEGADO. PRECURSORES DE LA RADIO Y TELEVISIÓN EN CUBA Y LATINOAMÉRICA, Lourdes Alvariño Castiñeira (ED.)
57) RESISTENCIA Y SUMISIÓN EN CUBA. Notas para un estudio del fenómeno de la disidencia en los países totalitarios y post totalitarios, P. José Conrado Rodríguez
58) MY STORY. Family, Cuba & Living the American Dream, José María de Lasa
59) BIOGRAFÍA DE UN HOMBRE DE DIOS. LA VIDA DE MONSEÑOR AGUSTÍN ROMÁN, Julio Estorino
60) BREVE HISTORIA DE LA IGLESIA CATÓLICA EN CUBA Colonia y República: 1511-1958, Manuel Maza Miquel, S.J.

www.ingramcontent.com/pod-product-compliance
Lightning Source LLC
Chambersburg PA
CBHW030514080526
44586CB00011B/183